曠野中的天堂

Cathedral of the Wild
An African Journey Home

一場橫跨四代人的
南非野生動物保育旅程

作者
博伊德瓦提 *Boyd Varty*

譯者
傅葉

獻給我的母親，感謝她一路默默支持、勇於創新，又堅持不懈。
不是每個人都能了解妳所付出的心力，但是了解的人，沒有人不訝異嘆服！
獻上我的愛。

目錄

推薦

我愛曠野中的天堂——陶曉清

傅葉邀我對這本書寫序，我聽她說起她要翻譯這本書《曠野中的天堂》有一陣子了，一直在期待著，所以聽說要寫序，問清交稿日後馬上答應。

沒想到我本來打算出國時帶著慢慢看，卻忍不住一開始讀就在兩天之內愛不釋手的看完了。原本說會在兩星期後回來再寫的文章，也因為深怕失去當下的感動而決定要在出國前交稿。

我真是愛死了這個書中出現的瓦提家族的每一個人，從祖父買下這塊地打獵，第二代的家人父親和大伯決定開始經營「仁德樂志野生動物保育園區」，開始復育大地。祖母、母親與姐姐，三個重要女性支持者都是那麼能幹與生動。

一九六二年到現在，經過了許多驚天動地的事件與變化，作者博伊德文筆生動，整本書的結構清楚，隨著他我們似乎聞到了非洲的氣味，看見了那邊的奇珍動植物。每一段跟動物接觸的書寫，都是那麼的充滿了智慧與愛心。

要使過去被人類因濫墾濫捕而致荒蕪的大地復甦，絕不是件只靠意志力就能達到的目標，我們清楚地讀到他們必須跟多少不同的單位與各種的人打交道。許多事件在作者筆下輕鬆帶過，但是事實上可能極為驚滔駭浪。

我想到台灣埔里在九二一地震後的省思，這個原本是外銷蝴蝶標本聞名的地方，在地震後開始跟大地和好，逐漸地有了清澈的河水，於是青蛙回來了，蝴蝶也回來了。人跟萬物若不能共存，還有什麼意義？

作者跟家人在城市家中被充滿怨恨、長期因被隔離而充滿偏見的暴徒搶劫，全家人因而受到重大的創傷。這也是本書中讓我最感動的部分。家人各自尋找最適合自己的方式療傷，作者之前一直以角色來面對這段創傷，認為家人都需要他在身邊保護，所以不去面對內在的憤怒、哀傷與恐懼。直到有一天，他的天使出現了，或者說是他預備好了，於是老師就出現了。

他的一位客人瑪莎貝克跟他有著一段對話：

「那你呢？你過得怎麼樣？」瑪莎問。

「你必須先接受你們所經歷過的事，然後才可能變得更好。」她說。

「……如果你希望他們痊癒，你要知道如何療傷。如果你想讓他們快樂，你要知道如何尋找快樂。你要幫助你的父親，最好的事就是讓自己快樂。」

就是那麼真誠的對話，打動了他的心。於是他決定去尋找最適合他的療癒方式，那段在美國亞利桑那州瓜達魯佩小鎮上，跟美洲原住民在那瓦荷汗屋的奇妙旅程，也是我深深著迷的。

人必須把積壓在內心深處的所有先掏空，才能從一個地方去到另一個地方。

「了解真心，堅持過程，無論結果。」

經過深沉的痛苦和釋放，印度先知的那句箴言才開始有了意義。

閱讀本書似乎跟著作者一起經歷了一趟療癒身心的旅程，我似乎可以預見這本書會拍成電影，因為它實在太精采了。

傅葉曾邀我一起去「仁德樂志野生動物保育園區」看看，我們還曾經估算過要去多少天，可能會花多少錢。我一直記得這個約定，希望自己一直保有足夠好的體能狀態，我可沒有一個像作者這樣善體人意的孫子，會抱著外祖母到處走啊！

好書如同美酒——廖科溢

文字敘述豐富，頗具畫面感，引人入勝。在閱讀過程中，彷若身歷其境；節奏掌握恰到好處，有層次的敘事邏輯、有溫度的情緒堆疊，並將人、事、物解讀得淋漓盡致，讓讀者能在極短時間內，輕易進入書中世界，投射書中角色。好書如同美酒，入口平順、後韻協調。值得細細品讀、回味再三。

選書人序——傅葉

第一次注意到作者博伊德瓦提（Boyd Varty），是看到他在TED的演講。

一位三十幾歲的小夥子，高高的個子，看起來有點靦腆。拿著麥克風，面對著滿場觀眾，一開始還沒說話，眼眶就噙著淚水，因為他的偶像南非前總統曼德拉，在幾個小時前過世。

這個小夥子，生長在老虎、獅子與花豹的吼聲中。六歲就會開Land Rover路虎車，十歲就能出外打獵。父親致力生態保育，大伯致力培育動物，一家四代在南非克魯格國家公園附近，經營野外導覽的「仁德樂志野生動物保育區」（Londolozi Game Reserve）營區，這塊地區原本一片荒蕪，一家人同心協力，將這片蔓草叢生的原野，打造成一個具有百年歷史，舉世聞名的野外聖地。

現實生活不是電影，荒野叢林更不浪漫，需要一股傻勁才能將蠻荒之地建造成一片曠野天堂，正如選擇這本書一樣。

在我去信要求這本書的台灣版權後，版權代理人居然打電話詢問我，為什麼會選擇這樣一本書，因為目前書市萎靡，這種書非常小眾，一般出版社不會出這類書。

或許因為我是個新手，或許因為我不了解台灣的書市行情，所以會誤入歧途。不過，我想的是另一種廣闊的天空，另一種完全不同的生活，讓書本展示一切，不正是出書的目的嗎？

在一片養生哲學、減肥美容、管理致富的書籍中，這真的是一本小而出眾的書。

仁德樂志

在youtube頻道上，只要打出londolozi這個字，你就可以看到許多介紹這個世外桃源的影片，以及許多野外動物難得的鏡頭。

這個「仁德樂志野生動物保育區」，是一個舉世聞名的私有野生動物營區，位於南非克魯格國家公園(Kruger National Park)西陲，園區佔地一萬五千公頃，屬於南非最早建立的私有野生保育區之一。

英國人對非洲都有一片浪漫的熱情，而南非的英國人更是如此。一九二六年，原本住在南非大城的瓦提家族(Vartys)祖父，在一場球賽的衝動後，買下一塊類似瑞士大小，沒水沒電，甚至連動物都沒有的荒蕪營區，作為假日的度假狩獵之地。

一九七〇年，祖父過世，留下兩位未滿十八歲的兒子，學校還沒畢業，也沒有做生意的經驗，只是憑著一股盲目的雄心壯志，決定留下祖父的這塊地，經營野遊營區，從頭開始。

可是當年這塊狩獵之地，由於多年缺乏保育，大型野生動物早已絕跡。於是他們從生態保育開始，做好水土保持，成功地讓野生動物回歸棲息地，並沿著當地的河流渠道，建立五個不同的生活營區，不但可供住宿，同時更有尋跡嚮導，帶領觀賞園區內的各類野生動物。

四十年來，瓦提家族將這塊原本荒廢的無人之地，建設成野生動物的生活樂園，更是一座可供度假的頂級休閒之地。南非之父曼德拉出獄之後曾選擇「仁德樂志營區」作為他休養生息，再度出發的場所。「仁德樂志營區」並在一九九三年獲得相當於酒店界的米其林指南——「羅萊夏朵」(Relais & Château)聯盟的肯定。

這本《曠野中的天堂》是瓦提家族第四代的掌門人：博伊德瓦提，在這片浩瀚大地上的成長過程與心靈探索。

這塊疆土雖然寬廣，卻很無情。從小他就在父親與大伯的耳提面命下，六歲開車，十歲打獵，學習與野生動物相處的機智與智慧。更由於瘋狂的大伯是著名的野外動物紀錄片導演，他也就成為理所當然的助手，在廣闊的非洲草原間，尋找各式各樣的驚險鏡頭。

可是野生動物不是唯一的威脅。博伊德瓦提所成長的南非，是一個變遷中的社會，歷年來的種族隔離政策即將瓦解，族群政治動盪不安，瓦提一家人在一個夜晚，經歷了一場驚心動魄的浩劫，作為瓦提家唯一的兒子，博伊德瓦提在浩劫過後，和一般人一樣，隱匿起心中的傷口，表面平靜地繼續過日子。

但是心靈內潛在的壓力使他狀況不斷，終於使他離家出走，尋求心靈上的平靜與妥協。從專心聆聽印度心靈大師的教誨，到親身體驗美國印地安部落的「重生之旅」，這場離家數千里的長途跋涉，只為了尋找一條回家的道路，再度體會這塊充滿生機的荒野，體會野生動物與自然的連結，在這塊「曠野中的天堂」，尋找屬於自己的安全感。

作者的話

我的營邊故事

寫這本書時，我盡可能重整我的記憶，並且對書中所描述的各項事件，從不同的當事人口中，聽取他們的說法。可是每個人對事件的記憶，總是略有出入，所以我只能自己決定那種說法是最真實的。「仁德樂志野生動物保育區」的故事，在我出生之前，經過不知多少次的口頭轉述，早已化成營火邊的傳說，我只能盡可能地保留全貌。不過有些部分，我將歷時數年之久的個別事件，簡單壓縮成一幕場景。同時改變姓名與人物的個性特色，以保護隱私，以示尊重。南非內部畢竟還是村落環境，不是每個家庭都願意敞開大門。同時我也重建書中對話，竭盡所能，務求精準。其中的故事牽涉個人，所以是從我的觀點敘述。在重整故事的過程中，記得多少就是多少，敘述回憶的故事本是如此。我是一個非常沒有秩序的人，這本書是在一片混亂魯鈍下營造出來的副產品，盡我的一切力量，保持真實與真誠。這一趟野外生命之旅，希望你會喜歡。

歡迎進入我的營邊故事。

前言
放下一切

一條蛇在我的小腿肚上滑行，動作緩慢，胸有成竹，像是部隊將領在視察隊伍。「老爸，別動！」我小聲地說：「別動……」最輕微的舉動，都會嚇到那條蛇，毫不客氣地昂首攻擊。

那年我只有十一歲，跟著父親一起出外打獵。在一個陰沉的九月早上，南非冬季草原特有的乾枯期才剛剛過去，雨水普降大地，漆樹與槐樹露出新芽，大地一片早春景象。父親和我決定追逐一群在山坡上吃草的羚羊，幾個小時過後，我們蜷伏在附近一塊蟻丘旁邊，我開了一槍，可是無法確定那隻羚羊是否已經中槍倒下：「守在這裡別動！」父親下令：「槍口繼續瞄準，如果那隻羊還站得起來，就一槍解決。」

我喜歡和父親一起出門，自有記憶以來，幾乎每天都和他一起出去。我還在襁褓中時，媽媽會把我抱在懷裡，坐在荒原路虎車前座父親身旁。年事稍長，父親會帶我出外步行，步入家園四周的空地。而後則是長途跋涉，進入叢林，最終形成狩獵之旅。和父親出門是我每日最期盼的時刻，雖然我已經雀躍萬分，但是父親看來卻總是比我還要興奮。

十一歲的我，是個四肢細長、看來弱不經風的小孩，像一頭初生牛羚，手長腳長，和父親完全相反。他是一位結實的壯漢，一副野外護林員的典型形象：碧眼清藍、雙腿結實、肩膀寬闊，身上總是穿著一件單薄的卡其衫外加一條短褲，腳上套著簡便的耶穌式涼鞋。他和周圍大地一樣充滿活力，厚實的身軀似乎不足以控制旺盛的精力。我一直認為，只要和他在一起，就保證不會出事。

我感覺到有東西滑過腿肚，首先注意到的，就是那顆棺材板式的蛇頭，然後才是圍繞在我身邊，那一圈長達三碼、全身漆黑的曼巴蛇軀。好像是有人從天上丟下一圈又厚又圓的黑色澆花水管。

我抓住父親的手臂：「糟了！老爸，這是一條曼巴蛇，別動。」

非洲曼巴蛇的體積之大與移動速度之快，使牠成為一種極為危險的毒蛇。牠的毒液更是極其可怕：如果你被曼巴蛇咬到，你大概只剩半小時可活，如果咬在血管密集的地方，那會死得更快。我認識一個人，被曼巴蛇咬傷後奇蹟似地活了下來。他曾對我說，當毒蛇的毒牙插入他的腿上時，他幾乎立刻能在嘴裡嚐到毒液的滋味。

我繼續控制意志，不讓體內的腎上腺素飆升，這樣心跳不致太快，那條蛇現在在我雙腿之間，往上朝蟻丘前行，也朝我們身軀前來。如果這條蛇爬到和我們的臉部等高時，我不知道我的神經還能不能頂得住。緊繃的心情使周圍的空氣顯得格外沉重，眼角餘光中，我看見父親嘴角流下一絲紅線，致命的恐懼使他咬破了臉頰。

曼巴蛇滑到胸膛高度時卻掉頭，似乎是在戲弄我們。牠再次滑過我的雙腿，朝父親的雙腳滑去，他的腳上除了涼鞋外，什麼都沒有。蛇的鱗片接觸到父親光禿禿的腳背後，再度改變方向。非常、非常緩慢地滑離我們的身軀。

唯一的逃生之路是往上跑到高大的蟻丘頂端，蟻丘前是一團糾結的樹藤，叫做「水牛荊棘」。我看見父親開始在心中打量：「曼巴蛇會不會太近？我們來得及通過那團像刀片一樣的尖刺嗎？」

「走！」他大喊一聲。我們猛然起身，往上衝向蟻丘頂端，曼巴蛇的蛇尾還黏在我的腳上。父親把我拉到他身後，赤手在荊刺中扯出一個洞口，荊刺將他的皮膚割成片片，而我卻毫髮無傷地穿過洞口。他轉過身來面對著我，鮮血從他的嘴裡冒出，荊棘的枯枝還插在他的頭髮間，他幾乎是自顧自地喃喃低語：「媽的！要命，真危險！博弟（Boydie）！你還好嗎？」我的老爸平時強悍得像根鐵釘一樣，但是面對這番場景，也被嚇得不輕。

一回到家，爸爸立刻告訴媽媽這場意外：「這次真的很危險！」他說。

媽媽從急救箱中拿出她的萬用良藥：一瓶具有療效的急救花精。感受到這次驚嚇程度嚴重，她給了我四滴花精，而不是通常的三滴：「博弟，你被嚇到了，不過這樣就沒事了。」然後她將一件寬大的外衣披在我身上：「當你被嚇到時，一定要保持溫暖。」

接著他們將這件事告訴父親的哥哥，約翰大伯，他是著名的紀錄片導演，他說：「那你拍到了嗎？這一幕一定會很精采！」他顯然對我們未能在這場難得的遭遇中取得良機，感到非常失望。

如你所見，我們是蠻荒一族，持續前進著。

漫長的一天過後，我們這些非洲人喜歡圍繞在營火邊，身旁只有燃燒的火焰，與無邊無盡的荒野。打從小時候起，每當南非的尚迦納人（Shangaans）見到我滿身疲憊時，總會對我說：「Tswanahanise」，意思是：放下一切。抹去眼內的城市燈影，讓橘色篝火的靈魂之光入駐心頭。夜晚漸趨黑暗，我們將山林賜予的禮物一塊塊地獻入火堆，讓這些堅實的木頭化為火焰，讓我們的身軀保持溫暖，然後我們開始述說故事。

這是至今為止，我的生命故事。

我的家庭和樂，我的朋友們身材、體型、膚色各異，不過他們共同具有善良和理想主義者的特性。環繞在我四周是殘忍又溫柔的自然大地。大象在我的窗外吃草，猴子在我的屋頂閒聊，原野上的野獸，空中的飛鳥，都可以任我取名、任我疼愛、任我照料。

我的童年大部分生活在「仁德樂志野生動物保育區」。這是一塊天堂樂園，裡面住著一群既狂放又迷人的物種，其中多半和我有血緣關係。這些親愛的人居住在這裡，照料這塊園地。這塊土地在我們家族手裡已經傳承四代，約翰大伯、父親、母親和尚迦納人——祖魯人（Zulu）的遠親，一起胼手胝足、重整濕地、拆除籬欄，以便那些掠食性動物能夠重回故土，再現生機。他們共同將一間原本衰敗不堪的畜牧場，重建為一塊美麗生動又能持續經營的度假勝地。

這裡是我和姊姊布藍溫（Bronwyn）一起成長的樂園。成長過程中，我們不但要照顧幼獅、幼豹，而且小小年紀就開著路虎吉普車四處遊蕩，還要充當瘋狂的約翰大伯的紀錄片助理，協助捕捉任何他想要拍攝的原野鏡頭。我還是尚迦納尋跡大師的學徒，學習如何解讀大地，如何追尋那些過往生物的隱匿足跡。我不但是位尋跡者，也是保護區的護林員，和世界各地前來的遊客，一起分享我的知識與歡樂。

我們的成長過程與傳統生活大不相同，處處是危機。父母當然不會刻意讓我們置身險境，他們會誓死保護我們不受任何傷害，但是卻不會庇護我們，因為在這種環境下庇護我們，等於是沒有盡到教導的責任。於是他們小心翼翼，謹守分寸，不過仍然意外連連，老是出錯。還好，我們面對種種危險後存活下來，不但變得更加堅強，而且完全了解生活中的處處危機，願意勇敢面對。

人生在一路順暢下所產生的自信，與身經百戰、錯誤百出而擁有的自信，完全不同——不可靠的飛機，沒有舵的汽艇、沒有人跡的叢林——我們全都幸運地活了下來。生活在非洲，你就需要這種自信，因為這裡每天都有新的狀況。

約翰大伯是正宗非洲產品，總是自信滿滿地帶領我們闖越大地。無論是面對一頭發怒的大象，還是一頭狂野的牛羚，就算我已失去信心，他卻總是認為自己能夠率領我們安度難關，確信所有事都有轉圜餘地，就算硬碰硬遇上，也能像海上浪花一樣，迎面而過。

「我們把你們當成大人一樣在對待。」在我們的成長過程中，父母經常對我和布藍溫這麼說。他們讓我們探索的事物，遠超過我們的年齡所能理解的程度。如果「safari」(野遊)這個字代表journey(旅程)，那我們真是踏上了一段魔鬼之旅。不過，儘管我在叢林中曾和各種危險擦身而過，但是動物、自然災害或機械故障，並不是生命中最大的威脅，最大的威脅來自人類。一場人為的災難，引發了另一場更嚴重的精神危機。儘管我生活在一個享有特權又充滿冒險的世界，被我所摯愛的人和事物圍繞，但有一天，我從夢中醒來，卻感覺像個陌生人。幾個禮拜過去了，我愈來愈孤獨，無望的情緒侵蝕心靈，愈來愈厚，愈來愈沉。

雖然我仍然生活在這片伊甸園中，可是我必須把自己放逐出去，離開這塊心愛的地方，以便找回自己。在這段自我放逐的過程中，我學會在世界上最意想不到的角落，找到家人，雖然他們和我並沒有任何血緣關係。我也學會追尋暗藏在內心的情緒，循線回到我最真實的家園，重建內心的平靜。

在安靜的屋前花園，用石頭壓著一疊鬆散的紙張，父親戴起老花眼鏡，閱讀這份手稿。太陽鳥與知更鳥在草地前穿梭不休，我聽見他翻動紙張，暗暗自語：「那個時候我在想什麼？」以往天真的衝動，已逐漸隱去；過去的戰士已成為長者。年輕時勇闖戰場的魯莽，現在已被和平勝於一切的智慧所取代。

我的家位於南非克魯格國家公園以西的邊陲地帶。從小我就在這片草原荒漠中奔跑，這裡的濕季，在一夜之間就能讓青草與樹叢披上一層綠色外衣，而乾季則會將整個大地曝曬成一片乾灼枯骨。而我則像株韌性十足的小樹，往下深植在這片赤土上，能在第一場春雨過後，聽見一隻甲蟲在空中飛鳴而過，或是看見一群碧綠杜鵑在夏草間穿梭跳躍，是一種非常快樂的感覺。我的青春是一場浩大的冥想，建立在大自然的完美與多樣化之上。只要我將自己心中的魔鬼放下，園區就是我休養生息的地方。無論現實生活將我推向多麼遙遠陌生的所在，我都可以在這裡重建自我。獨自躺在這片大地上的夜晚，在滿天星斗的照拂下，我從不曾感覺孤獨，只覺天地為家，安心適意。這塊祕境長駐我心，早已成為我心靈的一部分。

大自然賦予我的恩賜，我希望能回報給這個世界。

Tswana hanise 放下一切。

性情溫柔的年輕花豹賈姆，和其他的花豹很不一樣，牠喜歡靠近你坐下，還把大腳放在你身上，而你只能暗中祈禱，牠的爪子可別伸出來。（攝影／ John Varty)

1 沙河是一條穿越「仁德樂志」的生命之河。父親花了將近數十年的光陰保護這條河，因為河馬、鱷魚以及大象全都依靠這條河流而活。（攝影／ Adam Bannister）

2 和平大使能重回「仁德樂志」，就是重建生態的最大貢獻。（攝影／ Rich Laburn）

1

2

3

1　溫尼斯馬塞布拉，博學非凡，父親與大伯的亞父，曾被非洲水牛刺傷，也曾被黑曼巴蛇咬中。他的弱點只有一個：愛說故事，故事中，他永遠是那位勇往直前的英雄。

2　約翰大伯一身典型的「JV 時尚」，與艾爾蒙隆格一起追尋著名母豹瑪娜娜的足跡。

3　艾爾蒙訓練我尋找獅子蹤跡。尋找正確的足跡，正是我目前所有生活的指標。

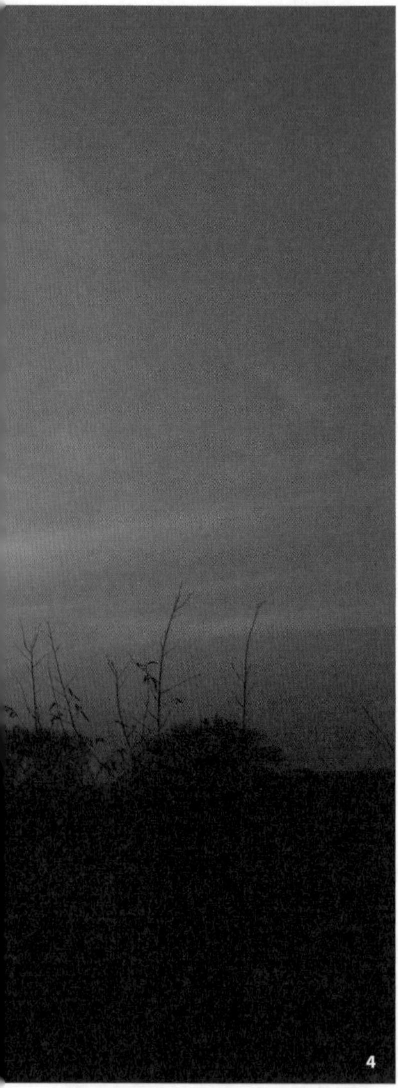

1　1926 年，前往「仁德樂志」本身就是一項挑戰。

2　早期狩獵隊伍乘坐板車進入叢林。

3　約翰大伯不情不願地載著一群感化院少年橫渡沙河遊覽，這是他們僅有的遊客。

4　宛如象牙的「許願圈」。利用原本隔離「仁德樂志」與野生動物的鐵絲網編織而成，為重建遠至山區的大象走廊帶來希望。（攝影／ Rich Laburn）

1

2

3

4

1　尼爾森曼德拉出現在「仁德樂志」，所到之處皆吸引大批熱情人潮。他的生日依然是「仁德樂志」的慶祝日。

2　「仁德樂志」的創始成員，一群天不怕地不怕的年輕人，一頭鑽入野外導遊生意。中間坐在地上的是我的父親，右邊第二位是約翰大伯，母親則坐在父親右肩後面。

3　祖父博伊德瓦提與他的尋跡員在獵獅成功後合影。我們家進入這片大地原是為了獵獅，後來則轉成積極的保育行動。

4　牛羚穿越馬喇河的著名景觀。約翰大伯就是在這裡為他的紀錄片《困境水域》捕捉到最好的畫面。（攝影／ Rich Laburn）

1　父親、母親、約翰大伯與祖母麥蒂。祖母是「仁德樂志」的大族長，毫無猶豫地支持兒子們的瘋狂念頭，開啟野外導遊生意。

2　在一天的拍攝完畢後，凱特老師、布藍、小堂妹薩凡納還有我，和馬賽朋友間合影。拍攝過後布蘭繼續回去挑水，而我則繼續練習射矛技術。

3　由於母豹瑪娜娜的傳奇故事，「仁德樂志」成為觀賞這種大型動物的聖地。（攝影／Rich Laburn）

4　艾爾蒙隆格，約翰大伯的好友兼首席攝影師，他在馬喇區拍攝獵豹，也在「仁德樂志」拍攝花豹，還在好萊塢電影中與女明星布魯克雪德斯大演對手戲。（攝影／John Varty）

3

4

1　對飛行充滿熱情的父親，是「握緊拳頭」（White Knuckle Charter）客機公司的首席機師。

2　經過十年漫長歲月，母親才終於等到父親求婚。

1 獅子辛加拉納可說是約翰大伯生命中的最愛，他與辛加的感情使約翰大伯深信動物和我們絕對有血緣關係。

2 凱特負責幫約翰大伯為馬賽人拍攝的紀錄片《兄弟情誼》捕捉聲音。這張照片拍好不久，這些全副武裝，不甚甘願的明星戰士們，彼此產生強烈口角，幾乎演變成一場血腥戰鬥。

3 我與姐姐，依舊是最好的朋友，依舊生活在「仁德樂志」。（攝影／ Elsa Young）

卡在泥水中，總要想方設法突破障礙，正是我與布藍童年生活的寫照。（攝影／ Elsa Young）

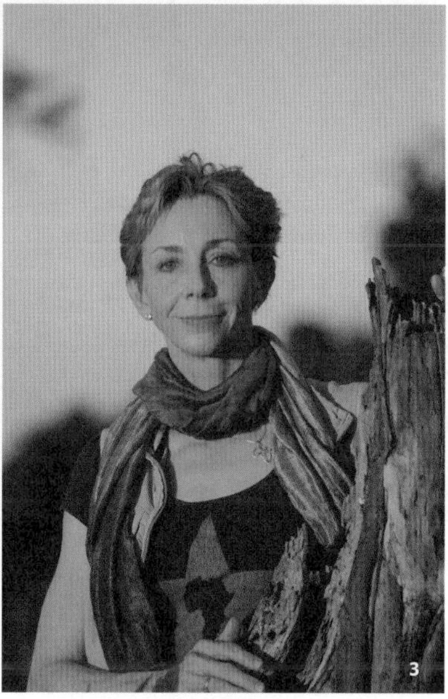

1 在凱特「教頭」的教導下，就連恩戈羅恩戈羅火山口也是她的課室之一。

2 父母親與愛狗泰迪，他是非洲最糟的看家狗，面臨危險時搖尾逃跑第一名。

3 瑪莎貝克教導我如何追尋心中的足跡。（攝影／ Rich Laburn）

年僅 8 歲，我已經在駕馭路虎車，好讓約翰大伯捕捉他的「驚險畫面」。

第一章
是螞蟻就別來

早上五點十五分，父親已在門外等我。打開門，他的身材依然讓我驚嘆。我都快三十歲了，身材已比父親高大，但感覺上，我的身高依然不過只到他的肩膀，一點也不比他高。他全身散發的氣質，像是久經風霜，一輩子都在戶外討生活的人。皮膚像是揉製過的皮革，有點老舊，但歷久彌新，益發強韌。

「叢林早晨，世上最棒的時刻。」他微笑著說，遞給我一把獵槍和一把子彈，於是我們就開始每天早上例行的溯河漫步，朝向野外小屋走去。一年中的這個時分，最好早起，因為到了中午，暑氣逼人，很難從事任何工作。

天色逐漸變亮，天邊呈現淡藍，這是金色太陽升起的前兆，那些長相類似鷓鴣的山雞，早在河床邊迫不及待地發出咯咯叫聲。當地的叢林族人稱牠們為「政府雞」，因為他們是現成的晚餐來源（譯註：這是一個奚落的比喻，將山雞比喻成遵守政府制度的人，像鬧鐘一樣在早晨啼叫，喚醒人們開始工作，並任憑政府擺弄）。早晨空氣清新涼爽，沉重的露水已經濕透草地，還想上溯沾濕我的褲沿。太陽在地平線上光芒乍現，映照著露珠在晨光中閃閃生輝。

野外小徑沿著河床往前開展，已被川流不息而身軀龐大的大型動物們踏遍：獅子、花豹、大象，還有河馬，都利用這條小徑來到河邊喝水。一排熱氣騰騰、四處飛濺的非洲水牛糞便，正躺在小徑中央。

「哇！看來有點危險。」父親說。非洲水牛又被稱為「黑色死亡」，是五大動物之一（其他四大動物為獅子、花豹、犀牛與大象）。這五大動物是世界上專門狩獵大型動物的獵人最珍貴、也最危險的目標，而這些動物都生存在「仁德樂志野生動物保育區」內。有人說非洲水牛瞧著你的樣子，像是你欠了牠錢。這種動物頭上頂著兩隻危險的利角，有名之處並不只在於攻擊對手，而是能夠追蹤獵人，暗中伏擊，將他們咬成碎塊，甚至還能將獅子追上樹去。我注意到眼前的水牛足跡朝向我們，而且已經越過我們遠去，如果要碰到牠，早就撞上了。

「你的判斷力有點差了。」我對父親說：「恐怕是在城裡待太久，回到叢林的時間還不夠。」

「還用得著你說嗎！」他笑著說。

父親望著前方：「客人要走的時候總是說，要回到真實的世界去。但是對我來說，這裡才是真實世界，而他們回去的那個地方，才是假的。」

遠處傳來獅子咆哮聲，吼聲結束後，低沉的男中音依然在遠方迴盪。在這片寒冬中，聲音能在空氣中傳揚數公里遠。可是這陣悅耳的咆哮聲，很快被路虎車的陣陣引擎聲給淹沒，有人正在不斷地發動引擎，十分掃興。說真的，路虎吉普車在早上真是沒用，用處總在暖身後。

終於，度假小屋難得一片詳和寧靜。那位即將駕駛路虎車的嚮導，正在主廳上喝咖啡，準備帶客人出去進行野遊之旅。清晨是出外尋找動物的最佳時刻，因為動物喜歡在一天中最清涼的時刻出來走動。再加上前晚留下的足跡還相當新鮮，為牠們的去處，提供重要線索。客人們不久後都會來到前廊，與護林員會合，不過這段過程需要一點時間，因為每位客人都必須在持槍嚮導的護送下，從客房到主廳，以免半路上遭逢獅子或花豹在小徑上閒逛。營區內經常可見這些動物前來拜訪，有一次還在吧台旁發現一組花豹的泥濘足印。客人們來到主廳時，通常會穿得像是要攀登阿爾卑斯山一樣隆重，不過只要太陽一露臉，不到一小時，就會大脫特脫，八月的叢林天氣就是這樣！

尋跡嚮導在停車場內慢慢閒聊，傾聽獅子吼聲、羚羊警訊，或是大象踩到樹枝發出的清脆聲響。種種跡象將會協助他們安排這一天主要的野外遊覽地點。

我感覺有些疲倦，因為昨天整晚都在修理兩層式電網，這些電網環繞整座度假小屋，以防大象進入。昨天早上，一頭年輕小象居然用牠的長牙把電線扯斷，闖進青翠茂盛的花園。這些花園可是家裡幾代婦女辛苦栽種的成果。小象能夠用牙將電線扯斷，倒是件新鮮事，不過我們知道，只有一頭被我們戲稱為「夜班」的大象，才有辦法幹出這種事來。一旦牠進入花園，站在豐盛的沙拉吧前，就是一頭非常快樂的素食小象。從土裡拔出花束，捲起樹枝當成小點心，悠哉地從水池中大口喝水，而且還在客房外大聲放屁，害得客人打電話給夜班人員，聲稱獅子在他們窗外咆哮。而當廚房員工在「樹林營區」供應過晚餐後，乘坐只能左轉的老舊路虎回營途中，「夜班」也會作勢攻擊他們，可把他們嚇壞了。

花園現在是乾季中的綠洲，因為雨水還要好幾個月才會降臨。我們回收髒水，過濾後澆在花園內，成果驚人。君子蘭在花床上綻放出橘紅色彩，淡藍色的藍雪花球在空氣中散播濃厚香氣，蘆薈挺拔的枝幹上長出紅色與金色花朵，花蜜吸引了熙來攘往的太陽鳥，驕傲展示身上豔紅、藍綠以及亮黃色交錯的美麗羽毛。我的祖母種下這些蘆薈，對她來說，每一株蘆薈都是一座小神壇。地面上到處都是梔子樹掉落的果實，條紋羚羊張嘴咀嚼這些厚皮果實，像是在咬大顆硬糖般，下巴用力，臉上的粗條白紋，像是戰士出發打仗前塗上的戰紋。在乾季中灌溉這些綠色植物，也促使烏木樹提早結出果實，吸引狒狒成群結隊進入營區、爬上樹幹，摘取這些令人垂涎的棕色漿果。如果這群毛茸茸的狗仔隊只是一直窺伺我們，好像我們是名人一樣，那倒還好。但是闖入客人房間，翻箱倒櫃，摧毀咖啡與茶具，大肆掠劫迷你吧台，偶爾還會拿走一些被錯認為食物的東西，那可大大不妙，像那隻正在大吃牙膏的傢伙就是這樣。我還見過一隻狒狒一手拿著胸罩一手拿著餅乾揚長而去，或許這能滿足牠不知名的嗜好。昨天還有一隻狒狒興高采烈拿走一位女客的護照，或許牠正準備出國玩耍。

我們和這群狒狒糾纏多年，我們在客房門口上栓，但是不到幾個星期，牠們就能思索出開栓的方式，我們將栓升等，但是短時間內，他們又能攻克新裝置。狒狒知道如何開鎖這件事令人頭皮發麻，試想你很悠哉地坐在沙發上，卻發現門上的鎖像恐怖電影一樣，非常緩慢、非常緩慢地被打開，一隻狒狒從門外漫步進來！

我知道這些狒狒習慣棲息在哪棵樹上，於是我鬼鬼祟祟爬上樹，欺近約三百公尺遠，朝牠們頭上發射幾輪子彈，牠們大聲尖叫，落荒而逃，離開大樹，邊跑邊憤怒咆哮。父親笑著對我說：「難道這就是大獵人的本事嗎？」我或許暫時贏了這場攻防戰，但是狒狒在持續的抗爭中，始終略勝一籌。到了午茶時分，牠們還會回來，守在順著陽台生長的烏木樹枝上，不耐煩地等著偷片芒果或一片脆餅。

動物與人類的界線在這裡難以區分，夏季午後，我們經常會發現狒狒大軍群集在游泳池畔，理所當然地睡在母親拿來放在非洲荊棘樹下準備讓客人避暑用的大床墊上。我從牠們身邊走過，看見這群狒狒頭睡軟枕，雙腳翹起，我很懷疑，牠們其中可能會有誰想點杯雞尾酒呢！

就在這個時候，我看見管家兼工匠，也是家中的全能吟唱聖手菲利浦，從前面草坪一路往維修棚衝去，快靠近時，我看見他的手上拎著一個水桶，表示那頭小象又回到營區了。看來牠又想出新的方法，穿透昨晚我才剛辛苦修復的電籬笆。我不知道為什麼菲利浦會想出這個怪招，認為用水桶驅逐大象是最好的方式，或許這是尚迦納的傳統偏方吧！他的方法是把頭伸進水桶，將它當成一個擴音器，一邊突然全速朝大象衝去，一邊放聲尖叫並大敲桶底，發出極大的噪音，希望能嚇跑牠。可是那頭大象一邊任意摧殘維修棚旁的一顆樹木，一邊拉出一堆糞便，留下牠的悶燒標記，完全無動於衷。

我覺得橡皮子彈還是比較有效，所以當這頭大象終於轉身背對我時，我立刻朝牠屁股開槍，象皮非常厚實，不會造成傷害，所以牠只是有點惱火，不甘不願地從籬笆缺口離開，蹣跚地邁入草原。我很滿意自己的成果，偉大的獵人再度出擊，挽救花園不受踐踏，拯救客人免於浩劫。這時對講機響了。

「哪個使用獵槍的人請注意，營區裡還有客人。」布藍溫從辦公室內發話提醒，其實翻譯成野外營區的語言就是：「哪個無知的白癡敢亂開槍？小心我翻臉下來殺了你！」我的姊姊聲音聽起來有點陰沉，因為她知道待會必須向客人解釋，為什麼今天早上的營區，聽起來像是登陸諾曼地的海灘一樣。

我和工作人員七點在舊拖車棚開會，開始規劃這一天的工作。這次會議是和環境工作組的部分成員共同召開。環境工作組是由十二位尚迦納男女員工組成，他們的工作是保持園區呈現最佳狀態：包括移除不該有的植物、維修道路、滅火消防，以及其他各項奇怪的工作。為了維護尚迦納的傳統，只有男人能夠參加會議，然後他們再把指示傳達給隊中女性。這些年來我們發給他們制服，但是他們卻用非比尋常的組合混搭，沒有一個人穿得一樣。他們能夠在有限的選擇中，創造出別具原創性的時尚，這種能力還真無話可說。麥坎吉甚至可以在他的羊毛帽上剪出兩個洞口，湊合成一頂蒙面帽。這些尚迦納男人幾乎不會說英文，也沒有受過正式教育，但卻是最能幹實際的一群人，不過他們也很容易恍神，特別是當他們其中任何人發生事情時，整個團隊都會失去焦點。有一次，拖引機的駕駛克萊出現在大家面前，一隻眼睛青紫腫脹，腫得只剩下一條線。

「你的眼睛為什麼這麼腫？」我問，他遲疑了很久，眼球游移不定，其他人圍在一起偷笑，最後克萊終於說：「我被太太用棍子打了。」尚迦納傳統中，女人欺壓老公的事永遠是最滑稽的事。這些人笑得東倒西歪。麥坎吉笑得太厲害，還從木頭椅上翻了過去，引起另一波狂笑。

我轉向領隊艾塞克求助，他是「induna」，是位長者。在尚迦納傳統中，代表至高的地位。艾薩克年齡比我大，所以我很客氣地交代他這一天的工作內容，並徵詢他完成工作的最佳方式，他再將工作分配給其他成員。

其他幾位尋跡員今早也參加這場會議，我才知道其中一位最有經驗的嚮導山卓斯，和其他六位客人被困在沙河（Sand River）邊。他們一行人大清早就開車去野外遊覽，一隻獵豹正巧遊蕩到河床邊，山卓斯以為河床穩固，行車沒有問題，就在還沒搞清狀況前，車輪已深陷厚泥。我們需要拖車前去將車拖出來，通常這是件輕鬆小事，但今天卻沒人願意靠近拖車。因為昨天一隻蒼鷹飛到車蓋上，一條蛇纏住了牠的鷹爪，當工作人員趕到時，蒼鷹已經飛走，留下蛇在那裡。依據尚迦納的傳統，這鐵定是巫術的象徵。尚迦納人在迷離古怪的故事中長大，例如會吸取腦髓的四足河鱷，致命的巨型馬頭河鰻，都是神祕的蛇型怪物。而且他們特別害怕奪命毒蛇，所以除非尚迦納巫師（sangoma）前來去除巫咒，否則沒人膽敢靠近拖車。

這位巫師的排場可不簡單，我不但必須負責接送，招待吃食，還要找個有經驗的人，去和巫師打交道，商量他的價碼。尚迦納巫師唬弄的技倆惡名昭彰，我要請出和我一起尋跡的好友搭檔索利，幫我交涉。那輛路虎肯定會被卡在那裡直到傍晚，所以我最好趕快另外找個人來，另開一輛路虎去拯救山卓斯和他的客人們。

每日例行公事一開，更多麻煩小事爭相出現。瘦削的副手羅伯特希侯爾開口：「高爾夫球車有問題。」這可就麻煩了。因為我們需要高爾夫球車運送洗好的床單、食物、酒飲，還有其他千百件大小事情，都要高爾夫球車來往各個營區之間。不過羅伯特一臉詭異的笑容，看來其中另有隱情。

羅伯特是位尚迦納人，他的父親是這裡的廚師，所以他也在營區內長大，我們從五歲開始，就一起踢足球相伴，一起成長，相處融洽，成為很好的朋友。但是這個國家的不同種族之間，有段複雜而且可怕的歷史，使我們的友情無法超越藩籬。雖然我們倆都不在乎自己的膚色，但是歷史包袱卻不易拋棄。儘管種族隔離政策已消除二十餘年，南非社會依然敏感，人民依然被這可怕的意識形態所支配，不易改變。羅伯特和我是生而自由的一代，我們都希望向前邁進，然而過去殘存的議題依然主宰我們的行為舉止，他不希望被別人看到他出賣另一位黑人，會被人稱為「impimpi」，意即告密者，於是我們發展出一套在團體中說話時的密碼。

「我認為高爾夫球車是撞壞了。」羅伯特說。

「一定是！」我像是一位不慌不忙的心理醫生，等待病人慢慢告白。

「是呀！」羅伯特搖著頭說。

「它是從哪一個營區出來的呢？」我問。

「可能是先鋒營區。」羅伯特說。「可能」的意思是「絕對」。

「都怪昨天晚上太黑了。」我進一步說。這樣會決定是場意外還是人為破壞。

「是的，不過後來月亮出來了。」他說。這顯然不是場意外。在野外營區的語言中，這代表唯一駐守在「先鋒營區」的管家艾爾發斯圖利，昨天晚上一定醉到撞毀了那輛車，我們知道他會喝醉，是因為他永遠都醉醺醺的。

「找個方法解決吧！」我對羅伯特說，解決問題是羅伯特的宿命。相信那天稍晚，我會看到廚師們精心準備的精緻食物，包含煙燻火腿，切好的新鮮木瓜、芒果、西瓜，還有放在餐盤上的黃瓜三明治，一起用花園的獨輪手推車，運送到「先鋒營區」去。

羅伯特繼續報告，負責收垃圾的伊諾克，性格多變，他企圖刺傷廚師杜度，好像是因為她劈腿。而另一位員工特瑞克，由於長相不幸，又被稱為「史瑞克」，他堅持不進泳池濾水間，因為一九六八年有一條響尾蛇曾在那裡盤旋，所以現在池水浮現一層綠色，通常是產生綠藻才會有的現象。昨天護照被狒狒偷走的那位女士現在憤怒異常，因為她的廁所馬桶不通。而那頭弄壞籬笆電網的該死小象又踩入化糞池內：「那頭大象聞起來像屎一樣。」有人抱怨著。整場會議七零八落，現在是早上七點十五分。

我繼續前往主辦公室，去開第二個會，這次是高層管理人員會議，包括營區經理、總經理，還有護林主管，不但要安排當天事務，還要討論任何可能會發生的問題。漂亮的營區經理琳琦庫娜，顴骨高聳，髮髻長捲，表達了她的想法：

「博伊德，我知道為什麼製冰機壞了。」

「怎麼了，琳琦？」

「我發現我的營區前有座墳墓，那裡的鬼魂已經不高興很久了。」看來消失的一些小東西也要怪這個鬼囉！像是迷你吧台裡的琴酒，損壞高爾夫球車的艾爾發斯圖利也是被附身的，還有其他任何普通電器設備壞掉都是鬼魂的錯。

「琳琦，你確定不是因為翰奇慕勒組裝的電線管路有問題嗎？」我問。翰奇是當地的電氣工，所組裝的電線管路，創造性遠比實用性要高，名聲卓著。

「Hey, wean ndzi vonile spoko.」琳琦用一串尚迦納語回答我，意思是：嘿，我是說真的，我真的見到鬼了！

我嘆了口氣，琳琦非常固執，反正巫師已經要來了，他可以順便作法驅鬼。雖然事實上，可能是酒鬼艾爾發斯老是掉東西，而且電線管路又很沒用。但我算哪根蔥？豈能了解所有事？

山卓斯帶著客人回來，興高采烈地訴說他們的遭遇。他們的車從我身邊經過，我聽見一位口音濃重的客人非常興奮地說：「你一定不會相信，我們被困在那裡，一頭花豹就在我們身邊！」野外之旅所發生的意外，往往是最值得回憶的故事……生活也是如此。

湯姆把頭伸進我的辦公室。身材高大，一臉鬍鬚的湯姆，是我們的首席護林員，在這裡工作已經三年。他和美麗的太太凱特，為營區帶來安定的力量。凱特是少數幾位我所認識的女性當中，只要眼光一掃，就能讓吵得天翻地覆的護林員立刻安靜下來。我們擁有十七位男女護林員，這些人不但要通過各種訓練，還要擁有足夠的經驗，以便一邊引導遊客欣賞豐富奇妙的野外之美，一邊還要保障大家的安全。長久經驗的累積，使他們很有自知之明，不會被客人的高度讚美給沖昏了頭。

「我們剛發現一頭母豹帶領小豹的足跡，我希望派一隊人去追蹤牠們。」湯姆說。

這真是個好消息，「仁德樂志保護區」自八〇年代開始，由於一頭母豹容許約翰大伯進入牠的世界，並在路虎車周邊扶養照顧所有小豹，因而名噪一時。這頭母豹和牠的後代對「仁德樂志保護區」

的人發展出一層信賴感，吸引世界各地的遊客，不遠千里而來觀賞我們家這群有名的大貓，牠們全身披著蜂蜜色的毛皮，毛皮上處處都是黑色與棕色的玫瑰花紋，優雅高貴。進行野外之旅時，如果能遇上一頭母豹身後跟著一群小豹，可真是碰上了最好的攝影對象。

到了這個時候，尚迦納巫師已經抵達，頭上頂著紅捲假髮，頸上掛著串串珠鍊，耳朵上是穿山甲鱗片製成的耳環，手上拿著一柄儀式用的牛羚尾巴。他首先驅除拖車上的邪魔，然後準備驅除製冰機上的鬼魂。琳琦認為該將這場驅魔儀式變成一場文化體驗，於是邀請賓客們參觀。儀式過後，一對夫妻問巫師可否幫他們看相，巫師同意「丟骨頭看看」。

他拿出一條很小的紅色氈毯，再從一個老舊的皮製望遠鏡盒內，取出不同動物的骨頭與牙齒，還有一些貝殼。這對夫妻坐在巫師對面，巫師只是盯著他們看，沒有任何動作，直到琳琦小聲說道：「在氈毯邊放點錢。」一旦他們把錢放好，這位深具財務觀念的靈魂便開始附身。巫師的身軀先是一陣搖晃，然後快速地用高分貝的音調說話，每次他停頓時，這對夫妻應該要回應：「我們同意。」可是他們每次的回應時刻都不對，於是這位聖靈非常不耐煩，整個看相過程變成一場長篇大論，訓斥他們不夠配合。最後因為聖靈要求用刀在他們身上割出小口，以便將傳統草藥抹入他們體內，這對夫婦終於打退堂鼓。

我們通常不會舉行這種儀式，我們反對所謂的「文化表演」。這類表演，觀光客通常會被帶到重新打造過的部落，當地居民會脫掉身上常穿的恤衫與牛仔褲，披掛不同的動物皮毛與其他傳統服飾上陣，純屬作秀而已。不過這次當那對夫婦要求巫師算命時，他們得到的可是真正的土法，或許比他們付出的還多。

我正要詢問湯姆與尋跡員時，無線電對講機再度發出聲響：「格萊絲不舒服。」崔佛路畢西說，他是「開創者營區」的一位管家。這個消息非常不妙，尚迦納人遇事一向習慣輕描淡寫，豈能輕忽？格萊絲是「仁德樂志」的二廚，一位身材圓滾，體格強悍的女人，她在複雜的廚房階級中備受敬重，不止是因為她甜蜜的個性，也由於她凶悍的外形。

我保持冷靜，不管發生什麼事，就像我們在南非常說的：「是螞蟻就別來。」這句話是暗指那些真正值得注意的大事，例如被獅爪撕傷，傷口距離大動脈只差毫釐；或是修復歷經百萬隻牛羚踐踏過的遷徙路徑；或是在酷熱的沙漠裡，背著一隻受傷的德國牧羊犬，長途跋涉三天。

我指的是一隻真正的德國牧羊犬，而不是一隻狗。一隻狗？拜託，那就太輕鬆了。

那才真的是給螞蟻的。

我來到格萊絲身邊，她正坐在艾爾發斯撞壞的高爾夫球車上，身上蓋著一條毛毯，面色安靜，眼睛低垂。

「你還好嗎？」

「不怎麼好！」

我拉開毯子一看，原來她被一頭河馬咬傷，傷口驚人，手臂上的血肉似乎完全被扯了下來。

在迪士尼的卡通中，河馬被描繪成小耳，粗腿，笑起來露出一口大白牙的可愛動物。但是實際上，牠是非洲最危險的動物之一，只要情況不對，牠們不但凶猛而且攻擊力十足。而最危險的情況莫過於站在河馬與河水之間，那是牠的安全所在。面對威脅牠會直接衝入水中，如果你不幸擋著牠的去路，牠就會張開強而有力的大嘴咬你。崔佛說，格萊絲在幫教會取水，嚇到了河馬，為她的罪行付出了慘痛代價。

我們用無線電連絡各方救援，看看是否有任何飛機經過這裡，願意來接格萊絲，但是運氣不佳。治療格萊絲的時間寶貴，刻不容緩，要不了多久天就黑了，所以我們只好呼叫住在園區的醫護人員，用路虎載她去醫院，他是前軍醫，已將路虎改裝成一台救護車。

我盡全力包紮格萊絲的傷口，赫然發現她的肥肉流在我的手中。面對這種情況我可是反應自如。因為生活在叢林中，經常可見各類受傷事件，必須及時處理，而且重要的是，保持冷靜。我們每天都會面對各項意外，早已訓練有素：在廚房被燒傷；眼鏡蛇的毒液噴到修護工眼中；一名女性被石頭絆倒，手肘裂出一條大口等等。我很幸運，身邊有群訓練有素的隊伍：其中包括一名嚮導約翰，還有運營經理海莉，一起幫助格萊絲。約翰的效率卓著，因為家傳有方，他的母親曾專門教授急救課程。我們輪流不斷地陪格萊絲說話，試圖安撫她的情緒。一番忙亂後，格萊絲木然呆坐，眼睛不再注視傷口，失血狀況看來已受控制，我只希望醫生能修復她的手臂。

我把崔佛拉到一旁，要他告訴我事情的真相。

「格萊絲正在『開創者營區』前面的小池中幫教會取水，河馬就在那個時候攻擊她。」他說。

這就奇怪了，我知道那個小池塘，我從來沒見過河馬在那裡出沒，對牠們來說，這個池有點小，而且我也從沒聽說有哪個工作人員到那裡幫教會取水。我決定帶我們最好的尋跡員理查希維拉，去事發現場查看。如果你想探查真相，首先就要找到線索，循線追蹤。

每次和理查在一起，就像在演一部《CSI犯罪現場》影集，現場採證，抽絲剝繭。不過現場沙土平軟，根本找不到任何人的足跡。當找不到任何足以佐證的線索時，理查就能從眼前所見的線索加以判斷，現在沿著河床看到的是鬣狗的足跡（理查能看出，但我不能）。於是他小心翼翼地沿著鬣狗的足跡往前走，發現了一條泥濘的人類足跡，加上兩旁折斷的草木，就這樣領著我們來到犯罪現場。鬣狗是腐食性動物，牠們一定是一路追循血液氣味來到河邊。我們發現河邊的草叢上沾著格萊絲的血，低垂的枝幹上三三兩兩地掛著她手臂上的肉塊。只要看得夠仔細，足跡永遠會告訴你實際發生的事。理查只要指出那些足跡，一句話都不必多說，就是一位非常精采的說書人。

在沒有任何武裝警衛的陪同下，任何工作人員都不許到蘆葦叢生的河邊。因為茂密的樹叢非常危險。足跡顯示格萊絲並不如她所說，只走到小池塘邊。理查開始模擬她穿過池塘後面地帶，被河馬攻擊後俯身喘息，一團血跡凝結在那兒。「看看這個！」他找到她的釣鉤，而且不只一根釣竿而已。「她和別人在一起。」理查對我說，指給我看第二組足跡。格萊絲不只取水而已，她又笨又違法地深入河床，在蘆草雜生，視線不清的地方釣魚。一頭河馬正在她身後的河床邊休息，被她嚇到後，準備邁步前往河裡時，發現她正好擋住去路。

理查向前追尋第二組足跡，我們發現他們曾經躺在高草中，格萊絲的同伴還丟下一桶蠕蟲以湮滅證據。理查是位帶有沙文主義的尚迦納大男人，他甚至還說：「格萊絲很胖，說不定那頭河馬在想：這是頭很適合我的河馬呢！」

一切只為了幾尾活魚？格萊絲簡直是在自找麻煩。我要問遍營區，看誰和她在一起，要鄭重警告他們。不過現在要先確保格萊絲能夠得到最好的照顧，並通告營區每個人她的治療進度，只有詳細告知每次事件，事情才不會再度發生。

我們正要離開現場，一隻三呎長的眼斑巨蜥突然從蘆葦中跳出來，河馬攻擊的影像歷歷在目，我連忙跳到空中，理查覺得我很滑稽，笑著搖頭走開。

我回到家後沖洗乾淨，準備迎接下午遊玩回來的客人。洗完後我穿上筆挺的卡其襯衫與長褲，在暮色中走向波馬區（boma，譯註：在非洲，泛指一塊圈住牲畜的區域，或殖民政府的辦公區域）。這是一塊碩大的圓形區域，高大的木頭柵欄圍繞四周，防止動物進入。中間垂放著一座低矮的大火盆，火焰在盆中熊熊燃燒。一九二六年，我的曾祖父又冷又餓地來到這裡時，就在這塊地方升起第一盆火。現在坐在火邊的我，已經是第四代子孫，每一次坐在這裡，就是和我的祖先同在！

褐色紙張做成的燈具環繞四周，裡面的燭火搖曳，像是一顆顆發光的橙色蝶繭。身著白色筆挺外衣的三位廚師，站在烤肉以及上好起司盤的自助餐台後。二十位客人圍坐在餐桌旁，桌上一絲不苟地擺好整潔的白色餐巾以及閃閃發亮的銀製餐具。所有擺飾都妝點在夜晚的星光之下。我從這桌走到那桌，傾聽客人們交談今日的冒險之旅。

山卓斯的團隊以幾瓶紅酒為伴，正在歡慶他們有驚無險地度過晨間之旅。

「先鋒營區」的鬼魂已被驅除。「這個經驗太好玩了，但他把刀拿出來後，我們心想，就到此為止吧！」那對看相的夫妻述說，瞳孔微微睜大。

夜班人員發來一則訊息：格萊絲已抵達醫院，情況穩定。

大象又回來了，我可以聽見他咀嚼波馬區後方九重葛的聲音，那是祖母種的。我最好警告護送客人晚餐後回房的警衛們要當心，大象的腸胃在黑暗中咕咕地叫著！

這種日子，我們有一個名稱，叫做「星期二」。

第二章
故事要從獵獅開始

我想要告訴你，我是怎麼出現在這裡的。

我這輩子第一次洗澡，是在一個烤火雞盤裡。就連這種最簡單的傳統沐浴儀式，我們家都沒法應付。我會在廚房沖洗，是因為當時家裡的浴室沒有抽水系統，其實如果有的話，恐怕也不會有什麼不同。浴室對我家來說，像是聚會時聊八卦的地方，而不是進行無聊的洗禮所在。

我會知道這些故事，是因為母親每次拿出烤盤，就會說一遍其中典故。我們家很會說故事，家裡每樣東西幾乎都由母親親手挑選，而每件東西也都有它的來歷。繪圖本與照相簿散落家中各個角落。一代又一代流傳下來的故事，和曾祖父的點四一六來福槍，祖母的皮面日記，以及瓦提家的羚羊燉肉食譜一樣珍貴。這些故事外加我本身的故事，在數不清的篝火旁，不斷地被轉述，一路伴隨我長大，也正是「仁德樂志野生動物保育區」一路發展到現在的故事。

照規矩辦事，向來不是我們家的長項。一九二六年，與克魯格國家公園比鄰而居的牧場，多半由於破產，導致地主棄地離去。這裡距離約翰尼斯堡大約六百五十公里，被暱稱為低地草原。過度放牧的結果，造成這塊草原一片荒無，塵霧瀰漫，蚊蠅叢生，散播令人昏睡的疾病——瘧疾。有人說，這裡的鐵道所放置的每一塊枕木，都代表了一個人因瘧疾而死。

但是我的曾祖父查理士博伊德瓦提（Charles Boyd Varty）是一位特立獨行的人，對這片土地有他的看法。正當大多數人拋棄這裡時，這裡卻像塊磁鐵，深深吸引查理士與他的好友法蘭克恩格（Frank Unger）。法蘭克是位荷蘭人，對這片開闊的叢林草原分外著迷。

他們倆不但一起在約翰尼斯堡合夥作生意，而且同樣瘋狂熱愛獵捕獅子。數百隻雄獅盤據在低地草原上，是牲畜無法生存的原因之一，因為這些叢林之王，已將牠們獵殺盡淨。

只有瘋子才會在叢林草原上追蹤獵殺獅子。先是要在濃密的荊棘中不斷追蹤好幾個小時，才可能有機會開槍射擊。然後當受傷的獅子咆哮反擊時，幾秒鐘內的茫然驚恐與混亂，狩獵者的喉嚨可能就此被撕裂，賠上性命。不過話說回來，這幾秒鐘的驚險刺激，正是他們樂此不疲的主因。但是，如果基因會說話，我可以告訴你，就算查理士熱愛狩獵，但是真正讓他樂在其中的原因，是一種渴望追求狂野的精神，一種想要離開城市圍牆的慾望。

「仁德樂志保護區」是我的生活重心，可是這個營區卻是一念之間、衝動決定下的產物。有天晚上，查理士和法蘭克在約翰尼斯堡朋友家中的網球派對上，喝多了琴通寧，臨時起意決定購買一片他們看都沒看過的廣大低地草原。生活在大城市內，要去這麼一片窮山惡水之地購屋而居，可不是件尋常的事！

然而生命的發展充滿意外，一個看似具有爭議的決定，居然可以扭轉自身的命運，完全違背做事需要計劃、需經歷多年磨練等種種教誨。我的曾祖父查理士，是一位農業水幫浦設備製造商，身邊的朋友都認為他正踏上一塊恐怖的陰鬱之地，但憑藉一股信心，他認為自己正要前往伊甸園。

當年六月，查理士與法蘭克首度出發前往那塊聖地。當時叢林草原正值冬季，早晚寒冷，白日暖和，不過地面沒有積水，減少感染瘧疾的機會。他們從約翰尼斯堡公園車站搭上一列從皮特斯堡開往科馬提波特的火車。在這段一望無際的長途旅程中，他們設法說服司機在半路上讓他們下車，那裡是鐵路支線六十一公里處的荒蕪之地。他們事前已通知這個地區的管理員在那兒留下幾匹驢子給他們。於是他們就從那個地方開始跋涉，靠著一只指南針，進入那片未知的草原。

他們在傍晚抵達，在一顆巨大的烏木樹下搭起帳棚，從此樹立往後家族遵行的常規。由於地上沒有任何房舍，也沒有任何基礎設施，沒有電話、沒有自來水、沒有任何可與外界溝通的方式，想要終年在這裡生活會很辛苦，所以通常每年七月，家人會乘牛車來這裡露營。帶來羊隻以便擠奶，也帶來裝滿根莖類蔬菜的菜櫥，還在菜櫥外圍的鐵絲網上鋪上濕巾，讓蔬果在微風吹拂下保持新鮮。我的曾祖父、法蘭克，還有他們的朋友，白天盡情獵捕獅子。那個時候獅子還被認為是致命的動物，不但是羚羊、牛羚以及其他野生動物的剋星，更是人類的死對頭。「獵到一頭獅子」是件難得的大事，流傳下來的故事內容總不外獵獅。我們都在這類傳說中長大，先是父親與大伯，然後是我——話說那時六頭公牛拉著牛車，我祖父舉高燈籠，好讓曾祖父可以看清獅子的眼睛，在黑暗中像塊銀幣似地閃閃發光，正當這頭獅子撲向其中那隻領頭公牛時，槍聲一響，正中目標。

時至今日，某些雜草叢生的小徑或山丘，都能讓父親回憶過去獵獅的種種意外。此外，查理士與法蘭克還用老式尚迦納土法，在這裡蓋起泥土草屋。將條條草柱直立，綑紮成束，然後在上面塗上濕土，這些草屋現在已被改建成酒窖、員工臥房，賓客們也在這裡觀賞約翰大伯拍攝的電影，草屋過去的用途，也就成為父親與大伯說故事的最佳素材。不只如此，河流中的每一道溝壑，每一塊圓石，都不僅只是大地或土石而已，各有各的故事。這塊土地似乎吸收了每位過往人士的事蹟，而我的父親像台收音機，正好對到這裡的頻率。

查理士博伊德的兒子，我的祖父博伊德，延續了家族傳統，在狩獵營區度過冬季。父親與約翰大伯在泥土草屋邊蹣跚學步，慢慢長大。代代傳承了相同的生活作息：清晨出外打獵，正午沙河游泳，傍晚圍聚營火。營區的食物也一樣，歷經三代，毫無改變：早餐、中餐還有晚餐，都是羚羊肉。營區四周寧靜怡人，冬日太陽適合午睡。

祖父是位脾氣暴躁的人，討厭生活中的繁文縟節。童年一場風濕熱，造成他的心臟衰弱，不能從事劇烈運動，無法在壘間奔跑，因此被迫放棄板球運動。他喜歡打獵，打獵時多半動作緩慢。他也不喜歡社交生活，拒絕修復營區的泥濘小徑，以避免訪客。他喜歡小孩，並將他對叢林的熱愛傳給了父親與大伯，但是他習慣軍事化的老派作風，不擅表達情感。父親總是說他表達親情的方式，就是和他們在一起做各種活動：在板球比賽中充當捕手，或是帶他們走入叢林。

唱歌是晚上營火邊的重頭戲，寒冷清新的微風，將滿天的星斗拉近我們身旁，我的祖父會要祖母唱歌，她的聲音對他來說，悅耳的程度可比獅子的吼聲。

我的祖父博伊德瓦提二次大戰時，遇見我的祖母麥德琳，小名麥蒂，不過他們直到戰後才完婚。麥蒂是網球界的後起之秀，如果不是因為戰爭的話，她可能會成為溫布頓球場上的明星。她是我沉默寡言的祖父最好的社交外衣。祖父脾氣暴躁、喜歡獨處、不擅長與人溝通，而麥蒂則善於交際，經常安排網球比賽與晚餐派對。

祖母會唱的戰時歌曲，是祖父銘誌在心卻開不了口的歌〈帶著羽翼與禱告降落〉（*Comin' In on a Wing and a Prayer*），因為這首歌正是他的戰時任務寫照。他和隊員駕駛一台老式轟炸機深入波蘭敵區，為波蘭反抗軍空投物資。這項任務長達十小時又四十五分鐘，而飛機的油料僅供十一小時。而且這種戰機在華沙地區高空飛行，是高射炮的最佳鏢靶。於是祖父的隊長想出一個妙計，沿著維蘇拉河低空飛行，如此一來，飛機的行蹤飄忽，不容易被射中。駕駛一輛四引擎的解放者號飛機，低空飛過漆黑的華沙，唯一的導航指引，是地面大樓燃燒所發出的光亮，這種緊繃的心情，可以想見！我的祖父是導航員，我經常閱讀他當時的飛航日誌。數不清的機員名字旁邊，只有簡單的幾個字母DNR：「沒有回來」（Did not return）這麼多同僚在你之前都沒有回來，而你每天晚上還要起飛，這種視死如歸的精神，需要極大的勇氣。祖父曾對父親說，有兩件事會使男孩變成男人：駕駛戰機與獵殺獅子。

〈帶著羽翼與禱告降落〉是一首二戰時期激勵人心的歌曲，描寫看見一架被認為失蹤的戰機，在空中跳躍降落的快樂心情。「我們的一架引擎報銷了，但是我們仍然能夠設法回航。」對祖父來說，這首歌特別寫實，因為他的飛機燃料指數幾乎歸零，引擎的聲響與歌中輕快的調性相互輝映。

然而戰後一旦停飛，安全回到家後，這些歌對他失去了吸引力。他比較喜歡祖母哼唱的抒情小調，反戰歌曲〈那些花兒都到哪裡去〉成為他後來的最愛。

博伊德的首席尋跡師溫尼斯馬塞布拉是位尚迦納人，個性寬厚，叢林知識異常豐富。曾多次與致命動物狹路相逢，險中求生。他曾在蘆葦叢中被水牛咬過，拍著肋骨自豪地說：「對，那頭水牛一口咬住我的命根子。」在我遭遇非洲最大、最具攻擊力又最致命的毒蛇後，父親對我說起溫尼斯與祖父的廚師西緬的故事。他們在叢林內遭逢一條黑曼巴蛇攻擊，那條曼巴蛇昂起頭，狂咬西緬腰部四、五次，褲腿上留下毒液沾染的斑斑黑痕，然後那條蛇轉而猛咬溫尼斯。西緬把襯衫拉起來，發現那條蛇只咬到他的腰帶，並沒有傷到肌膚。於是當每個人都守在溫尼斯身旁等他去世時，溫尼斯卻顯然沒接到死神的召喚，繼續好好活下去。那條蛇可能將所有的毒液都留在西緬的腰帶上了。

我父親視溫尼斯為亞父，溫尼斯與祖父一起教導父親與大伯學習叢林語言：只要你會聽，叢林就會說話。傾聽牛椋鳥生硬、刺耳的叫聲，這種鳥會在大型動物身上撿食虱蟲，藉由鳥聲，人們就不會在叢林中撞見大型動物。檢視動物走過的新鮮足跡、聆聽各類動物發出的警報聲：松鼠喋喋不休的叫聲，就是告訴你樹上有條蛇；狒狒的吠叫，就是花豹路過的警告；珍珠雞高分貝的尖喊，就是天上的雄雕正在尋找牠的下一頓大餐。他們教導男孩們尊敬土地以及所獵殺的動物。一天晚上，父親將一整段木頭拋入火中，卻被溫尼斯嚴厲斥喝：「你只要把木頭的一端放入火中，夠烹調和取暖就好。」

溫尼斯對這片土地瞭若指掌，如果聽見獅子吼聲，他會離開小徑，帶你到牠的狩獵路徑中以便伺機伏擊。寒冷的早晨，父親和大伯總是費盡心機要溫尼斯講故事，讓他們可以在溫暖的營區多待一會兒。當他掏出鼻煙壺時，他們就知道詭計得逞了。大多數的故事中，溫尼斯都是英雄，毫不客氣地譏笑那些技術比他差的人，例如另一位尋跡師泰伊。祖父的朋友史蒂芬羅奇在距離一頭母獅六十步的地方開槍射中牠的心臟，但母獅並沒有立刻死亡，轉過身來，直接朝他和朋友奔去。當牠快靠近時，尋跡師泰伊拿著隨身的霰彈槍上前，想要發射槍彈嚇阻母獅攻勢，讓獵人有重新上膛的第二次出手機會。但在這緊張萬分的時刻，泰伊忘了打開安全掣，霰彈槍未能發射。母獅大步向前直奔那兩名男子，將他們撞倒後才頹然倒地死亡，幾乎是死在他們頭頂上，還好沒有造成更大的傷害。溫尼斯認為這簡直是個笑話，非常丟人。他不肖地說：「溫尼斯馬塞布拉絕對不會犯這種錯誤。」溫尼斯對大自然非常重視，因此他的草屋幾乎只是一間空心的直立骨架，狂風穿堂，呼嘯而過。七十年代末期，當蘇聯人造衛星史普尼克號（Sputnik）的表兄弟在頭頂天空出現時，溫尼斯醉醺醺的跑來要借老式點四零四獵槍，以便打下這顆破壞自然的天空怪物。

祖父也同樣認為獵獅是最好的休閒娛樂。對於讓他的兩名幼子與溫尼斯一起去蠻荒叢林裡獵獅，感覺沒什麼不妥。父親第一次出獵時只有五歲，可見祖父對這個人的尊重與信任的程度。父親和大伯深有同感，要和溫尼斯與其他尚迦納人一起出外狩獵，他們才會知道這些人的叢林技能有多麼傑出。

父親經常對我說溫尼斯並不怕獅子。如果他發現獅子們正在大嚼斑馬或者長頸鹿，他會毫不猶豫拿起一把長矛，衝向獅群，將牠們趕走，然後砍下一塊豐盛肉排帶回營地，充當自己的晚餐。

父親常說自己向來不是位好獵人，說他不但缺乏注意力，同時也不喜歡在冬天早晨外出，讓那些帶著濕冷露水的雜草浸濕他的褲子。而且狩獵時，如果他發出一聲乾咳，爺爺就會轉過身來，用令人心寒的眼神瞪著他。一旦他們發現獅子的足跡進入茂密樹叢中，他們會環視整個區域，查看獅子是否會從另一邊出來。一旦他們認為獅子還在樹叢深處，他們就會耐心等候，等到獅子難耐酷熱，昏睡之時，才沿著足跡用腹部滑動，手腳併用地爬入叢林，直到能夠透過樹葉，看到睡眠中的群獅為止。緊接著他們會瞄準開槍，槍聲響徹雲霄，四周會爆出一連串咆哮、甩動、爆炸的聲音，群獅亂竄，有的忙著逃開，有的則準備攻擊。這種混亂與危險的時刻，是爺爺生活的重心所在，能讓他在營火邊自顧自地發出輕笑。而那些冒險的故事，流傳在不同的營火邊，則是我的生活所在。

我的名字取自祖父，雖然我未曾見過他，不過常聽父親說起他的故事。他的故事，就是家族的傳奇。而其中最不尋常的事件，就發生在一九六九年七月，他首度前往這個後來成為「仁德樂志」的營區，而這趟旅程他帶著家中帳本。在當時，就連祖父自己都承認這項舉動有悖常理。對他來說，野外世界和狩獵是神聖之事，不能被無趣且斤斤計較的銅臭味所破壞。在這趟旅程之前，甚至在營區內，只要一提到工作，就可能會被嚴厲譴責。

但在那次旅途，在家人的困惑下，每天清晨狩獵過後，博伊德瓦提都會拉著約翰大伯來到被稱為「瞭望台」的平台上，那裡陽光明媚，可以俯瞰沙河，也是現在「仁德樂志」的主廳。父子兩人在那裡認真細數帳目。那趟旅程中，他教導大伯如何記帳。

當季稍晚，部分營區已經收拾好，準備踏上回到約翰尼斯堡的辛苦旅程。爺爺和父親開車，沿著那條通往溫尼斯所在村落的唯一泥徑，去向他們的尋跡老友道別。途中，祖父將那台老舊的美國普利茅斯車，停放在一片開闊平地上，這兩位男人穿著發舊的斜紋軟呢外套，狩獵長靴，坐在引擎蓋上，遙望太陽西沉，享受四周沉靜清涼的美麗夜景。

暮色逐漸褪去，空地下方一隻黑斑羚羊步入白沙，祖父拿出他的點三零六零春田老步槍。這把獵槍，具有特殊自製的瞄準鏡，是他所有槍支中的最愛，他將這把槍甩在肩膀上。我知道這個動作，我也知道開槍的距離，因為我經常與父親開車去那裡，停在同一塊空地上，而他總會告訴我這個故事，那時他的話語及情緒，總是真情流露。

祖父只開了一槍，黑斑羚羊應聲而倒。祖父將步槍退膛，把槍枝遞給父親，臉上一反常態，帶著滿意的笑容說：「永遠記住，你的老爸射得很準。」他不是在開玩笑，事實上，放眼看那一槍的距離，我甚至可說世上可以射中的人屈指可數。祖父認為野外狩獵是項光榮的事，所以他也是在說：「要記住我有多尊敬這片土地。」他將黑斑羚羊給了溫尼斯和他的家人，第二天一早就離開營區，而父親決定多留幾天。

幾天後，這位第一代的博伊德瓦提，心臟病發，與世長辭。祖父骨灰撒在河中，鄰近圓頂形的大花崗岩邊，這裡是他最喜歡的地點之一，是他在清晨狩獵過後，日正當中時，經常停下來歇息的地方，我們稱之為「牌岩」。一塊暗黃的銅匾上，黑色的字跡寫著：

博伊德瓦提

他心愛的草原

祖父去世時，約翰大伯十八歲，父親十五歲。祖母的財務顧問建議這兩位男孩最好賣掉這塊曾祖父一度「愛到要死」的土地，「洗心革面」，專心經營大學文憑與傳統的城市生活。何不繼續經營家族事業，販賣採礦設備呢？於是這對兄弟認真考慮，但是他們猶豫不決，最後單憑直覺，以及他們對父親和原野的熱愛，他們決定保有這塊土地，不顧成見，拒絕賣地。但是他們什麼都沒有，只有對於自然原野的美景夢想，以及決定一步一腳印，在這片原野中建造家園的決心。而祖母之所以被稱為「仁德樂志的母親」，就是因為當兩位十幾歲的兒子，向她訴說他們的決定時，她毫不猶豫地說：「如果你們想保留它，就保留它吧！」

這項任務的浩瀚巨大，難以言喻。這塊土地坐落於等同瑞士大小的蠻荒之地中。先前承租戶已用圍欄隔開野生動物，並且榨乾濕地。戴夫和約翰只是兩個毛頭小孩，該如何保有土地並奉養新寡的母親呢？有位鄰居開始設立野遊營區，吸引想打獵或拍攝野生動物的遊客。有樣學樣，他們也想經營野遊之旅，不過他們不知道該如何著手，他們只是從祖魯字典中找到「仁德樂志」這個字眼，意思是「生靈的保護者」，然後就開張營業。

故事說到這裡，我總是打斷父親：「但你不擔心嗎？」我無法想像，那麼年輕，卻要肩負那麼多的責任。

問到這裡，父親臉上總是帶著若有所思的神情回答：「我們只知道不能賣地。」然後沉默下來，彷彿又回到那個時刻。

糕餅師傅製作糕餅的兩個座右銘：「從下攪和」和「聽天由命」，父親似乎全學會了，這成為他的生活指標。野生動物導覽是項新興行業，他既沒錢也沒資源，不過面臨前景未知的挑戰時，父親總是一副「兵來將擋，水來土掩」的態度，在打造「仁德樂志」時，將這種態度發揮到極致。父親在自己所寫的書《面面俱到》（*Full Circle*）中，活靈活現地道出其中原委。但就我所知，父親和約翰大伯基本上是用黑斑羚羊的毛皮建造了「仁德樂志」。父親從隔壁經營製革場的傢伙手中買下打折皮革，搬上舊卡車載到約翰尼斯堡，賣給高檔商店賺取利潤。父親總是設法出售足以支撐營運的動物皮毛，換得足夠資金償還債主並經營園區就好。他與約翰還挨家挨戶販賣小龍蝦，以換得卡車油錢。

父親和約翰雖然年紀輕輕就開始創業，但也知道，如果「仁德樂志」要成功，就要和尚迦納人一起並肩工作，突破一九四八年設下的黑白種族隔離法律。他們這項舉動並非政治自覺，而是實際環境使然。南非在種族隔離制度下，黑人被剝奪投票權。根據自身的膚色發給身分證，家庭成員有時也被迫分離，更不允許異族通婚。而最可怕的是，黑人被強行安置在保留區，其中包括聲名狼藉，危險悲慘的貧民窟索維托（Soweto）。

約翰大伯出生於一九五〇年，父親出生於一九五四年，他們生長在全是白人的約翰尼斯堡郊區，從小就無知地接受黑人必須負責所有勞力工作，包括擦鞋，這些都是生活常態。南非全體白人的沉默與接受，助長了種族隔離制度的罪行。

然而在叢林中，這種法律是不存在的。當父親、約翰與溫尼斯在茂密的叢林中獵殺受傷的獅子時，所有人面對的危險都是一樣的。如果獵人不開槍、尋跡者不找足跡，或有人企圖逃跑而不團結一致互相保衛的話，就會有人受傷，喉嚨會被撕裂。只要人們一起面對危險，膚淺的社會分類就會消失，而成為一起合作、共求生存的人，就是這麼簡單。因此在這個叢林世界裡，這對兄弟的觀點和種族經驗，無法適用於南非法律。

七〇年代初期，「仁德樂志」逐漸成形期間，父親與約翰大伯僱用黑人與白人一起工作，這是撫育這塊大地起死回生最簡單、最實際的方式。父親和約翰是最初也最重要的自然代言人。尚迦納人也同樣分享了他們對大地的崇敬與重建的期望，能在一起並肩工作是天賜之福。

雖然父親到現在都認為自己很沒有政治意識，他和約翰認為所有政治都有缺憾，不過他認為自己政治意識的抬頭，要回溯到一九七六年的索維托騷亂，讓他認識到種族隔離政策嚴重傷害了整個國家。不久後，他和約翰遇見伊諾斯馬布沙（Enos Mabuza），對他們的思想產生重大影響。伊諾斯是位積極分子，後來支持一九九四年獲權的政黨「非洲民族議會黨」（ANC, African National Congress），大力支持廢除種族隔離制度。他告訴父親和約翰「將文化融合在一起」，而這正合他們的心意。

黑人與白人一起聚集在「仁德樂志」交誼廳，開懷暢飲啤酒，觀看橄欖球賽，還打撞球，成為父親與約翰「將文化融合在一起」的最佳場所。這種行徑當然會招惹「特別小組」的注目，這是專門打壓抗拒種族隔離的警察部隊，不斷警告他們：「我們正盯著你們！」

與此同時，父親與約翰大伯成為維護野生動物的積極分子。他們認為維護野生動物成長能夠造福所有人。七〇年代，人們要想觀看野生動物，會去國家公園，例如克魯格國家公園，那裡是種族隔離制度的陳年堡壘，一般私人野生動物園區也幾乎不收取任何入場費。但是父親與約翰卻計劃打造一個「野生動物經濟特區」，不讓人們靠豢養牛羊，摧毀土地以維持生計，而是透過保育土地，鼓勵野生動物重新繁殖，以幫助每位生活在那裡的人，都能享受到其中福利。這個野生園區將使土地回復到自然狀態，還將聘請許多本地人：護林員、尋跡師、廚師、女傭和酒店工作人員，為大家帶來更多工作機會，會使貧窮的社區繁榮起來。父親與約翰認為這是唯一能夠鼓勵人們保育土地的動機。但是他們不斷被批評為剝削自然，以謀求利潤。他們「激進」的信念，在現在已然是保育典範，然而在當時，卻使他們被貼上共產黨與局外人的標籤，雖然這些標籤讓他們更難實現夢想，但卻絲毫阻擋不了他們的決心。

剛開始的時候，父親和大伯只是兼職經營這項新興野遊生意。他們先到鎮上安排預約，然後趕回營區領隊出遊。野遊生意在當時非常新奇，一般遊客通常最多只看到一群黑斑羚羊而已，但溫尼斯的尋跡經驗讓他們保有優勢，於是消息傳開：兩位滿面鬍髭，活在叢林中的嬉皮，有辦法找到野生動物。

父親對於導覽行程或尋找野生動物，並沒有固定模式。瓦提兄弟會告訴客人：「如果方便的話，帶件樂器，或開輛路虎來。」他們的服務有三種層次：「豪華野遊」，客人不必自己帶食物，用煮熟的黑斑羚羊肉伺候他們；「一般野遊」，客人需要自備食物；「徒步野遊」，意思是路虎可能壞了，你只能用走的，而且要睡在星空下。他們第一次「獨木舟野遊」出發時，河中水量稀少，獨木舟卡在岩石間幾乎無法划動，還有人踩在河馬頭上扭傷腳踝，於是成為他們的第一次也是最後一次的獨木舟野遊。由於他們經常缺乏糧食，所以只好讓客人喝醉，希望他們不來抗議，幸好遊客們最終都能體會這兩位離譜冒險家的精神。

我從父親身上學到的事，總結為兩點：第一，你必須真正了解叢林。第二，保持信心，不管遇到什麼事，總有辦法解決。

要實現他們的使命「重建土地與維護野外生物」，父親與約翰決定下一階段的工作，將精力集中在一個比花豹還要稀少的物種上，父親對我說：「在仁德樂志，最嚴重的瀕危物種是獵豹。我們需要籌錢拯救牠們，以便拯救世界。」南非「瀕危野生動物基金會」(Endangered Wildlife Trust)當時的標誌，就是一頭獵豹加上「獵豹……即將滅絕」的字眼，這對他產生重大影響，於是父親和約翰決定籌組「仁德樂志野生動物基金會」。他們得知納米比亞即將槍殺獵豹，連忙籌集資金，準備營救其中三頭獵豹。他們大張旗鼓，成功地將獵豹帶到「仁德樂志」，同時吸引大批新聞記者前來報導。父親與約翰欣喜若狂，相信這樣的宣傳，有助於解決動物目前的困境，並協助建立野外遊覽業務。於是在眾目睽睽下，他們大舉拉開獵豹籠門，獵豹立刻衝出，四散逃逸，再也不見蹤跡。偉大的獵豹救援行動，頓時成為一場豪華鬧劇。

牠們為什麼逃走？為什麼貂羚也消失？為什麼「仁德樂志」的牛羚、非洲大羚羊和大象數量也都下降了？父親和約翰探究其中緣由，有個人的名字不斷出現：保育先鋒肯廷利博士(Dr. Ken Tinley)。廷利博士身材高大結實，像銀幕硬漢克林伊斯威特一樣充滿自信。他也是一名高中輟學生，憑著一幅詳實生動的蝴蝶畫像，打動自然科學首席教授，允許他沒有高中文憑就參與學習。後來他成為創始的護林員與保育員，與南非著名保育人士伊恩普萊爾博士（Dr. Ian Player）一起工作，在赫盧赫盧韋保育區（Hluhluwe Game Reserve）成功保育了犀牛群種。廷利是一位天才型的自然學者，獲得眾多保育團體支持，幾乎是單槍匹馬進入浩瀚的非洲荒原工作，有時甚至長達幾個月，繪製這些地區的生態和生物多樣性。當南非政府官員想要在納米比亞北部的達馬拉蘭（Damaraland）和埃托沙（Etosha）國家公園間設置分隔圍籬時，他的抗議呼聲發揮作用。而後他又花了幾個月的時間，去現今莫三比克中部的哥隆戈薩國家公園（Gorongosa National Park）繪製水道。也就是在這裡，他深刻體會到水土保持在保育中的重要性，後來他將這種觀念帶入「仁德樂志」的土地重建中。七〇年代末，莫三比克內戰爆發，「雷納摩」（Renamo）亂槍掃射廷利的研究營地，他倉皇出逃，保住性命。廷利是一位開明的思想家，他總是說無論任何保育計劃，一定要全面結合當地居民一起進行。這項說法讓支持種族隔離政策的科學家大為惱火。廷利與大多數科學家堅持狹隘的專業化不同，他是個博學家。

「別聽那個激進分子的話，他偏離主流太遠。」父親與約翰大伯受到警告，最好離廷利遠點，他們反而主動去找他，設法請廷利來「仁德樂志」，和他一起步入這片大地。廷利讓他們了解動物和土地之間，是如何錯綜複雜地相互關聯。用他的知識，向他們解釋水道和土壤類型，為什麼某些樹會在某個特定區域生長，他是位景觀藝術家。

然而，廷利嘲笑他們的獵豹計劃：「你們這些傢伙只想利用這些迷人的搬遷計劃，讓你們的照片出現在社交版面上。通篇廢話。你們不是真正在保育，你們只是假保育人士。」

父親和約翰挺直腰桿，站起來說：「不，我們不是！」廷利鄭重地咳了一下，帶他們繞行「仁德樂志」，說道：「看看這片不毛之地，為什麼會這樣？」

「因為本來就是這樣。」父親說。

「跟我來。」廷利皺著眉頭說。他帶他們走到土地最低處，由於過度放牧，牲畜踐踏的結果，所有覆蓋在山坡上的青草都沒了，以致所有的水都流到最低處。沒了青草，雨點打在裸土上瞬間消失，只有根深蒂固的灌木樹叢才能在這塊乾燥的土壤中生存下來，因此那些草食動物，還有那些掠食動物，包括獵豹，全都跑光了。「獵豹要在開闊的草原上追捕獵物，所以不管你帶多少隻獵豹來，他們一樣都會跑光，你一定要從土地開始，與它為伍。」廷利說。他們需要清除草叢，並在水流節點上種植一些往上生長的植物，栽種這些植物就像是塞緊浴缸的缸塞，防止浴缸排水，讓土地保持水分。一旦他們固定好水源，青草自然會重新長出。「與自然為伍，跟隨它來總體規劃。如果你重整好土地，動物自然就會回來。」廷利保證。

廷利改變了父親與約翰的生活，拓寬了他們的視野。他們慢慢開始恢復之前被畜牧場摧毀的濕地。拔除外來的植物物種，重建小集水區，同時與尚迦納人並肩工作。因為廷利告訴他們，除非當地人看到重建野生物種的好處，否則他們沒有理由保護自然。很多人抨擊父親和約翰使用過於強勢的方式整修土地，他們用推土機大舉清除茂密的荊棘，但是多年之後，證明這項舉動是正確的。後來曼德拉訪問「仁德樂志」，也推崇這對兄弟的眼光，讓各種種族、動物和土地之間，共同和諧相處。早期的「仁德樂志」，由於狩獵造成動物異常敏感，大地則是一片荊棘糾結的雜亂樹叢，遊客們能在其中看到野兔已經算是幸運的了。

但是就像廷利承諾過的，奇妙的事開始出現：動物開始重回重建過的土地，不再害怕。到了我的童年時代，遊客們已經坐在敞篷路虎上（父親和約翰還買不起有篷的車），觀賞獅子、大象、犀牛與花豹了。

我們站在一塊美麗的空地上，父親告訴我獵豹的故事。大地順著河流綿延數公里，黑斑羚與牛羚的身影妝點平原。父親說：「過去這裡鋪滿厚厚的荊棘，只要看到一隻鳥，我們就很興奮了，現在放眼看看吧！」望著重建後的土地，讓我以不同的眼光看待我的父親。對我這個迷戀自然的男孩來說，他不再是位偉大的狩獵家，而是位偉大的療癒聖手。

五歲時，父親就教我步槍射擊。有三件事他絕對無法妥協：槍枝、車輛和女人。「大多數人會因為這三件事喪生在叢林內。在叢林中，危險的不是動物，而是喝醉酒開快車的人，企圖在女人面前炫耀的人，還有不專心處理武器的人。」他對我說。

父親嚴格教導我安全使用步槍的正確方法：步槍永遠不能直接對人，總是親自檢查步槍的安全，查看彈夾中有沒有子彈，即使有人在你眼前檢查，並將它交給你也一樣。永遠不要在無人看管的情形下，離開你的步槍。無論發生任何狀況，就算大象攻擊你，讓你神經緊繃，也要停下來確保步槍在安全狀態後，再對客人解釋。

六歲時，我就被帶出去打獵。父親訓練我能在三十碼外，連發五次正中目標，這是準備就緒的標準。然後才能射獵珠雞與鷓鴣，而後才進步到狩獵真正的野生動物，這是男人的工作。雖然父親和大伯從來沒有認真告誡我，但是出外進入叢林狩獵，當然應該嚴肅慎重，我心知肚明，到時候最好能夠應對自如。但是對一位六歲小孩來說，長途跋涉三、四個小時，是件苦差事，又不能埋怨叫苦或是要求食物。我曾經犯過一次這種錯誤，得到的回應是父親最嚴厲的眼神。我學會控制需求，培養堅強韌性，我不能說：「我無法繼續下去。」因為我知道其實我可以。

父親教我溫尼斯的消暑方式。清晨用水壺裝滿清水，但不能大口喝，只能小口嚐，足以滋潤嘴唇就好，整天都是這樣，於是到了傍晚太陽下山時，你的水壺還是滿滿的。晚上才能喝掉大部分的水，驅趕一整天的熱氣。「只有城市人才會把所有的水都喝掉。」父親說。我們是叢林中人，用瘦痛的雙腳長途跋涉，不用喝水。有些人可能會說我們強壯，但我們說自己是強悍。

如果有時我實在走得太累，就會借用父親與溫尼斯長途跋涉徒勞無功後的頭號戰術：引誘他在安靜乾涸的河床邊，講述打獵的故事，以便藉機休息。父親對我說過這種策略，我若不用，不是很笨嗎！「這裡是不是發生過什麼事？」是引誘父親說故事的開場。

故事就像一瓶上好的葡萄酒，愈陳愈香，環境愈改變，故事就愈動聽。圍聚在營火旁，如果當年在現場的人也在，當然是最棒的，和村中婦人編織地毯一樣，一邊談笑風生，一邊加油添醋。

當然，每個人描繪故事的方式都不一樣。在父親的版本中，他永遠是那位笨笨的旁觀者，熱情過了頭，然後奇蹟似地活了下來，最後成為英雄。而約翰大伯呢，當然永遠是那位一馬當先的英雄。爺爺和溫尼斯則直接被說成最偉大的硬漢，堅如岩石，毫無一絲畏懼。

從小我就不曾懷疑這些故事的真實性，長大後更開始領略說故事的迷人之處：實際發生的事，與後來眾人的各自演繹，都很有趣。這些故事本身自成一格，一開始我無法體會故事背後真實人物的心境，因為那些故事都是事後的回憶，往往未能傳達當時那一瞬間，那些人真正的感受，多半只能用神奇、有趣或是可怕這些字眼來形容當時的狀況。直到後來，我才開始體會，這些故事無法用言語描述的部分，和已被說出來的一樣多。

我的青春歲月，大部分時間是花在與父親一起狩獵黑斑羚羊，那是無盡的行走與耐力的考驗。我必須要參與，因為沒有其他事情，要比狩獵更能獲得父親獨一無二的關注：狩獵是男性建立緊密關係的終極方式，還以血淋淋的方式收尾。我們真是無情的物種。

獵捕羚羊，能讓你深刻體會掠食這件事。採取掠食動物的思考模式，是在叢林中生存的重點。父親曾對我說：「狩獵的好處，是讓你更加警覺。將你所有的感官凝聚在一起。」在決定要去打獵的那一刻起，就要告訴自己不再是位旁觀者。那種「你不理牠，牠也不會理你」的規則不再適用，你在這個食物鏈中，就要有相應的舉動。和父親一起出獵，任何風吹草動都是線索。聽見黑斑羚羊發出刺耳的警告聲，父親會教我用最好的方式，近距離跟蹤牠。「博弟，別看叢林四周，看樹幹之間，可能就站在後面。」他還教我如何利用高地或深壑掩護自己，掠食者對地形有種天生的直覺，知道如何解讀大地，父親也教我做到這一點。

對父親來說，學習他的理念，和學習尋跡關鍵，同樣重要。身處叢林中，他要我學會在壓力下做決定。例如，每次狩獵時，總會面臨一種時刻：需要決定是否開槍射殺黑斑羚羊。父親從不干涉我的決定，他對我說，把決定交給我，是因為他知道我可以負起這個責任。我們從不無謂殺生，如果我們射殺一頭黑斑羚羊，我們就要吃掉牠，用盡這頭動物的每一個部分。

依循家族傳統，我在六、七歲時，就開槍射殺了第一頭黑斑羚羊。我與父親及尚迦納尋跡傳奇人物艾爾蒙隆格（Elmon Mhlongo）在一起，他是約翰大伯最好的朋友，也是拍攝影片的最佳夥伴。我們悄悄躲在溝壑中，當黑斑羚羊抬頭張望時，我開槍射中牠的脖子。這頭黑斑羚羊成為我們當天的晚餐。約翰大伯深信黑斑羚羊的肝臟有益健康，我只好萬分痛苦地嚥下去。

狩獵黑斑羚羊途中，有時我們會碰上一頭水牛或是母獅帶著幼獅。父親會一把抓住我背上的卡其衫，這樣我就可以緊貼著他，以保安全。他總是為我們倆著想，而我也能感受到這一點。危急時分，他能夠在壓力下做出正確反應，也能夠尋找空隙，讓我們遠離傷害。只要和他在一起，我知道我們會很安全。

他非常沉著，這是獵人的基本條件。有次他和一位朋友還有我，晚上出外散步，我們三人漫步穿過林間空地。一頭大象進入我們的視野，後面尾隨著其餘象群。父親注意到領頭的大象頭部前挺，尾巴捲曲，身軀搖擺，以威脅的架式，顯然鎖定我們，情況不妙。

父親保持鎮定，轉身對我們說：「往這邊跑。」他往前衝，我們跟著他。跑入叢林深處，後面跟著一群憤怒的大象。父親一邊用雙向無線電悄悄說話，一邊幫我們開出一條逃生之路。他怕大象會從兩邊夾擊我們，不時會停下來幾秒鐘，認真傾聽大象穿越叢林時發出的聲音，然後重新規劃路徑，展現出他卓越的狩獵本能。

父親和我一直堅守在一起，這是大自然賜與我們的機會。許多父親認為他們的職責是從旁鼓勵子女，這種家庭關係會使父子錯過一起面對困境才會建立的緊密關係。親子間可以強調相互尊重，但在沒有壓力的狀況下，很難建立真正的連結。我認為今日的父子關係正面臨一項新的考驗：就是沒有考驗的考驗。因為男性共同面對未知狀況，往往會形成緊密連結。自然荒野是產生這種連結的最佳環境，也是現代生活無法給予的。

當一般城市小孩在商場流連時，我已經跟隨父親或艾爾蒙在外面打獵了。艾爾蒙教導我的叢林技藝帶著尚迦納的風格。他利用尋跡技巧尋找花豹與獅子，並從牠們手下搶奪戰利品。他用有毒的植物球莖作為誘餌捕魚，還教我如何用彎曲的枝幹做成繩套，網羅鷓鴣。

艾爾蒙的前臂厚實，高大英俊，既強壯又靈活，同時足智多謀。和他一起散步，從他的一舉一動中，我學會觀察風向，尋找動物蹤跡，預測前去方向。父母也很高興我和他一起去任何地方。

艾爾蒙還教我如何獵補疣豬。清晨破曉前，我們手握長矛，走近疣豬出沒的土堆，尋找嶄新的足跡。只要一發現牠們，我們其中一人就會站上土堆頂端，不斷跺腳，迫使疣豬出來查看入侵者是何方神聖，然後拿起長矛射殺。一頭受驚的疣豬，是一頭重達七十多公斤，準備一決生死的猛獸，這種行動對一位小男孩來說，壓力驚人。但是如果疣豬沒有出來，艾爾蒙就會拿著那把銳利的潘加刀（panga，類似開山刀）消失在叢林中。短短幾分鐘內，他會拿來一束乾草結成的草束，用手搖鑽將草束搓出火苗，將著火的一端塞入豬洞內，利用煙霧將獵物逼出來。一旦疣豬出現，他就用長矛刺牠，由於疣豬會發出可怕高亢的尖叫聲，幾公里內的任何掠食動物都會聽見，鬣狗、獅子、天知道還有什麼動物會來找我們，因此艾爾蒙下手很快，切下一些肚肉散布四周，然後扛起屍體，趕快逃走。無論掠食動物何時來到，那些四下散布的碎肉，足以讓牠們分心，留下足夠的時間讓我們逃之夭夭。

狩獵是一件可以讓我和偶像在一起的事。我崇拜父親、約翰大伯與艾爾蒙。希望和他們一樣，成為飽經風霜、隨時都在冒險的英雄。可是等我長到父親足以帶我出去打獵的時候，他已經對大自然產生更深刻的體認，視它為手足，而非狩獵的對象。回首過去，我也能認同這種情緒。我會去打獵，主要是想和他在一起，讓他對我刮目相看。而他是在做他唯一會做的事，我們倆都在重蹈祖先的步履，不過我們都想要另闢新徑，走出自己，約翰大伯也是如此。

我們了解以往狩獵有它的重要性，然而時光不再，這種日子已經過去了。這對兄弟早期打造「仁德樂志」時，這種意識開始呼應他們的內心。父親和約翰大伯看到更多的野生動物，但是他們的想法轉而保護牠們，而非捕獵牠們。花豹偶爾會出現在他們眼前，可是總會立刻飛奔無蹤。直到有一天，在花了一整天清除地面上糾結的樹叢後，老爸看到花豹從容地行走在小徑上。牠對著他看，並沒有馬上逃開。「感覺像是豹子在傳達一種訊息，對我說，我的方向是正確的。那一整天工作的代價，就是換來幾分鐘的機會，好好瞧牠。」父親說。與此同時，約翰大伯遇見了一隻母豹，慢慢地接近並拍攝牠，和牠發展出一段特殊的情感，他也同樣失去狩獵的衝動了。

一旦體會到與大自然同生共存的好處後，父親和約翰再也無法將動物的安康與自身的福祉區隔開來，反而是緊密連結。任何人只要有時間或是機會，絕對也會這麼想：我們和動物其實沒有什麼不同，無論在實質上或精神上，我們的生存與福祉取決於牠們。

我的曾祖父、祖父、父親與大伯，在他們生命中的某個時刻，都曾以獵獅這件事證明自己。我是家中第一位不獵獅的晚輩，這是我個人頗感自豪的事。我這一輩子殺了這麼多頭羚羊，已經夠讓我難過的了，更何況是殺害如此雄壯的動物，我不認為自己能承受得起。獵羊至少是為了食物，而獵獅則只是炫耀戰果而已。儘管如此，世上任何事務都無法取代我的狩獵經驗。

如果我能回到過去，我會花一整個晚上待在原來的狩獵小屋，那是四座泥屋，是曾祖父於三〇年代所建。我會在黎明醒來，和曾祖父與溫尼斯一起出外跋涉。當太陽升高，熱氣逐漸累積，我會在河中游泳，徜徉水中，驕陽下的清涼河水，會讓我沉靜放鬆，取代晨間步行的興奮好奇。到了夜晚，當夜鷹開始發聲叫囂時，我們會升起營火，團聚一堂，沐浴在一片寂靜與火光中。狩獵之旅帶來既單純又狂野的情懷，至今仍讓我懷念不已。

長大後，「仁德樂志」的經營狀況已經很好。我常常在想，父親在十五歲的時候，扛下這麼多責任，是種什麼樣的感覺？他一定常常一個人坐在野外的叢林內，面對「仁德樂志」空白的訂房單，空蕩蕩的頁面和他空蕩蕩的腸胃互相呼應。在那些低潮的時刻，寂靜的非洲藍天上，總有短尾雕飛過。黑色的圓頂鳥頭下，徒然伸出一隻紅色鳥喙。肥胖的身軀與黑白相間的翅膀後面，是條粗短的鳥尾，搖搖晃晃地翱翔天際，輕鬆自在地面對自身的弱點，從容優雅。在這種鳥身上，父親感覺到他的父親正在指引著他。

短尾雕成為「仁德樂志」的第一個標幟。這個字是從法語單字「雜技演員」(acrobat)衍生而來，這種鳥和走鋼索的人一樣，用翅膀平衡自己。父親要姊姊與我視短尾雕為聖物，尊重並讓牠指引我們，這是父親的神奇之處：非常實際，卻又具備深遠的見識與智慧。我和布藍溫從小就受父親影響，視動物為家人與祖先，這種感覺近乎神祕。我們從父親和大伯處學到的是：達到目標的途徑，並不總是明確，事實上難以找尋，但這不是退卻的理由。要有信心，披荊斬棘，總會砍出一條路來。就是這種信心，使他們得以開創自己的使命，從狩獵開始，逐步進行到創建與幫助大家，建立起與大地連接的精神。

時至今日，每當開著車，短尾雕在我們頭上飛過時，父親總會抬頭說道：「那是老闆。」一句話，將動物和這片我們稱之為家園的土地連接在一起。

第三章
巨石母親

姊姊出生的那一年，乾旱席捲「仁德樂志」，由於乾燥，大地一片赤紅，灰塵懸浮在靜止的大氣中，彷彿空中有座巨大的磁場。

母親懷著布藍溫，度過一年中最熱的時節，白天整日工作，協助爸爸的野外遊覽業務邁入軌道，夜晚則躺在蒙上一層熱氣，汗水涔涔的床上休息。那時剛蓋好的房子還沒有電力，直到我一、兩歲時，家裡還用煤氣燈，所以每當夜晚熱氣高到無法忍受時，媽媽就會起身，在燭光映照下，像頭鯨魚般在傍晚的洗澡水中浮沉，清涼的水面飛蛾點點，像是航行海上的船隻。她不但和父親一起打拼，維持「仁德樂志」生存，同時也成為母親，撫養嬰兒。面對這些艱鉅的任務，我無法想像那是種什麼樣的感覺。

我的母親姍恩華生（Shan Watson）認識父親時只有十五歲，而戴夫瓦提（Dave Varty）則是十七歲。他們相識於家庭假期時的一座海濱別墅中，雖然他們之間並沒有立刻來電，但是她那雙修長苗條的「週三腿」（譯註：Wednesday legs，出自戲謔語 When’s day gonna break 細腿何時會斷）、棕色雙眸，外加一頭棕黑長髮，徹底迷倒了父親。而她則是被他深邃的藍眼，棕色的亂髮，以及晚上家人團聚營火旁時，一口動人的歌聲所吸引。媽媽說她喜歡他對各類動物的熱情，但是有人對我說父親那個假期其實很孤獨，每天晚上獨自出去坐在沙丘上凝視大海。而當母親知道他是在哀悼剛過世的父親時，很聰明地不去打擾他，給予他足夠的空間。幾個月後，他邀請她去約翰尼斯堡看電影，自此展開追求。

戴夫和媽媽的父親布萊恩，經過一場持久談判後，成功地取得姍恩前來「仁德樂志」的許可。爸爸對我說起那個決定命運的漫長夜晚，布萊恩一直試圖要這位乳臭未乾的年輕戴夫和他一起共飲啤酒，以便解除心防，但是父親想保持清醒，所以堅持只喝汽水。於是你來我往幾個小時後，布萊恩終於同意讓姍恩和戴夫一起去「仁德樂志」，條件是讓媽媽的妹妹戴安娜一起同行護航。

母親愛上這塊大地、這個男人，以及未來的遠景，決定全心支持。回到家後，立刻在她父母位於約翰尼斯堡的房屋閣樓內，成立「仁德樂志」第一間辦公室，家中的電話號碼成為叢林週末度假的預約專線。

有段時間，她經常來往於約翰尼斯堡和「仁德樂志」之間。在當時，這是一段長達十小時的顛簸車程。有時她搭便車，和各式各樣的陌生人，一起擠在各種送貨卡車中南行到低地。通常則是和度週末的客人一起到來。省下的錢，在戴夫和約翰苦心經營的事業中，不過是九牛一毛。

「嗨，我是仁德樂志的戴夫，只是想問，你這個週末會來嗎？……好，太好了……我們很期待您的光臨，順便問一件事：我的女朋友能不能順道搭你的車？」

剛開始時，爸爸、約翰大伯、我的母親，技工霍華德麥基，以及約翰大伯像旋轉門一樣不停更換的女友，一起住在一輛只有一個房間的活動拖車裡。車子橫停在叢林中央，就在四間充當客房的泥屋後面。打水幫浦經常無法使用（這個問題到現在還是存在）。其實話說回來，沒有一樣東西能用。有天他們的路虎車駛過路上的大凹洞，車內的變速箱當場飛了出去。客房小屋的屋頂用蘆葦鋪成，像個簸籃一樣，一點小雨就漏水。

等到母親全天候待在叢林中時，她的工作範圍已經擴大到包括接待、廚師、管家、女主人、洗碗工、女僕、調酒師、司機、人事部總監、醫生，輔導員、藥劑師、助產士、護士與園丁，十足像她的作風。九年過後，媽媽的父親打電話給她：「問你一件事，你認為那傢伙打算娶你嗎？你打算繼續投資所有精力、所有時間在這份工作上嗎？」他鄭重地問道。

媽媽一定和他的想法一樣，再過了一年，二十五歲的姍恩華生終於發出最後通牒。一天早晨她對父親說：「我受夠了，十年以來，我一直都是他媽的支柱，不停的工作、付出、創新，從來沒得過什麼回報。大家都在快樂的時候，我只是站在那裡煮飯，我真的受夠了。我要離開這裡，但是在我離開之前，我也要出去玩，而且，我今天晚上就走！」

「可是你不能去。」爸爸說。

「為什麼不行？」媽媽咆嘯。

「嗯，因為路虎已經裝了一車的人，都是非常重要的人。」

「嗯，那你告訴他們全都下車，因為我要上車。」

爸爸睜大了眼睛看著媽媽。她跺著腳走開，告訴所有的工作人員，包括那些默默工作的女性部屬，那時我們已有兩位女性工作人員：「我受夠了，我要離開這裡！」

那天下午稍晚，她爬進路虎後座進行她的野外之旅，並對一位朋友發牢騷：「我不玩了！」停車休息時，他們停在一處叫做溫尼斯的美麗水塘，一輪皓月緩緩上升，爸爸繞到後座，伸手抓住媽媽的手說：「你願意嫁給我嗎？」

「什麼？」她低頭看著他的手，大吃一驚。

「你願意嫁給我嗎？」爸爸重複一次。

「如果你是認真的，就要跪在地上，正式求我。」

於是他跪在地上，第三次問：「你願意嫁給我嗎？」但他沒有得到答案。他們驅車回到營地。

過去十年來，媽媽一直都是爸爸最好的朋友，是他的左右手，是他的種種支柱，但是爸爸從來沒有說過愛她。愛情宣言，是他準備留給妻子的。

那天晚上，他鄭重地握起她的手：「怎麼樣？」

她棕色的眼睛閃爍慎重的光芒：「你是認真的嗎？」

「當然，我很認真。」

媽媽下了決定：「好吧，戴夫，如果你是認真的，那我們就去辦公室。我要白紙黑字寫下來。」

故事說到這裡，媽媽可能是撕下一頁旅遊的免責聲明表格，在空白背面寫下：我，戴夫瓦提，想娶姍恩華生，於——」這時他們只好去看預約簿，回來後才填上日期「——八月十五日，一九八〇年。」

一旦戴夫簽好這份表格，媽媽滿意地說：「搞定。」然後回到同事身邊。「那麼，姍恩，你跟戴夫說了你要離開我們了嗎？」她們問道。

她說：「哦！沒這回事，我們要結婚了。」

對於有遠見的人來說，最重要的事，莫過於要有能腳踏實地的信徒，讓他們能與現實結合，這正是我的母親之於父親的意義。打從一開始，他們的長處就彼此互補。他築屋建房，她則精心裝潢，打造質感。他領軍作戰，而她則照顧眾人，貼心關懷。而當每個人都以仰望的眼光注視領導者時，只有最接近他們的人，才能以常人的眼光看待他們。在漫漫長夜中，也是我的母親給予父親最衷心的安慰。

就拿野外遊覽這件事來說，要讓事業成長得面對種種困難，姍恩連眼睛都不眨一下。「要我掌廚？好，我從沒煮過飯，不過沒問題！」「哦，這頭疣豬臉上毛一堆，你要我煮成聖誕大餐嗎？好呀！我相信客人會喜歡的。」有一次，她在烤架上烤疣豬，幾小時過後當她準備上菜時，才發現蒼蠅已經捷足先登，留下一個充滿蠅蛆的屍身。

媽媽依然毫不氣餒。有段時間，附近地主用鐵絲網擋住部分路段，使他們無法將客人從附近機場載送到營區小屋。媽媽的解決方式是將載滿客人的路虎開到最靠近鐵絲網的地方，拿出一雙大剪刀，剪斷鐵絲，載著客人開車通過，再跳下車回頭隨意修整鐵絲網。從頭到尾，她都帶著一臉無邪的微笑面對客人，好像這是世界上最自然的事。

然而有一天，她平靜的世界被打破了，爸爸的前胸開始疼痛，痛到每個人都認為他心臟病發作，就連爸爸自己也以為就要死了。他們將他用飛機送到附近將近一百二十公里外的內斯普路（Nelspruit），送入醫院的加護病房。就快嫁給爸爸的媽媽，一路陪伴著他。當約翰大伯知道這個消息後，也陷入瘋狂狀態。他像隻蝙蝠，飛車到附近小屋，一把扯住直升機機師的領口，尖叫道：「馬上送我去內斯普路！」

「聽著，我不知道你是誰，我不會送你去！」機師對他說。於是約翰一拳將他打倒在地，在如此魯莽之舉後，等機師回過神來，約翰竟然還能說動他駕駛直升機，降落在醫院花園。約翰的出現讓媽媽鬆了一口氣，她總算有點依靠。可是約翰隨即擔心自己可能也會心臟病發作，於是開始在停機坪上下跳躍，彎腰觸趾，以便「讓血液流通」，避免心臟病發。然後他展開行動，一陣風似地闖入醫院走廊。「我的兄弟在哪裡！那個該死的戴夫瓦提！去找克里斯蒂安巴納德（譯註：世界上第一位成功進行心臟移植手術的南非醫生）！我要他現在就飛來這裡！」危機時刻，約翰大伯有時會雪上加霜，因為他總是大叫大喊，但如果你需要有人踹門，找他就對了。

後來才知道，原來爸爸的心臟周圍嚴重發炎，患的是心囊炎與肋膜炎。他在加護病房醒來後，媽媽在他身邊，他對她說：「我愛你，我再也不願以後醒來，你不在我的身邊。」

他們於一九八〇年八月十五日結婚，伴郎是約翰。

雖然媽媽可以將黑斑羚羊壯碩的大腿，烹調成體面的三餐，可是廚房絕對不是她的強項，所以她是「仁德樂志」首位大廚這件事，總讓我覺得很稀奇。不過她是位能幹的經理，能夠指揮兩位極有天賦，卻不受掌控的瘋狂駐園廚師西索爾和西緬，完成驚人使命。

回顧當年，爸爸和約翰大伯勇往直前，一頭栽入夢想，媽媽比較實際，在一團混亂中維持表面秩序。

尚迦納人喜歡她。炎炎日頭下，經常可以看見她反覆重新整理放在戶外金屬收納箱中的物件，一天高達五次以上。尚迦納人帶著敬畏的眼光望著她，他們從沒見過白種婦女工作如此勤奮。

我的姊姊布藍溫，出生於一九八二年五月。新手媽媽的姍恩，並沒有慢下腳步，事實上她也慢不下來，所有的業務都還在起步當中。客人的房舍已經從泥屋升格為小木屋，配備自來水與浴室。游泳池也剛建成，基礎設施和川流不息的客人都需要照料。因此，依照南非白人母親的傳統，她將布藍溫交給尚迦納褓姆露西照顧，自己投入工作。

上午父親開車帶客人遊覽後，有時會因為露西回家，他會回來幫忙照顧小孩，讓母親能小睡片刻。他會將布藍溫放在寬大的叢林外套內，拉上拉鍊躺在床上，讓小嬰兒沉浸在充滿雨水與土壤的父親氣息中。原本是要哄布藍溫安靜下來，但過不了幾分鐘，父親很快就睡著，而布藍溫則發出咯咯笑聲看著他，清醒而心滿意足。陽光穿透空心磚砌起的屋宇，灰塵顆粒像星河一樣懸浮空中。

布藍溫出生後十八個月，我也來到這個世上，爸媽憑空想出一個名字，叫我克雷格（Craig）。

依據尚迦納的文化傳統，孩子有時會以哭聲揀選自己的名字，要嬰兒停止哭嚎，就要將他帶到巫師面前，巫師會告訴父母一位祖先的名字，正試圖透過孩子求取認同。我的母親看著我，祖先正用我的哭聲溝通，她實在無法叫我克雷格，於是最後，追隨祖父與曾祖父之名，我終於被命名為博伊德，也是先祖們的冒險精神一路相隨的徵兆。我猜想先祖們也曾注意到，綠意盎然的沙河上，烏木樹的黑色枝幹結成拱形，而漫漫冬日的蒼白光影，會讓你感到大自然正悄悄對你傾吐它的祕密。

在叢林中當個母親，媽媽以她一貫的作風擔起這項任務：務實並因地制宜。例如沒法常去當地的小兒科診所——最近的診所遠在一百二十公里外，所以她在樓上擺了一座磅秤，每十四天幫我們量一次體重，然後打電話給醫生說明結果：「孩子們有跟上進度嗎？這樣對嗎？」她建立起一套既聰明又實用的程序與習慣，讓我感覺非常舒服。小時候，我經常會在早上五、六點間走進她的房間，她還穿著睡衣，拿著茶盤等我：「來吧，寶貝！」我會跳到床上，用跟露西學來的尚迦納話說：「瑪嘎替。」(Maga teea)意思是幫我倒茶。早飯過後，我會拿出口袋裡隨身攜帶的棍棒和石頭，或是跟我的模型劍龍戲耍，而她總在身邊不慌不忙地做事。十點時，布藍溫和我會在花園喝果汁，她才將我們交給露西。

媽媽和露西彼此完全信任。露西體型龐大，笑時咧開嘴，齒縫明顯，笑聲源源不絕。她擁有非洲人特有的身材，結實強壯，身上的肥肉硬得好比充氣座墊。而且歷經多年徒手勞動，雙手強壯無比。我還很小時，露西會用毛巾將我綁在背上，唱歌給我聽：「圖拉圖拉……圖拉……圖拉。」輕快的曲調沒有起頭或結尾，但就像塗上保心安油膏一樣舒服。臉頰一半壓在她的背上，或許遮擋了視線，但是溫暖地裹在毛巾裡，飄飄欲睡，非常安全，像是母親為我蓋被入眠一樣。

露西是預言師，也是執法師。如果布藍溫要我做什麼，布藍溫只要先說：「露西說……」我就會趕快去做。她曾經對我說，露西說：你可以用捲筒衛生紙中間的捲板。因為她懶得幫我拿衛生紙。一旦露西臉上失去笑容，神色乍變，會讓布藍溫和我非常擔心。

露西照顧布藍溫，而布藍溫則負責照顧我。在非洲，要一個小女孩負責照顧一個小男孩，是很稀鬆平常的事。直到現在我還是喜歡坐在村子裡，望著孩童們直接依照身材高矮，分配照顧層次。艱困的環境，小孩無法嬌生慣養，生存的原則是不論年齡大小，每個人都必須貢獻一份力量。我曾經親眼見過一位八歲的馬賽男孩單獨放牧，周邊數公里內沒有一位成人，大人總是期望我們會自然而然地照這樣過下去。

媽媽或露西在附近忙著幹活時，布藍溫和我只能自得其樂。非洲的夏季是從十一月到隔年四月，每到早上六點半，天色就已明亮熾熱。夏蟬早已在樹上嗡嗡鳴叫，珍珠光澤的蝴蝶也已在花園穿梭飛舞。還要好幾個月的時間，我們才會想到穿上毛衣或外套。我很喜歡自個兒玩耍，追逐花園中飛行的蜂群，或是觀看頑強的螞蟻，花一整天的時間爬上房樑。一群小鳥伴著我，安靜地穿梭花園，更讓我備感溫暖。所有我想要的玩具都在這裡覓食：我可以花上好幾個小時，觀看錐型小砂洞內的蟻獅，再將大型火蟻放入洞中，看牠們為求生而掙扎。大部分的時間我都沉浸在好奇中，渾然不覺身邊有個負責照顧我安全的姊姊。

媽媽會回家和我們一起吃午飯後再回去工作，然後午茶時分再回來，和我們一起做工藝品，在院子裡玩耍，或去河裡游泳。

營區的工作人員會四散在村內他們的草屋外邊，任何一個可以遮擋太陽的蔭涼地方，吸吮夏季芒果，或用荔枝皮搭起小山。布藍溫和我也一樣，夏天臉上經常黏著一道道乾乾的果汁痕跡。而當太陽熱得無法忍受時，我們就會在花園的噴水龍頭下玩耍，直到被趕進涼爽陰暗的房間午睡為止。

「媽媽，太熱了睡不覺。」布藍溫總會連聲抱怨，一隻手指捲著她的頭髮，另一隻放入嘴裡吸著，她太累或是情緒不好時，總是這樣。

「用濕毛巾摀住自己，安靜別動。」媽媽回答。

我總是在幾縷濕髮黏貼在額頭的狀態下醒來（孩童時代我幾乎是光頭），心情惡劣，沒有任何事能讓我擺脫這份黑暗情緒，直到媽媽將我抱起來，攬入懷中安慰我，我的心情才會慢慢好轉，再喝下午茶。媽媽總說這是我的起床氣。

儘管夏季高溫讓人很不舒服，但在大啖芒果之際，我可以感受與這浩瀚宇宙的關聯，了解自己是誰。

夏日叢林充滿生機，蜜蜂、黃蜂、木蛀蟲、甲蟲和夏蟬的鳴聲，蘊含著生命頻率。夏日午後，爸媽會帶我和布藍溫進入叢林，搖晃的路虎車，車輪壓過夏草與鼠尾草，散發出青草的芳香氣息，加上甲蟲飛越夏風的巡弋聲響，使我經常在前座昏昏入睡。醒來後總是發現我的頭躺在媽媽腿上，而布藍溫則是躺在爸爸腿上。他一邊開路虎，一邊唱歌，歌詞和我們的思緒一起飛揚，沉浸在各自的世界中。

有時我們會停在我們最喜歡的水洞旁邊，這裡緊靠白蟻土丘，土丘頂部陡峭，兩旁錐形隆起，看上去像頭犀牛。爸爸會停車仔細查看，看看四周是否有任何掠食動物，然後說：「好，去玩吧！」於是布藍溫和我就會跑下去騎那頭犀牛。

午後時光慢慢流逝，數道弧型光芒劃越天際，宛如聖潔之光，整個世界沐浴在和諧的金黃色調中，色澤慢慢加深，直到無可再深。太陽沿著山脊慢步西垂，時間彷彿靜止，一切都變得緩慢，蒙上一層濃厚如蜜糖般的情緒。接下來，太陽好像一瞬間突然掉入一條藍光中，地平線反射出的光圈慢慢蕩漾，最後呈現一片淡紫，時光便從白日進入黃昏。

一對青蛙棲息在客廳的相框上，像是一對裝飾品，在頑皮精靈的指使下，在屋子裡四處跳躍，布藍溫和我從來不知道牠們下次會出現在哪裡。下雨前青蛙的鳴叫，像是預告大雨的來臨。蒼蠅從前門飛入躲避熱氣，往往一頭栽在玻璃窗上，牠們瘋狂撞擊看不見的屏障，或許以為光靠蠻力，可以撼動整面牆壁。飛蛾的光影環繞走廊路燈打轉，可能以為那是月亮。在這恍如夜店的氣氛中，蜥蜴像頭小恐龍般漫遊庭院，不時撲向受到燈火灼傷的昆蟲，而壁虎也同樣受惠於燈火，大快朵頤。對我來說，我完全接受動物的想法，我相信自己單靠蠻力也能撼動牆壁，而門廊燈火就是月亮。

沉浸在大自然中，我了解自己也是上帝的傑作之一，有人說宗教塑造出一種幻覺，使我們感覺與萬物有所關聯。但我一直認為是宗教幫我們排除了與萬物無關的錯覺。我從小在「仁德樂志」長大，很早就培養出這種意識。

爸媽晚上經常會與客人一起去波馬區，留下我和布藍溫讓露西照顧。有時我們也會和爸媽一起去波馬區，布藍溫和我會在用河沙鋪成的地板上玩耍，玩累之後，媽媽會將我們放在用泳池躺椅和毛毯搭起的睡窩中，就在客人們用餐的火圈外。她會像作秀一樣為我們蓋被，而我們知道爸媽就在身邊，於是在木材燃燒的香味與滿天的星斗下沉沉睡去。這是一段愉快的時光，我們是村中最受關懷的小孩。

每當媽媽把我放在床上，柔和輕快地唱歌給我聽，是我最快樂的時候：「太陽消失而月亮還未出現／羔羊和孩子們都回家了／星星在天空閃爍／正是小搏伊德該說再見的時候。」

從小我就有種被愛而不被過分呵護的感覺。在叢林內討生活，如果凡事過於要求完美，容易抓狂。當年媽媽照顧兩位還在穿尿布的嬰兒時，家裡還沒有電，消毒奶瓶和尿布可是件大事，需要使用我們稱為傻瓜鍋爐的設備來燒許多桶熱水。我總是接收布藍溫穿過的衣服，畢竟兩個孩子相差只有十八個月。媽媽不會浪費任何東西，也不想多花心思寶寶該穿什麼，她只是從一堆衣服翻翻找找讓我穿，所以如果我一再重複穿粉紅T恤的話，也沒什麼大不了。

「仁德樂志」逐漸有名後，媽媽的衣櫥添加了更多服飾，其中不乏時尚款式，甚至光豔照人的晚禮服，因為她是我們的形象大使，經常需要去國外參加會議，或是充當某個盛大營區晚宴的女主人。但她還是喜歡她的標準服裝：白色的細紋襯衫，實用的卡其長褲，和一雙白布鞋或運動鞋。

儘管母親非常乾脆俐落，但她總是知道我什麼時候需要她的安慰。如果我撞到東西，她會一邊溫柔地揉著我受傷的地方，一邊譴責那個肇事的禍首：「你這把頑皮的椅子！你怎麼敢傷害我的寶貝！馬上到角落去罰站。」我總是會被她的舉動吸引，忘記疼痛。她會揉著我的背，喃喃地說：「喝點糖水吧，沒事，沒事，沒事的……」直到我平靜下來。

她會讓我這個非常靦腆的小男孩，一直躺在她的腿上，直到我感覺沒事，再度起身玩耍。在川流不息的賓客前，我總會藏身在她懷裡，握著她的食指，或是在路虎車內蜷伏在她身上。我和布藍溫在前院花園跑來跑去時，她會在花園的荊棘樹下鋪上一條毯子，罕見地躺下來休息片刻。我會用額頭輕觸她的額頭，她是我的依靠。她會讓我舒服地伏在她的肩上，一隻手輕撫我的背，輕輕搖晃。她的手總是那麼沉著而柔軟，散發出濃烈安妮香粉的香味。當我發燒時，她會不斷地撫摸我的額頭，輕推額頭上的捲髮，那種奇妙的感覺，至今仍然記憶深刻。我知道只要在她身邊，我就很安全。

有人說「家」足以代表一個人，是居住者內在性格的外在表徵。因此，雖說創建「仁德樂志」營區是一項劃時代的成就，但是我們自家庭園的構築，也正反映出父母的精神，它的美麗出自母親持久不懈的堅持。父親則聲稱房內的每一塊磚瓦，都由他親手烤炙，而且砌造的藍圖，更是依照多年前他和約翰大伯攜手痛下決定後，他在沙土上親手繪下的雛型，依據這個原始設計與感覺來建造。我家坐落在河岸邊，籠罩在一片烏木樹下，前庭可以俯瞰河床，大象在那裡安詳漫步，捲食野棗樹，條紋羚羊和大角羚羊則在窗外向內窺伺。我們家沒有華麗的外觀，但是具有一股充滿活力的溫暖精神，和我們的野外遊覽業務一樣，發展出一套得心應手的節奏，而母親則是保持它順利運行的動力。

不過這片平坦泥地每年向左幾公分，就會出現許多條裂縫，像是被下魔咒一樣，母親對此非常擔心，而我們則故作瀟灑，在庭院前廊一邊喝啤酒，一邊看著它說：「這樣看來更可愛！」藉此試圖安慰母親。作為一位叢林中人，泥地上的裂縫對我們來說，就好像其他會出錯的事情一樣，只能輕鬆以待。我們會打開另一罐啤酒，愉快地說：「看來好像更糟了。」拓荒者會在各種心碎事件中找到哲學思想，也會在意想不到的收穫中品嚐甜美果實。這棟房子是母親的心血，她決心維持卓越的果實，遠勝其中的哲學思想。

叢林房舍總是問題叢生，比任何城市住宅更需要維護。於是維修家園就成為爸媽經常爭執的話題，因為父親承繼祖母的傳統，面對這些事總是說：「這完全沒問題。」

「奶奶，果醬發霉了。」

「這看起來完全沒問題。」

有一次，她不小心將酒杯打翻，整份晚餐浸在勃艮第紅酒中。「奶奶，我拿份新的給你。」

「胡說，這完全沒問題。」

母親無法接受這點。事情必須真正完全沒問題，否則她會做到沒問題為止。父親就像頭短尾雕，凌駕所有事情之上，於是家園維修這種枝微末節，全部落在媽媽身上。母親喜歡檀香皂，將它放在每間浴室內，老鼠開始愛上這香皂的滋味，不時將房門啃出一個小洞進去啃咬。老鼠也會招來蛇群。父親會高興地用齒痕斑斑的檀香皂洗澡，對蛇群視而不見。但是母親會在屋內設下許多陷阱，走在屋內就好像走在地雷區。因此只要鼠群來襲，我們家看起來就像被大群牛頭犬肆虐過一樣。

有陣子家中屋頂漏水嚴重，下雨時我們只好出去，坐在荊棘樹下尋求遮蔭。母親要父親解決這個問題，但一如既往，他非常安於現狀。於是不久後就發現媽媽爬到屋頂上，搖搖晃晃地試圖懸掛篷布。最後她受不了，發出最後通牒：「不修好就去死。」父親終於將屋頂修好。

最近母親又處在整個世界都在跟她作對的情勢中。她會花幾小時開車，在「仁德樂志」附近瘋狂尋找豹斑蘭花。每株蘭花都暗藏在隱密的樹叢內，她會將自己綁在繩子上，費盡心力拉高到每棵樹上採集它們，然後精心地將它們移植到家園四周的樹木凹洞處，如此一來，一年中的某些時刻，它們會突然綻放出條條黃色噴泉，無比動人。她像照顧家人一樣照料這些蘭花，而且每天早上必定會從窗戶內和它們進行精神喊話：「長大！長大！長大！」（這是媽媽的標準作業程序。遊客小屋附近院中的一顆臘腸樹被大象啃倒。媽媽每天經過那裡，都會抱著樹樁，殷切地喊道：「愛你！愛你！愛你！」如果這棵樹沒有重新活過來的話，那就真的該死！）滿屋都是半滿的「茂盛牌」植物肥料瓶，是她熱愛園藝的鐵證。結果最近一頭大象撞倒護欄，鑽進花園，吃光了所有她栽種的豹斑蘭花。那些蘭花是她的寶貝，而現在卻在某隻大象的大腸內巡遊大地。

這正是母親經常必須面對的典型狀況：費盡許多時間與心力，在這片廣袤大地中為我們的家園尋找最完美的天然擺設後，卻被一頭魯鈍的動物奪去所有心血結晶。我們家的每個地方，每個公共區域，每間客人套房，媽媽都擺上最合適的畫作，最精美的布料、雕塑與鮮花。她的所到之處，處處散發她的內在美感。

父母雖然在很年輕的時候，就攜手一同闖入冒險之途，但是這一路走了四十年，他們依然全心全意地互諾互重。雖然爸爸經常惹媽媽生氣，但她一直衷心於他。爸爸也從未錯過任何一個讚揚她的機會。我所參加過的每一次公開場合，爸爸總是會先稱讚媽媽的努力和重要性。

「當你第一次遇見某人，你或許會被瞬間的火花電到，但是你應該要看的是，永遠能帶給你溫暖光芒的那個人。」他對我說。這就是我的父母。爸爸經常告訴媽媽他是多麼愛她，每當媽媽從鎮上進行補給之旅回來後，他會溫柔地吻她，彷彿她已經離開了一年。爸爸唯一一次生悶氣的時候，是媽媽獨自飛往度假勝地參加會議的那次，他們無法忍受分離。父母的婚姻讓我學會互愛與堅定，但更重要的是，教我共同奮鬥的重要性。布藍溫和我從不認為一個人的生活能獨立於伴侶之外，那是因為爸媽和我們分享了這一切。

跟兩個沒有計劃也不存錢的傢伙一起生活，對媽媽來說也是一件很不容易的事。就算父親或大伯賺過任何一分錢，也都被拿來用在拯救野地的宏偉計劃中。然而，堅實的家庭關係並非構築於搖滾明星（rock star）的光環裡，而是構築於像我母親一樣穩固的巨石（rock）身邊。

第四章

風雨中的暱友

「博伊，來這裡！」布藍溫哭叫道。

「我很怕……」我喊著回應，害怕地縮在床後。

「我也很怕，過來吧！」

或許你從未經歷過非洲暴風雨，那種狂風呼嚎，閃電慘白的夜晚，從小就像驚嘆號般深印在我腦海中。崩潰的雷聲好比上萬個鑼響，撼動心扉的程度像是結實的九級地震。那種閃電並不是一條條的亮光，而是鋪天蓋下，視網膜一片白光，像是遭受二次大戰德國轟炸機斯圖卡中隊的俯衝攻擊，前仆後繼，連綿不斷。

那天晚上，強風鑽入屋內每處細縫，原本堅固安全的屋宇，像森林女妖一樣，開始發出尖叫。

屋子早已斷電，布藍溫在黑暗中，穿過陣陣爆破聲響前來救我，她一直是我的保護者，我可以在雷聲之上聽見她幼小的聲音：「博伊，我在這裡。」她牽著我，出汗的手心緊握在一起，穿過像是鬼魂在後面煽動的窗簾，走到父母房間。雷聲震得房門亂晃，閃電照亮一柄橫陳在父母床頭的牛仔鞭，布藍溫和我飛撲進媽媽懷抱。爸爸不在家，狂風暴雨猛烈敲擊屋宇，像是惡魔在夜空嚎叫。

這是一場貨真價實的叢林暴雨，閃電肆虐，大地灼燒，氣味撲鼻，憤怒的白色電光所發出的能量，足以劈裂花崗岩。

閃電照亮房間的瞬間，我們探尋彼此的臉龐。「好了，好了！」媽媽試圖用「暴風雨不過是上帝重新安排家具」這種說法想要安慰我們，不過沒什麼效果。她不斷撫摸我的頭髮，等待風暴平息，等待我的心跳穩定，但我能感覺到她的身軀顫抖，她一定覺得很孤單無助。

突然我們聽見前門打開的聲音，一陣狂風捲入屋內，彷彿死神即將降臨。身旁的母親身軀突然僵直，我們聽見腳步聲沿著外面的走道，趨近臥室。

「姍恩！你在哪裡？」

凌晨兩點，在狂風暴雨大作之際，約翰大伯從隔壁摸黑徒步走來查看我們，他知道爸爸去了城內。他攤坐在床尾椅子上，運動衫完全濕透，從他身上我可以聞到棉布的氣味，暴風雨鮮明的氣味，還有風勢的狂野。

「我們還好，約翰，這場風雨可真大呀！」媽媽說。我能察覺她的身體稍稍放鬆。

閃光下，清晰可見約翰大伯靜坐椅上保持警覺，水珠從帽簷滴落，我安心地睡去，布藍溫的胳膊擱在我肩上。

布藍溫和母親一樣，擁有一頭深褐色的亮髮，和一副指揮若定的口吻。媽媽的雙眼呈現深褐色，布藍溫則是棕巧克力色。布藍溫是位很女孩的女人，堅持留長髮，綁成俏麗的馬尾，或結成髮辮。爸爸和我以及大伯總是穿著髒兮兮的迷彩服，而布藍溫卻剛好相反，總是身穿明亮的粉紅、青綠的衣裳，外加印有豹紋斑點的緊身長褲，閃閃發光。她常把洋娃娃用毛巾綁在背上，像尚迦納婦女照顧孩子一般。不時還會脫下她熱愛的粉紅緊身芭蕾舞衣、短裙與舞鞋，入侵媽媽的衣櫃，換上為大型晚宴所準備的迷人禮服。她會用安全別針將禮服扣高，拉起裙擺，在惠尼休斯頓的音樂中獨自漫舞。在我們這群破破爛爛的卡其服中，格外光彩奪目，美麗動人。

在院子裡觀察螞蟻或黃蜂，是我難以抗拒的事，但是布藍溫無窮盡的鬼點子，總有辦法吸引我放下手邊的遊戲，我這輩子恐怕找不到另一位比姊姊更有趣的玩伴了。我們主要的玩耍地點就是屋前花園，當時還用蘆葦圈在周邊當成籬笆。「來吧，博伊，我們來玩牛仔和印第安人！」布藍溫出點子，我們就會玩上幾個小時。將七、八張椅子拼在一起，蓋上毯子，巧妙地搭成帳棚，就成為我們舒服的小天地。從這裡騎上掃帚馬出發追趕壞人，將棉布塞進襪子裡，做成壞人的頭，鈕扣做成眼睛，將這些頭顱綁好直立，我們再用韁繩套牢。布藍溫還會帶我出去，去吃長在水牛荊刺樹上、村中處處可見的小漿果。她會站在茂密的荊棘枝幹下，花上好幾個小時，精心採摘小紅果，鮮豔的衣服色彩與單調的褐色樹幹，形成鮮明的對比。

一架飛機墜毀在「仁德樂志」，殘骸散落跑道上，等待修理。布藍溫宣布：「博伊，你是駕駛，我是空中小姐。」她還為我們取名為「吱喳二人組」，組織偵察隊，藏在餐桌下，竊聽大人的行徑。

每次暴風雨過後，螢火蟲就會大舉出動，神奇的小飛球像是電光般隨空飄動。「博伊，看看罐子裡可以裝多少！」她大喊道。布藍溫任命我為她的追捕精靈助手，我們在前庭草地上橫衝直撞，興奮地捕捉那些神祕光芒。這份影像在我腦海中刻劃至深：大自然教導我們在黑暗中摘取乍現光影。

第二天早晨，布藍溫會抓住我的手，一起赤身裸體跑到兩台二手BMX腳踏車旁邊，車胎通常早被荊棘刺穿，但對駛過積水水面來說卻非常完美。

「博伊，跳進水坑！快！」布藍溫尖叫下令。

赤身騎車躍入水坑，童年的樂趣莫過於此。可愛的泥漿滲入毛細孔，在皮膚上烤成硬塊。**我即大地，大地亦深植於我。**

童年時期是誰在發號司令，從我們的家庭相簿上就能看得很清楚。除了創意無限外加頑皮可愛外，布藍溫天性認真，約翰大伯甚至稱她為「媽媽」，因為她總是不斷地告訴他該坐哪裡、該吃什麼、甚至包括行為舉止。無論她帶我去哪兒，指揮若定的臉上總是一副擔憂慎重的神情，一隻五歲小手總是放在我的光頭上，時時護衛我。布藍溫承擔所有的顧慮，讓我能「隨心所欲」，甘心情願地臣服在她的指揮下。

我的姊姊一手扛責任，定計劃，也很會頤指氣使。每年她會號召所有家人與朋友，精心籌劃一場「耶穌降生」聖誕表演。在她的策劃和排練下，我的耳朵上繫著一圈金箔箍，像小丑一樣到處走動，假裝從上帝那裡接收無線信號。

「博伊德，別再瞎搞，你會毀了一切！」布藍溫斥責道。但是等到節目開始，我就會很神氣地邁步上台飾演木匠約瑟夫，風采甚至勝過嬰兒主角耶穌。面對任何陌生場合，我通常都會非常害羞，但只要我感到放心，我就會高興地安於扮演丑角。有了布藍溫負責打理一切，我便能安心地走出自我。

過分強烈的責任感，能夠令人快速成長。過去我以為我們只是找樂子而已，現在才發覺，透過發號司令，布藍溫希望自己能儘快長大成人。

八歲時，布藍溫決定自己以後要從事旅館業。她拋棄了粉紅緊身衣，以卡其褲和白襯衫作為制服，並宣稱自己是營區副理。她會對客人說：「您好，歡迎來到仁德樂志，我們會盡力滿足您的需要，我現在要去廚房了。」她要求一天二蘭特（約二角五美金）的薪資，同時每天早晨向總經理報到。當我還在用樹枝戳蟻丘玩時，她已經和大人一起在廚房並肩工作，滾麵團、烤麵包、調製巧克力松露、剁肉切菜，準備餐點。她還協助設立冷飲休息站，讓客人在駕車穿越叢林時，能夠在這些神奇的綠洲旁小憩。日間野餐時，幫忙鋪野餐墊，擺放懶人沙發豆袋椅，排列點心與野味。到了晚上，她會幫營區經理鋪上筆挺的白色桌布，安放銀質餐具，在風車木樹上掛起燈籠，然後擺上大型乳酪拼盤，調製琴酒與氣泡水，在冰桶內放入香檳。

我們的前景非常明確。我將會像爸爸和約翰大伯一樣，成為一位環保主義者。而布藍溫則具有媽媽的天賦，組織事務鉅細靡遺，設計行程滿足客人，註定要掌管生意事業。

對我來說，布藍溫能力十足且創意無限。但她卻非如此看待自己，似乎總在極不確定或極為確定的兩極化情緒之間擺盪，令我十分訝異，這點在叢林中更為明顯。由於我和爸爸以及約翰大伯，一起在叢林中度過許多時光，但她並沒有，也沒有我對體力上的自信。她認為事情到我手上都很容易解決，我可以嘻皮笑臉地裝傻或是聳肩了事，而她卻必須努力工作，才能讓人留下印象。不過我最欣賞她的地方，是她永遠不會拒絕挑戰。

布藍溫一直不喜歡大象。或許是因為大象有時會踏過蘆葦柵欄，進入我家前院，一路踐踏後從另一頭揚長而去，還好我們玩耍時，這種情形從未發生。不過當別人問她是否因為不愉快的經驗因而不喜歡大象時，她會說：「是有些不愉快的經驗，第一次是發生在前世，當時我是位印度公主，而大象坐到我身上。」她在晚餐桌上說這些話，輕鬆自在，優雅而深具魅力，大家也就順勢接受了。

一天早上，約翰大伯帶著布藍溫和我，開車到叢林草原，進行他每日的晨間探險，尋找一些可以拍攝的生動畫面。約翰大伯通常會在凌晨四點叫醒我們，然後我們會坐在那裡呆看一隻花豹長達六、七個小時，等待牠開始捕獵。這種日子通常難以忍受，我們又累又渴，但是約翰大伯絲毫不理會我們的埋怨。不過一旦花豹開始捕獵，幾分鐘的精采畫面，足以彌補所有的無聊時光。

那天，約翰大伯將布藍溫放在敞篷路虎的駕駛座上，讓她開車，自己則專心拍攝工作，可是他忘了布藍溫只是個十歲小孩，而不是三十多歲的越野賽車手。就在布藍溫開車回家的路上，一頭大象篷布狀的耳朵，出現在前面樹叢中。布藍溫當場被嚇住，她不是毫無來由地害怕，而是知道就在不久前，多頭大象在附近的克魯格國家公園內被撲殺，此刻碰到一頭正在氣頭上的大象，不是不可能的事。

有關大象的報導很多，多半形容牠們步履和平安詳，但是布藍溫更注意大象傷害甚至屠殺人類的頭條新聞。而且身處在開放式的路虎車上，加深了她的恐懼。雖然就算有車頂，面對憤怒的大象，恐怕也沒什麼幫助，不過這種安全的錯覺，總比什麼都沒有要好得多。

「約伯，你來開車。」她懇求道。在巨大的駕駛盤後，她看上去像是個小娃娃。

「不要！不要做個縮頭烏龜！」約翰大伯完全不理她的恐懼：「如果有一天你必須自己面對一頭大象，要怎麼辦？繼續開！」約翰強壯的手臂一揮，指向前方道路，他的衣袖比往常更加破爛。約翰大伯有根歪曲的手指，所以就算他往前直指，看起來也好像是指左方，難以辨識正確方向。布藍溫的棕色大眼往他所指的方向瞥了一眼，頭上戴的愛麗絲珠飾就拼命搖晃，礙難遵命。

隔牆有耳，大象似乎聽懂了他們的話，龐大的身軀衝出叢林，大步朝路虎直奔而來。每走一步，大耳就狂掀一次，長長的鼻幹從一邊晃到另一邊。我在敞篷路虎後座尿濕褲子。你瞧，我也怕大象。只是不敢告訴別人，深怕破壞我的男子漢形象。

「約伯，求求你來開車。我討厭這樣！」布藍溫再次懇求。

但是約翰大伯認為這是教布藍溫駕馭路虎的絕佳機會，她才剛學會如何轉檔向前，現在該學倒檔了。他將她的小手放在手排檔上，很專業地教她：「看這裡，布藍，當你倒車時就要拉這個，所以你要——」

布藍溫哽咽地放聲啜泣，我一頭鑽入座位下方，大象迅速逼近。這時約翰大伯正在扮演裝模作樣的英雄，壞蛋的呼吸都快逼到腦後了，還在慢條斯理從一大串鑰匙中，摸出正確的鑰匙點火。

「布藍，冷靜，想清楚——」約翰大伯說。

但是現在的布藍溫只會哭，毫無思考空間。

「想想看！首先該做什麼？」約翰問。

「離開這裡！」布藍溫尖叫道。

「布藍！冷靜，看清現在的狀況，大象沒有攻擊性，看看牠的身體語言。」大象的身軀很容易解讀，透過頭部骨架、鼻幹、尾巴與耳朵的位置，能看出牠們的情緒是否良好。約翰大伯說：「你看，牠的鼻幹下垂，把砂拋在身上，耳朵還在搧動，可以看出牠很輕鬆。如果牠要威脅我們的話，牠的耳朵會鎖定向前，鼻幹會抬起嗅氣。」

可是布藍溫沒有心情聆聽他對動物行為的演講：「求求你，來開車吧！」

兩名鐵打的意志彼此對上，一時之間，都忘了大象的步伐，牠已加快腳步，現在距離我們不到十五公尺，看上去像要攻擊的樣子。大耳鎖定向前，注意力全部集中在我們身上，然後暫時停下步伐，像吹小喇叭一樣抬起鼻幹，嗅聞我們的氣味。

大象打量我們，暫時停下的片刻，正好讓布藍溫緩過神來，採取行動。她不再害怕，而是憤怒，無視於約翰大伯倒退的指令，她腳踩油門，朝大象直奔而去。

現在輪到約翰放聲尖叫：「住手！布藍，老天爺，住手！」可是一旦上路，布藍溫絕不退縮。她發出一陣帶著鼻水的咆哮，配合路虎的轟鳴引擎，把大象給嚇壞了，掉頭跑入叢林中。面對這個結果，約翰完全投降，無言以對，只能接受。他露出犬齒，一臉吸血鬼般的笑容，轉身對我說：「嗯，這也是一種應對的方式！」布藍溫噙著淚水開始傻笑，轉眼間我們完全失控，笑成一堆。

從那天開始，我在布藍溫身上，看見相同的情節不斷上演：那位身穿粉紅蓬裙的小女孩，身處在蠻荒非洲塵土中，既害怕又脆弱。沉默謹慎的她，無論那頭大象最終會做什麼，對自己的沒有準備，充滿了無力感。然而緊要關頭，彷彿天上突然降下一股力量，她能征服所有恐懼，宛如光明驅走黑暗。我看見一位能鼓起勇氣，在我迷失時屹立不搖，在必要時又能發威的人。

我一直以為我很堅強，然而在狂風暴雨的夜晚，是我的姊姊拋開自己的恐懼，第一個來到我身旁。

第五章

身處叢林切莫驚慌

有一天布藍溫降旨：「博伊，我們來玩賣東西。」我們花了一整個星期的時間，打理好所有計劃：包括價格、產品、地點、展示還有桌布。從貨架到收銀機，我負責安排一切事務，布藍溫則負責宣傳，意思是幾乎每位「仁德樂志」的人，都會被召來參加購買商品，大部分商品是水果和小包爆米花。

正當我們的生意好到不行時，約翰大伯突然出現，臉上戴著綁匪面具，手上拿著玩具槍，指向我們的喉嚨，還打翻攤位，拿走收銀機中所有的錢。布藍溫非常憤怒：「約翰伯伯，不要這樣！」她大聲尖叫。約翰大伯只顧大笑，繼續搗亂：「你們這些傢伙要在這裡做生意？你們該先弄好保全！」他咆哮過後揚長而去。布藍溫和我則沮喪地環顧四周：桌子被掀翻，桌布滿是汙漬，水果滾得到處都是，所有的努力前功盡棄。布藍溫開始抽泣，我們覺得十分難堪，整個營區都看到了這場混亂。

約翰大伯隨後跟我們坐下來認真談話。我想他覺得很不好意思，因為他原先以為這是一場好玩的惡作劇，沒想到我們這麼認真。布藍溫還是非常氣憤：「約翰大伯，你這樣很沒意思！」她怒氣未消。

「是很沒意思，不過布藍，你在非洲長大，事情不能只看一面，要從整體來看。一旦事情出了問題，不能只是哭泣，要能擦乾眼淚，起來繼續。」約翰大伯從來不會錯過每個能實施叢林教育的當下。媽媽眼看布藍溫哭訴：「約翰伯伯搶了我們！」對他也非常不以為然。不過話說回來，他的教導方式可能嚴苛，不過這種訓練方式還真有效果。面對嚴酷的非洲生活，約翰大伯希望訓練我們有所準備。對我們家來說，「仁德樂志」的沙河一直是塊神聖之地。早在游泳池和修剪整齊的花園出現之前，炎熱的夏季中，這條河流就成為約翰大伯經常帶我和布藍溫去的地方。我們會在河中游泳玩耍，將樹枝和小樹幹丟入水流，然後衝到下游，比看誰快。幾小時的時間匆匆而過，就像幾分鐘而已。約翰大伯有時候會讓我們玩「跳水」遊戲。我們會跳入急流，讓水流快速地將我們往下游沖走，他再用魁梧的臂膀將我們從水中撈起。有一次他錯過急流尾端的抓接點，我被水流繼續帶往下游，四肢亂揮，幾近哽咽窒息。當他終於把我拉出水面後，我嚇得渾身發抖，迎來的卻不是想要的安慰，而是一陣粗暴的譴責。約翰大伯輕搖著我，確定我能聽他的話後，鄭重地說道：「在叢林中，千萬不能驚慌。一旦驚慌，你的腦袋就會變成一團漿糊。」這不是嚴厲，而是一個與生存至關重要的教訓，我從來不曾忘記。

布藍溫和我是叢林中人，必須快速成長。「你是家中男人，在我回來前，要好好照顧你的母親和姊姊。」爸爸出差離家前對我說的話，當時我不過八、九歲。他會要我確認槍櫃的鎖匙放在哪裡，緊急情況下該先找誰。
每當我與爸爸一起自叢林健行回來後，媽媽二話不說，總會將我剝個精光，把衣服丟在洗衣籃內，把我浸在滴露洗澡水中洗去蝨子。拿我當成猴子伺候，檢查頭髮、腋下，看看還有沒有頑固的小蟲留戀不走。她的小心很有必要，因為我們根本沒什麼藥品，而且就算出現什麼大小症狀，她總是用兩種方法解決，歷久不衰。
「媽媽，我的肚子有點痛。」
「嗯，擦一點山金車油膏就可以了。」
「我已經擦了。」
「好，那我去拿熱水。」
如果情形更嚴重，媽媽或許會拿出她的急救花精，這是她的萬用良藥，伴隨我們度過多次感冒、擦傷與發燒。而且我敢相信，如果我們任何人失去一隻胳膊，她也會平靜地將山金車油膏擦在斷肢上。而對於我們僅有的藥品，媽媽開立的方式像位駐店藥劑藝術師一樣，大喇喇地隨意揮灑：「好，上面說一天需要服三次，每次兩顆。所以，這樣吧，一天兩次，每次一顆，再看情形。」
我們從不費心治療各種小傷，以致我們的家庭醫生說：「每次當我接到瓦提家打來的電話，我就知道要立刻準備手術室。」
爸媽定出嚴格規範。我們不能赤腳走在地上，因為怕會有蛇。也不准在無人帶領下出門，以防被活活吃掉。就算布藍溫和我在自家廚房外的沙坑上玩耍，也必須經常守望，以防蛇隻滑入。

如果我們其中任何一位哭鬧，父親只會用慎重的眼神看著說：「別鬧了，再鬧獅子就來了！」園丁西蒙在後院平靜的刺殺蟒蛇時，媽媽會在前院從容地倒茶。當小孩拉著一隻黑斑羚羊的腿穿過花園時，爸爸只會放下一塊餅乾。我們基本上是個不會慌張的家庭，不過，當一條致命的曼巴蛇落到姊姊的小床上時，媽媽立刻將園丁西蒙晉升為全天候監護人。

大多數的孩子會因為電視遙控器亂丟或不收拾自己的電動玩具，而被父母叱喝或責罵，我和布藍溫則會因為父母低沉堅定的「危險語氣」而停下腳步，因為這表示我們必須立刻行動，沒有發問的機會。

爸爸的基本規範是：行動前先觀察。每當我看到一頭危險的動物，身上的每顆細胞都想逃走。這時爸爸會用手臂摟住我的肩膀，手掌按住我的胸部，單腿跪在我身後地上，這樣他的嘴能夠貼近我的耳朵。

「慢著，博伊，先搞清楚狀況。」爸爸會對我說。

「看看牠，牠注意到你了嗎？牠會理你嗎？具攻擊性嗎？先弄清楚這點。」

我會先研究這位可能的殺手。

「好，了解後，再想怎麼離開。」

由於父母教導的方式，我並不覺得這個世界很危險。如果你不知道怎麼在紐約過馬路的話，會很危險，但是一旦學會，你就能應對自如，叢林也是一樣。我自認我的成長過程純樸理想，無人可比，誰家花園內會有牛羚、角羚，以及長尾顎猴奔跑跳躍？誰家隔壁就有河流經過，能夠下水游泳呢？我小的時候，曾以為每個人都和我一樣，在尋找復活節彩蛋時，會和猴子比賽爭奪巧克力。而當大多數的孩子才剛擁有第一台自行車時，我已經在開路虎車了。我和姊姊大約十到十一歲時，父親買了一台軸距較近的路虎車給我們，我們稱之為「ＢＢ吉普」，意思是布藍溫和博伊德的吉普車。開著它，我們就是自身命運的主宰。年輕時能擁有一台自行車固然很棒，但是不管什麼年歲，我更願意擁有一台路虎車。

爸爸有條不紊的耐心教我開車。我們開著第一代的老式路虎，停在塵土飛揚的雙向路上。他總是讓我操縱方向盤，但是這次，他索性關掉引擎下車，繞過車身走到駕駛座旁的乘客位上，我坐在那裡。

「移過去。」他吐出這幾個字。

我滑到駕駛座上，腳下的空間與方向盤的大小，使我感覺自己像個侏儒。

「把這個墊在下面。」爸爸說，將他的叢林外套交給我。坐在夾克上，我可以踩到踏板，還可以透過方向盤中心的間隙，看見前方道路。

「好了，現在照我說的做。離合器、剎車、油門。左腳踩離合器，不要踩別的，右腳踩油門和剎車。了解嗎？」

「明白！」我重複道。

「重複我說的。」他說，我照本宣科複述一遍。「很好，先踩離合器，」他一邊引導我，一邊拉動方向盤，我只剩下足夠的力量踩離合器。

「好，再踩一點油門。」我的右腳一腳踩下。

「太多。放鬆一點，放鬆一點……很好。現在，慢慢放掉離合器。」他抓住我的左膝，控制釋放離合器的速度。

車子開始搖搖晃晃地往前走，爸爸將另一隻手輕放在我右腿上控制油門。引擎聲開始改變，我感到車子真的開始往前走。

「這樣就對了。」他說：「現在完全放開離合器，如果我發現你還在踩它，就會彈你的耳朵。你現在在開車。」他笑著說。「接下來再踩離合器，放開油門……打到第二檔。」他將變速檔倒回來，老路虎小跳了一下：「對了，就這樣開。」

爸爸往後一靠，靠在椅背上，像作秀一樣假裝睡覺。我們慢慢往前行，大片棕色厚草擦過路虎底盤，羚羊躍過道路。我在開車，沒什麼大不了的。爸爸簡單順利地讓我學會開車，沒有多說一句廢話，等於是在告訴我，他很信任我。開車是大人的事，而他用簡單沉著的指令，不到十分鐘，就將我變成一位大人。爸爸有種本事，讓你感覺自己比實際年齡還要成熟。他從來不會大張旗鼓地宣揚需要面對的挑戰，只會讓它看來像件稀鬆平常的事，而你知道在他的指導下，你絕對不會失敗。

前庭花園是我和布藍溫玩耍的地盤，也是想像中最接近伊甸園的地方，綠草如茵，是媽媽在這片乾燥的嚴苛環境下，努力創造出來的樂園，也是動物的避風港。我們的除草機是一小群疣豬，常常進來吃草，豬蹄後曲，一邊用膝蓋走路，一邊將短草啃成一片綠色的高爾夫果嶺。林地翠鳥在花園內最醒目的高大荊棘樹上築巢，牠們在夏季時分到來，是慶祝的時刻。布藍溫和我經常花上很長的時間，觀看牠們從荊棘樹的樹洞中衝出來，拍動藍綠色的翅膀，利用又長又尖的紅色鳥喙，啄食大片昆蟲，然後衝回自家巢穴，嘰嘰喳喳，高興地享受大餐。

身上帶著條條白色可愛戰紋的條紋羚羊，以及有張甜蜜臉蛋的樹羚，也喜歡徜徉在花園中，牠們喜歡拿媽媽費盡苦心栽種的樹木當零食吃，而且非常習慣我們的存在，我們走過牠們的身邊，牠們頂多是暫時停下咀嚼綠葉的動作，抬頭看看，不會有更多的反應。注視羚羊的眼睛，才能真正看到動物自然純真的本質。

藍頭蜥蜴住在附近的金合歡樹邊。每當有人走近，牠就會一溜煙地躥到樹幹上，像串發光的藍色珠串。一旦上樹，牠的小頭會微微輕晃，好像在等待我們稱讚牠的爬樹技巧一樣。

鷓鴣大搖大擺地盤據各處，像是這裡的主人，媽媽稱牠們是她的「胖友」，但布藍溫則常抱怨她每天早上，都會被窗外喧鬧的亂叫給吵醒。一身寶石光澤的太陽鳥，會棲息在蘆薈上，在盈載花蜜的盛開花朵間飛來飛去，像似一道道紅綠色的曳光彈。

烏龜定期進行盛大巡航，穿越花園，搜索新花床，以便飽餐一頓。住在附近烏木樹上的長尾黑猴，偶爾會跳到牠們的背上，來趟龜殼之旅。

我們當然還有其他許多常客。獅子在我們玩撲克牌的房間外面交配。一頭鬣狗開始定期拜訪我們的自助晚餐，大嘴中咬著一塊很大的戈爾貢佐拉乳酪，我們稱牠為戈爾基。「該死的戈爾基！把我的份全吃了！」主廚怒氣沖沖地叫著。

隨著年齡增長，我的觀點逐漸改變。人類原本是來這裡守望動物的，但我無法拋開一種感覺：是牠們在守望我們。

在這非比尋常的露天動物園內長大，布藍溫和我一直非常渴望擁有一樣我們在書上讀過，也在電視上看過的家庭寶貝：一頭寵物。可是爸媽不同意，可想而見是認為這種寵物會立刻被吃掉。所以布藍溫和我只能將我們在叢林中所看見的每頭烏龜，當成我們的寵物。有段時間我們還將花園內的塑膠游泳池，改成一座祕密水族館，藏匿我們所找到的每頭烏龜。可是我們發現烏龜儘管外形笨重，卻是逃生高手。有次我們發現烏龜囚犯竟然能將橢圓形的腳掌伸入鐵絲網的圈圈內，然後用力往上爬，像是一位敏捷的攀岩者，真是令人難以置信。不過很快我們就覺得飼養烏龜索然無味，拿烏龜當寵物的趣味，大概就像是用冰水養鮭魚一樣。

不幸撞上我家玻璃窗而受傷的小鳥，永遠會受到布藍溫細心的呵護。我們用世界一流神經外科醫生的水準照顧牠們。頂著一簾褐髮的布藍溫，神情殷切地關注她的病人。可是不管我們多努力地將糖水灌入牠們的喉嚨，所有的小鳥還是全都死了，這讓我們極為困惑，因為母親不是說糖水是最好的治療劑，能夠治好一切嗎？

經過多年不斷地遊說，爸媽最後終於允許布藍溫留下一頭無主的松鼠。於是她將牠命名為「堅果」，餵牠吃餅乾和水果，還用溫暖的面巾揉搓牠的小肚，好像在叢林中牠的母親會舔牠的肚子，幫助牠消化一樣。布藍溫還用柔軟的抹布鋪在洗衣籃內，為牠鋪出一張舒適的床。多年來不准飼養寵物的禁令解除，布藍溫現在欣喜若狂，對小松鼠獻上被壓抑許久的少女情懷，擁抱牠就像卡通「迷你樂一通」（Tiny Toon）中的小女孩艾米拉達夫一樣：「我要抱你、吻你、永遠愛你！」不過這是叢林版！這頭小動物經常在客廳內到處亂跳，只會在人的耳朵邊停下來查看，好像那是樹上的一個洞，或許可以在裡面小睡一下，因此布藍溫經常焦急地跟著牠團團轉。最後「堅果」跳出洗衣籃，被尚迦納管家誤認為是一隻老鼠，以為自己是在除害，拿著雞毛撣子大手一捶，「堅果」一命嗚呼！

瓦提家陷入一片愁雲慘霧，爸爸試圖對生命與死亡的無奈發表一番演說，但是布藍溫哀嚎的聲音令人血液凝結：「牠好可憐！好～～～可憐！」爸爸只好住嘴。

父母終於再也無法拒絕布藍溫的要求，他們同意打破成規，讓她養隻狗。「狗在叢林內可能很有用，可以當成預警系統。」爸爸承認道：「但是，不要指望我負擔任何工作，養寵物可是一項很大的責任。」

於是在一窩蠕動不安的小黃金獵犬中，我們看上了泰迪，取自於法國香檳泰廷爵（Taittinger）的簡稱，因為牠的頭頂有一撮小毛捲，看起來像是上帝的手指點在牠的頭上。

泰迪是老天爺賞賜的禮物。是一份長著四隻金毛長腿的愛。牠只要一高興，隨時就會全身晃動，不只是搖搖尾巴而已。我們只花了大約三十秒，就完全愛上牠。愛得最深的，自然是父親。

不過泰迪是一隻很沒用的看門狗。布藍溫和我常開玩笑說，我們會知道有人闖入，是因為牠的尾巴搖得比平常更厲害。事實上，我們看守牠所花的時間，要比牠看守我們的時間還多。天黑後帶牠出門，危機四伏，還要時時保護牠，免遭毒手，豹子可會毫不客氣地將牠當成一頓宵夜。

泰迪最大的成就，就是守著一雙爸爸放在前廊的舊膠靴，以免晚上那隻戈爾基鬣狗用牙齒將它叼走。整個晚上牠都會趴在前廊的蚊帳後面，熱得氣喘吁吁，像座可靠的發電機。然後如果戈爾基出現的話，牠會發出致命的喊叫，一聲細緻的「汪」！爸爸就會從床上一躍而起，僅穿著內褲出外查看。

泰迪喜歡我和布藍溫，但是牠的最愛，則保留給兩樣東西：父親和牛糞。無論牠到哪裡，都能找到一堆熱氣騰騰的牛糞。發現後，牠會熱情地沉溺其中，箇中喜悅，難以形容。不過當牠低頭走回家時，臉上的悔意，顯而易見。

「泰～迪？」爸爸拉長的警告聲響起，泰迪的耳朵低垂。

「泰～～迪？」牠的頭垂得更低，幾乎垂到地面。爸爸放下掃帚嘆氣道：「泰迪，你真是隻頑皮的狗。」不過爸爸最後還是會將泰迪綁在合歡樹下洗刷一番。在整個清理過程中，泰迪所表現出的悔意與抗拒，顯示牠只要一有機會，還會再犯。清理過後，泰迪會用牠最喜歡的方式在我們身上道歉，還會丟給我們一隻牠偷走的髒襪子，叫我們怎能不原諒牠呢？

我們的寵物從烏龜、松鼠，升級到泰迪。過去我們最多只能指望「堅果」快步走向我們，從我們手上拿去牠所喜愛的餅乾而已，現在泰迪則是能夠接受指令。我們可以感到牠的愛，這可是永遠無法從烏龜身上感覺到的。和泰迪在一起的生活體驗，可以呼應到我家四周所見的各種動物身上。我們無法主宰大自然，我們和動物都是大自然的一部分。我們是否能夠生存與茁壯，正仰賴於這種體會。

布藍溫和我在極端的環境下長大：一方面我們在這片大地上穩定地過活，但是另一方面，非洲生活，任何事情在片刻之間，都可能發生巨大變化。

面對這種不確定性，爸爸甚至會將一場平常的叢林露營，轉化為一場深刻的生活教訓。他在出門工作前對我們說：「今晚我們睡在外面。」布藍溫和我會花上一整天的時間整理打包，包括生火木、睡袋、床墊等等。下午四點半他回到家後，我們就一起出發進入叢林，尋找一塊空地，以便我們能清楚觀察四周。我們大費周章地架設營帳和床鋪，然後開始生火烹調南非香腸、玉米粥，所有食物都會淋上一片「災難汁」，一種混合番茄與洋蔥的濃汁。然後爸爸會要我們輪流守夜。布藍溫和我輪流起身，在火堆邊用手電筒觀察四周，小心防範鬣狗或其他危險動物。

輪到我守夜時，我會感到自己是這世上唯一清醒的人。黑暗將每樣聲音都放大，但我需要保持警覺。我不想沒事就尷尬地打擾爸爸，像是野兔朝我跳過來。如果布藍溫或我真的看見鬣狗接近，我們才會叫醒爸爸，將牠趕走。大象不時會折斷樹幹，在安靜的夜晚，那種聲音大得像手槍射擊。每隔十秒，角鴞貓頭鷹就會發出咕咕叫聲，像座完美的夜間節拍器。在火焰微光外層，我會看到點點星火回到宇宙星際的老家……或許這只是我自己編造的故事。無論如何，別人稱之為孤寂，而我卻從中體會置身於大地的連結，無與倫比。

和我們的祖先一樣，布藍溫和我具有同樣的信念，相信人會死是「氣數已盡」，或是叢林特有的牛頓式物理定律：「要碰運氣，但在非洲，好運不常。」我們的成長經歷，使我們終生養成一種警覺性，隨時防範事情可能會出錯。就算到現在，即使置身泳池派對，賓主盡歡、開懷暢飲、杯盤交錯之際，我們仍然會想到可能發生的災難，總是在思考：「沒錯。如果這位喝太多掉進泳池，我們可以這樣做，或是那樣，然後……」這是在野外遊覽事業中所鍛鍊出來的特色。有種說法是太過自立自強，然而當你隨時都在準備就急時，是很難放鬆心情、享受當下的。

布藍溫和我在不斷對抗與不斷適應的環境中成長，就我們的標準而言，我們置身險境，我們是非洲人。

第六章
瘋狂的約翰大伯

「快！媽的！不要這麼快！……左轉……不！右轉！右轉！……不！左轉！」坐在一台老舊豐田越野車後座的約翰大伯一路大聲咆哮。我將方向盤猛然左轉，再右轉，試圖遵照他混沌不清的指令一路顛簸向前。這位著名的野生動物紀錄片導演，正試圖透過架在卡車後座三腳架上的沉重相機，迅速捕捉鬣狗獵食長頸鹿的精采畫面。一旦鬣狗咬住長頸鹿的腿，飛快地穿越空地，他馬上下令跟著目標，勇往直前。

兩旁的樹幹劃過車身，在烤漆上刮出深痕。約翰大伯照例穿著破舊襤褸的衣裳，戴著迎風飛舞的帽子，既像軍事教官又像海盜船長，在破船上吆喝：「快點，博弟，快啊！天哪，右！右！右轉……」他顯然樂在其中！在這片荒野大地上橫衝直撞，熱情地追尋動物足跡。

然而，不可避免的事終於發生。他高喊：「右轉！」我大力左轉。他的手臂在空中飛舞，身軀撞到側邊車身向後翻滾，拉著相機和三腳架一起倒下，我聽到一陣清脆的碎裂聲，他翻下車撞到地了。「該死的阿拉伯人！」他繞過車追我，對我尖叫，吐出一連串更惡毒的字眼。最後終於平靜下來，蹣跚地回去找那把在這場混亂中飛出槍套的手槍。從那天起，我始終在右手腕上戴個手鐲，提醒自己永遠別再搞錯方向。

話說回來，當年我不過只有八歲，雖然當時我已順應約翰大伯要求，當了幾年他的野外攝影助手，而且和許多鄉下男孩一樣，很能掌握方向盤，不過不管是不是在座位下墊外套或是厚墊，以我的身高要能從儀表板往外看清楚，還真不是件容易的事，誰能怪我呢！

約翰大伯會拍攝紀錄片，是因為他厭倦載著客人到處參觀。

「博弟，必須他媽的隨時好好伺候他們。」

雖然家中其他人喜歡與客人寒喧互動，但是他討厭迎合他們的要求，而且更重要的是，他討厭開著路虎車，在塵土飛揚的道路上遊覽時，草種老會跳到他的眼睛之中。為了保護自己，他總在頭上綁副蛙鏡，看起來更不受遊客歡迎。

「我沒法再帶團出遊了，我累壞了，一堆狗屎。再看到客人的話，我會殺了他們。該怎麼辦客人才會減少呢？」約翰大伯埋怨道。

「如果你想要減少遊客，那就漲價吧。」爸爸想了一下。

「好吧，就加價吧。明天開始，我們就加倍。」約翰大伯馬上打電話到訂位處：「莉茲，如果有人詢問，就說從現在起，漲價一倍。」就這麼簡單，爸爸和約翰大伯增加了一倍的收入。

儘管約翰大伯還是討厭帶客出遊，不過倒是對某種新方向，表現出短暫的興趣。某個星期天，他大步走向爸爸，將份報紙晃到他眼前：「戴夫，我需要跟你談談。」他展示報上的整版廣告，宣傳所謂的「野外性愛遊覽」。有人開了家旅舍，打出誘人口號：「來我們的小屋遊覽。我們將會照顧您所有的需要。」

「你看，戴夫，我們需要了解生意上的所有對手。我要去那裡看看他們的產品，再回來告訴你。」約翰大伯笑著說。

雖然他並沒有去，不過這並未阻止他邀請每一位坐在營火旁的女客：「歡迎光臨第十三號房！」我們只有十二間客房。「第十三間客房，是為體驗完整的野外生活而設。也是套裝行程的一部分——有我作陪！」

約翰大伯可以接受偶爾擔任營火邊的吟唱詩人，但他真的受夠了帶隊出遊，他的興趣在於拍攝野生動物紀錄片，而爸爸認為這是打造「仁德樂志」品牌的最佳方式。於是他和媽媽高興地接下帶領遊客的職責，而讓約翰穿著破爛衣帽到處亂跑，追逐下一個鏡頭。

對於這項新職責，約翰大伯非常依賴艾爾蒙實現他的夢想。艾爾蒙是終極自然主義者，他出生在「仁德樂志」旁邊的大樹下，早在任何店鋪在這裡開張前，就靠狩獵與地上的作物長大。艾爾蒙和哥哥菲尼斯（Phineas），由叔叔伊梗蒙隆格（Engen Mhlongo）撫養成人，他對這塊土地的知識淵博。所以艾爾蒙完全知道去哪裡拍攝獅子與花豹。

多虧艾爾蒙，以及約翰大伯與他相處的時光，使約翰成為一位偉大的博物學家。他深深了解大自然的運作方式，對於動物的能量與棲息地，要比我所知道的任何人都要清楚。他將全副生命投身於保育工作，特別是拍攝野生動物記錄片，要比鱷魚先生史蒂夫厄文（Steve Irwin）帶領大家接近危險動物的風潮，還要早很久。我所謂的「全副生命」，真的是字面上的意思。當人們所熟知的JV，約翰大伯，決定在「仁德樂志」與一頭母豹做朋友時，他和艾爾蒙花了十三年的時間和牠在一起，拍攝牠所養育的十九頭幼豹，有些是從出生一直拍到死亡。他陪伴這頭大家長母豹瑪娜娜（Manana），直到牠去世為止。而他與位於肯亞馬賽馬喇（Masai Mara）區中的馬賽族人，是一段長達十七年的交情，他在那裡所拍攝的紀錄片《野蠻本能》（*Savage Instinct*）、《困境水域》（*Troubled Water*）與《超級食肉動物》（*The Super Predators*），贏得國際間對瀕臨絕種動物困境的關注。他最近的熱情是拯救瀕危狀況嚴重的亞洲虎，他的計劃〈與虎為伍〉（Living With Tigers）為這項目標，帶來新的希望。

我從小就很崇拜大伯，我把襯衫袖子扯破，就是模仿他的邋遢調調，朋友戲稱這是「JV時尚」。我還哀求爸媽幫我買一頂和他一樣的綠色鴨舌帽，帽子後面連著一塊布，保護耳朵及頸部免遭太陽晒傷，還能迎風飛舞。五歲開始，我就成了他忠實的助手，所以成長中的重要歲月，就在學習追蹤花豹、罵髒話中度過，只要他錯過一個好鏡頭，髒話就會脫口而出。我們通常從凌晨四點開始一天的活動：他會過來叫我起床，我會手忙腳亂地在臥室穿好破卡其褲，戴帽子。接下來就要花大約十五分鐘的時間，發動他的路虎攝影車，我的任務是當他在車蓋下高喊「現在」時，踩下油門。然後我們去接艾爾蒙，一起去拍「驚險畫面」。他會一邊對我說：「夥計，我們需要拍段驚險畫面……」一邊追趕一群狂奔中的犀牛或斑馬。更多時候我會聽到：「幹！幹！我們錯過了驚險畫面！」

大伯的脾氣名聞全區，他的尚迦納名字Ntilo，意思是「雷霆」。我從小就學會了面對火山爆發保持安全的最好方法，那就是加入戰局，火力加倍。如果他氣憤地丟掉安置攝影機的豆袋，我會上前猛踩豆袋，如果他憤怒地握拳砸樹，我就用頭頂過去。我發洩憤怒的方式，似乎讓他頗為意外。面對我的非理性行為，他就會變得很哲學，這才是他的真實本性。

我從危險中學到教訓，但約翰大伯卻仍勇往直前，會為了一個完美的鏡頭奮不顧身，拍不到至少也要試。有一次我在叢林深處與他相見，他只穿了一條綠短褲和涼鞋，肩上扛著一把慣用的點三零六零來福槍。

「嘿，哥們！」我們擊掌。「那塊空地上不是有頭犀牛嗎？我們去追吧！規矩知道嗎？」

「小心追，別說話。」我接下他的招。

於是我們就帶著一把獵槍，往下出發去空地追犀牛，如果那頭猛獸攻擊我們，這把槍大概就跟空氣槍一樣，沒什麼鳥用。

還有一次，大半夜裡，他臨時決定手邊正在拍攝的紀錄片，需要一個更好的地點，如果能在一片漆黑中，開十二小時的車，到另一個省分中心去拍的話，效果會更好。可是問題來了：他唯一的交通工具是一輛沒有駕駛隔間，沒有右前翼板而且只能左轉的路虎卡車，但他毫不氣餒。我親眼見他將許多廢物裝上卡車，看來就像是城市鄉巴佬正在舉行車庫清倉大拍賣。

這時天空開始下雨，他把一塊破爛的歐寶老車的側視鏡，用鐵絲綁到可以掀開的擋風玻璃上，並將一塊老車牌，用膠帶黏在車前散熱欄架上。到了這個時候，大雨傾盆而下，於是他退回小屋，三十分鐘過後，再度現身，穿上他所有的衣服，外加一頂焊工用的頭盔，打算用來當成防護罩和防雨鏡。這身打扮唯一的問題是：可以護臉，不能明目，深色的護目鏡加上路虎昏黃的車燈，他和蝙蝠一樣盲目。接著他把一塊鬣狗咬過的篷布，覆蓋在卡車後的物品上，但所用的繩子只夠綁住卡車一邊。隨後他登上卡車，看起來像是電影《星際大戰》中泡過水發脹的黑武士，啟動引擎，勇往泥濘道路邁進。

引擎轟鳴，篷布飛揚。約翰大伯離家不到四十公尺就被困住，無法前進，他陷入瘋狂憤怒中，最後對著倒楣的右輪，一陣咒罵腳踢，終於結束了這場鬧劇。這次事件也讓我再次確認，如果路虎只能讓你想到「變速箱的熱度可以讓我保持溫暖」的話，千萬不要發動路虎上路。

約翰大伯經常異想天開，母親則報之以處變不驚，最好的證明，就是透過製作《叢林學校》節目的考驗。約翰大伯認為要教育小孩認識大自然，最好的方式就是製作電視劇集，拍攝小孩生活在其中的經驗。當時媽媽正在「仁德樂志」經營一間很小的托兒所，我和布藍溫以及村中一些年齡較大的孩子都在裡面。她的課程包括日常的美術勞作、說故事與點心時間，適合一般六到八歲的小孩，由於她是在地老師，約翰大伯自然請她擔任劇中主角。不過他忘了說，她需要主持解說一個可以長達十二集的系列節目，而她並沒有任何電視經驗。

構想粗糙的節目，是約翰大伯一貫的散漫路數。秉持著樂觀想法，他認為一定能搞起來，還要父親將劇集賣給迪士尼公司。就像他們建立「仁德樂志」一樣，父親形容約翰總是「一馬當先」，帶著過分的自信投身任何事務，父親則負責安排生意策略，儘可能實現約翰瘋狂的想法。而母親則一如以往，為瓦提兄弟們激進、不著邊際的念頭，設計出實際可行的架構與方法。

約翰大伯只告訴母親簡略的概念，母親就迎接挑戰。

「好，先說我們今天要做一個有關偽裝的節目。然後再說很多動物如何偽裝自己。」

他遞給她一張破紙，用膠帶黏在剪貼板上，在上面寫下一些建議：談談豹子身上的斑點如何掩飾牠們的身型。談談昆蟲如何使用身上的迷彩。

「明白了嗎？好，現在開始吧！」就是這樣，沒有腳本，單槍匹馬，媽媽必須要撐足十五分鐘。

媽媽笑容可掬地面對攝影機：「孩子們，今天我們要談偽裝，誰知道什麼是偽裝？」

我的朋友西蒙班尼斯特舉起手：「嗯，意思是說當大象經過一些蛋，他看不到蛋，就踩在上面。」

鏡頭下，媽媽閃過一抹擔憂的眼神，她這才想到原來這些孩子也沒有腳本：「對了，西蒙。偽裝就是掩飾事情，讓你看不到。」

另一個孩子插話：「有一次我看到一頭大象，但是後來牠走進叢林，我就看不到了。」

「是的，就是這樣，」媽媽平穩地說：「你知道嗎？大象灰色的皮膚，正是牠在叢林中最理想的偽裝。」

她看了一眼約翰大伯遞給她的小抄：「有誰知道加密（crpytic）這個字是什麼意思呢？」

一陣迷茫的沉默，然後一位女孩主動說：「有一次我和祖母一起看電視，是一個有關偵探的故事，這個偵探要到很多地方去解開線索，其中有一些線索就是加密的。」

媽媽倒吸了一口氣，想必腦中已在尖叫。

「嗯，蘇西，對，有些線索是加密的，但是現在我要說的是加密的色彩，並不是真正的線索，線索是可以加密，特別是對偵探而言，他們需要解密線索。」母親現在是一個頭兩個大：「但是現在我不是在談偵探，我要說的是關於加密的色彩，動物能夠隱藏在叢林中不被看見，是因為叢林以及周圍的樹葉，和牠身上的顏色相似。」

就在那一刻，一位孩子一陣猛咳，然後用手輕推他的同伴：「回家後，一起玩電動遊戲好嗎？」

「停！」約翰大伯大喊，我們不得不重新再來，這樣聲音才不會被錄進磁帶中。

約翰大伯並沒有費事地對我們這些小孩解釋拍片時該有的行為舉止，所以拍攝過程中，我們多半毫無頭緒。告訴我們要「看起來好像你見過大象」，這個鏡頭隨後會被剪接進去，但我們仍一頭霧水。有個鏡頭，我必須穿著蜘蛛猴的衣服四處跳躍，而布藍溫則穿上一套悶熱笨重的灰色鱷魚服，用她的腹部爬行，對一位只想扮成搖滾芭比娃娃的小孩來說，真是一項艱難的任務。日頭漫長，我們凌晨五點就被叫醒，拍攝過程冗長，我們又餓又累。我不喜歡聽命行事，我們置身在最自由的天堂叢林，卻還要遵守指令，這對我來說毫無意義。於是我跌落階梯刮傷鼻子，設法搞砸了整個《叢林學校》節目。約翰大伯拍攝劇集沒有特定順序，總認為稍後靠著剪接可以保持連貫性，但是我破壞了他的計劃，在同一個場景中，我毫髮無傷的臉和結痂腫大的臉，互相交替出現。

約翰大伯做節目的方式漫無章法，但是媽媽的表現卻出奇良好，展現出豐富的叢林知識以及安撫孩子的手腕。父親更具備神祕的好運，居然將整部劇集賣給了迪士尼電視台。而且除了約翰大伯和父親外，最令大家驚訝的是，迪士尼高層非常喜歡節目的創意與母親主持人。只有一個問題：他們不要十二集，他們要五十二集。媽媽勇敢地回去繼續拍攝，在三個星期中，多拍了四十集十五分鐘的劇集。《叢林學校》從一九九三年開播以來，超過五千萬人收看過這個節目。

不拍紀錄片的時候，我就在場邊觀看約翰大伯和爸爸在加贊庫盧（Gazankulu）足球聯賽中大顯威風。加贊庫盧是塊一望無際的乾燥叢林區，被種族隔離政府指定為黑人村民的家園。在加贊庫盧足球聯賽中，你不能靠擲硬幣選擇方向進攻，你只能選擇想踢上坡或下坡。

觀眾是一群雜牌軍，三三兩兩地坐在拼裝車或路虎車蓋上，或是槐樹的樹枝下，隨著比賽起伏，吶喊尖叫。

「可樂，可樂，穿過去，你這個阿拉伯人！」約翰大伯對著又名「可樂」的酒保艾弗德馬修布拉大叫。

約翰大伯號稱是前鋒：「老弟，前鋒，這才是我們的位置！要在比賽擔任關鍵的位置！」他的足球鞋在這塊多石的土地上歷經百戰，鞋釘早已磨平，在碎石地上像冰刀一樣滑溜。

父親素有用肩攻擊與偏心的美譽。經常穿著一雙露出腳趾的愛迪達球鞋，在右路大呼小叫。他是主要的供球者，應該帶球越過中場，傳給守在球門口的約翰。約翰總會大叫：「傳球！傳球！傳球！」渴望得分的結果，往往使他不顧一切地手肘並用。對手跟裁判申訴，父親身兼裁判，他則回以：「滾開，這球進了。」這樣一來，往往導致比賽中斷，對方球員靜坐球場抗議，雙方你來我往，一陣對罵，如果約翰當天特別討人厭的話，第二天就會有工作人員罷工。

附近「瑪拉瑪拉野生動物保育區」（MalaMala Game Reserve）的護林員偶爾也會來踢球。一旦瑪拉瑪拉球員占了上風，約翰大伯就會氣得取消他們回去的交通工具，他會說：「你們走路回家吧！」觀賞野生動物的客人們就會在那天下午，看見一行十五個人，長襪垂腳，穿越叢林，向東走去。萬一客人加入比賽，和約翰交手的話，所有顧忌也全都消失無蹤，就算你是尊貴的主顧，泰姬瑪哈陵的主人，飛了半個地球來到這裡，約翰大伯照樣毫不客氣地或踹或揍，以讓這顆皮製圓球飛入球門。

我喜歡看爸爸踢出關鍵弧形穿越球，好讓約翰大伯頭槌進球。兄弟倆天生有默契，能夠製造得分機會。如果需要罰球的話，約翰大伯就會剔除一名球員，讓一位年紀只有六、七歲的博伊德瓦提上場代踢。

「好吧，哥兒，跟練習一樣！」他會將球擺在罰球位置上對我說。我們曾在花園練過一個叫做「雙假」的動作招數，就是他跑過來，假裝要踢球，其實是我接著跑過去踢球。他信任我，把我放在場上讓我去踢球，這招很有效果。當約翰大伯把我從停在樹下的路虎後座叫出場時，我會把自己當成一位男人，暫時忘記我的年紀，就像有些小型犬，不知道自己的大小一樣。

有爸爸和約翰大伯在身邊，天底下似乎沒有不可能的事。有次在約翰尼斯堡，我們家的賓士車被偷。九〇年代初期，南非的都會犯罪率很高，生活在這裡的人，多半都會老實地接受現實，可是爸爸和約翰大伯卻不如此。一個星期後，爸爸接到一位陌生女子來電：「我不會告訴你我的名字，我從你們拍的影片中知道你們家，我想告訴你，你的車在我隔壁房子裡，那裡住著一堆壞人。」她從電話簿上查到爸爸家。

爸爸打電話給約翰大伯：「嘿，約翰，車被偷了。你能去這個地址查查嗎？」約翰在褲腰上掛了一把點四四麥格農手槍。那把手槍是約翰大伯的生活重心，也是他瘋狗個性的象徵。接著他雇了一輛拖車對司機說：「跟我來。」約翰通知「仁德樂志」的頭號安全警衛，要他在那個地址和他相見。與此同時，爸爸打電話給一位朋友，請他開來一架醫療用直升機：「飛到這個地方，看看你是否能找到這輛賓士。」

「有，我可以看到它。」

「嗯，就停在現在的位置。」爸爸指示約翰正確方向，他就像是電影《緊急追捕令》中的警探一樣，帶著一輛拖車抵達現場。直升機在頭頂盤旋，約翰將賓士繫到拖車上，揚長而去。

有約翰大伯為伴，我也必須迅速成長。比方說，他認為需要拍攝一段驚險十足的影片，像是拍一頭受傷的河馬，就會說：「哥兒，我要進去，看能不能拍到……」然後遞給我那把來福槍：「如果我發生什麼事，就靠你了。」我十歲時，我們開著滿載昂貴攝影器材的路虎車，企圖飆過一個擁擠的小鎮，他遞給我一把潘加刀：「哥兒，任何人敢搶東西，你就拿這個砍他。」

布藍溫對約翰大伯形容得好：「他會讓你捲入戰鬥，但也是唯一能帶你出來的人。」他當然非常喜歡我和布藍溫，直到四十多歲時，他還沒有小孩，所以樂得帶我們一起冒險。

從很多事情就可以看出，只要約翰大伯心意已決，世上沒有不可能的事。他決定要拍攝一部關於撫養兩頭雌雄小豹的電影，最後自己擔綱上陣，與女明星布魯克雪德斯一起領銜主演。我不能說約翰大伯在《獵豹傳奇》(*Running Wild*)中的演技一流，但這部電影確實捕捉到幼豹的一些奇妙片段，其中還包括一個令人難忘的畫面，約翰大伯跳入馬喇河中，企圖從鱷魚嘴裡救出雄豹，可是未能成功，一路哭號著：「回來吧，我的美少年，回來吧！」

約翰大伯的藝人風格和特立獨行的個性，或許適合出現在鎂光燈下，但這不是他的夢想，他的心情寄託永遠是：與動物為伍。他四十多歲才遇見傑出的新聞播報員吉蓮凡侯敦(Gillian van Houten)，與她結為連理。他們第一次約會是在約翰尼斯堡一家漢堡店，他把我和布藍溫一起帶去。此後不久，吉蓮搬到叢林，他們開始同居。不到一年後，他發現一頭出生不過幾個小時，就被母親拋棄的小獅，於是他用尚迦納語「小獅」的拼音，將牠命名為辛加拉納(Shingalana)。約翰大伯瞬間愛上辛加拉納並且全心投入，他和吉蓮沒花太多時間考慮就決定扶養辛加，這是一時的衝動，但卻是恆久的承諾。

獅子是群居的動物，會與扶養牠們長大的人，發展出強烈的情感。辛加非常喜歡約翰大伯、吉蓮以及我們所有和牠一起玩耍的人。當牠發育完全後，這頭重達近兩百公斤的母獅經常會在我們身邊可愛地打盹，正如牠和獅群在野地裡一樣。辛加非常調皮。有天晚上，我拿著一碗爆米花，從廚房營帳走向火邊。我以為辛加在欄內睡覺，但牠不知從哪兒冒出來衝向我，將我撲倒在地。牠當時大約十或十一歲，重達五十五公斤，而我只有約四十公斤。我的爆米花灑了一地，快要倒地時，我還記得當時心中暗自禱告：「拜託上帝，希望這是辛加。」而不是一頭喜歡用一層爆米花鹽為牠的美食調味的野獅。

辛加愈來愈魁梧，約翰大伯和吉蓮將牠重新安置在尚比亞的偏遠地區，盧安瓜山谷的叢林中，讓牠有更多空間走動。辛加開始自己捕捉獵物，可是卻造成嚴重的衛生問題，因為牠喜歡把屍身拽進帳棚，在舒適的床罩上大快朵頤。你家的貓或許也喜歡把花栗鼠帶進家門，對你來說或許也會造成一點問題，但是一頭重達八十公斤的大貓，整個趴在你的枕頭上，那種挑戰可是非比尋常。不過，約翰大伯似乎從來不覺得困擾。

約翰大伯與幼豹的親密關係，當然會改變他的大自然觀，變得更為柔和，他自覺隸屬於辛加獅群的歸屬感，真正鞏固了他的信念：人與動物本來就有深厚的親屬關係。他與辛加相處的那段時光，成為他後來轉向的里程碑，也是「仁德樂志」日後重要的經營哲學。

雖然爸爸和約翰大伯教導我當一名大自然的旁觀者，然而這一概念還來不及植入我心之前，我就已經和一頭獅子狗大小的辛加，一起在一片乾涸的河床上追逐戲耍。證明了我內心深處一貫的信念：我的家人並非全是人類。

約翰大伯是位夢想家，往往不計後果，手法瘋狂，但是有的時候他又很慷慨大方，大愛寬容，讓人意想不到。有一次我坐在他的車裡，他把車停在路邊，從小販手中買去所有枯萎花朵：「有的時候，你得要照顧這些傢伙。」他對我說。

少年時期與約翰大伯在一起最開心的回憶，就是早上順利完成拍攝工作後，我們一路唱歌回家。約翰大伯手執方向盤，帽巾迎風招展，一邊扯下酸柑橘放入嘴裡，一邊唱著電影《獅子王》中，艾爾頓強和蒂姆賴斯所寫的歌曲〈生生不息〉（Circle Of Life）。我的工作是在和聲部分加入，讓歌曲在敞篷路虎的勁風中，更加豪邁有力。多年下來，這早已成為我們的習慣，一旦完成叢林工作，回營途中就要唱個痛快。不過意外總會出現，有一次我帶團遊玩歸來，心不在焉地大聲唱歌，一回頭，就看到客人震驚的臉孔，沒人用糟糕合唱團（Wheatus）版本的〈一點尊重〉（A Little Respect）伺候過他們。

約翰大伯只會四個吉他和弦，他可以就用這四個和絃演唱任何歌曲。他所寫的大部分情歌，都是送給和他一起工作的大貓。當他染上瘧疾，被迫暫時離開尚比亞時，辛加陪他過河，守在船邊一路游泳，到達岸邊等待的路虎車後，又一路跟著車跑，像狗一樣，跑到不行為止。每天傍晚，辛加會走到岸邊砂上，看著遠方，直到天空泛藍。牠在等他回來，或許可以說，大伯是牠一生的最愛。

一天，他們一起外出散步，約翰和辛加遭到四頭母獅死命圍攻。其中一頭母獅格外凶悍地攻擊大伯，辛加護在大伯面前極力阻擋，形成一場殘酷的獅群搏鬥。約翰揮動鞭子介入，將牠們分開。辛加保護約翰大伯免遭母獅毒手，而大伯也用鞭子救了牠。然而不幸的是，後來第二次攻擊時，辛加重傷而死。辛加是大伯的真愛，我相信大伯的某個部分也隨著辛加的死亡而消逝。

第七章
狀況百出的飛行生涯

雙引擎飛機「比奇男爵」，是一架可靠的六人座飛機，但是媽媽的好友安西婭卻是位緊張的飛行旅客，所以媽媽只好一路不斷跟她聊天，讓她分心。這是一段從南非東部納塔爾省的姆庫澤，飛到理查茲灣的一百五十公里短途旅程，是非洲典型的跳坑式飛行（puddle jump）。爸爸坐在前面包機駕駛的旁邊，媽媽和他背對背，坐在面朝後方的座位上，安西婭則坐在她的對面，面朝前方，轉眼間，他們已飛到「長程終點」。

突然間，就在距離跑道大約十到十五公里的時候，「砰」的一聲巨響，安西婭身上濺滿了內臟、羽毛，還有一點翅膀掛在她頭上，看起來像是一頂詭異的帽子，彷彿有人將一群小鳥扔到她身上。媽媽一臉困惑，為什麼她的脖子是濕的？那聲尖叫是什麼？她回頭一看。駕駛艙窗口破了個大洞，風正從那裡灌入艙內，機師緊貼在自己的座位，大腿上都是震碎的玻璃碎片，額角被白頸鸛鳥的鳥嘴刺中，鸛鳥的斷頭和頸子，無力地貼在機師臉頰上。

白頸鸛鳥是隻巨大的鳥，站起來大約一公尺高。雙腿瘦長纖細，身軀龐大黝黑，羽毛綿密，頸項長白。牠們一旦與飛機在空中相撞，大量的屍塊鋪天蓋地，這種血腥畫面，就像電影《黑色追緝令》。

「我們要死了！」安西婭尖叫著，死命抓住媽媽的大腿：「我們要死了！」媽媽賞了她一記媽媽風格獨具的巴掌：「閉嘴！我們不會死的！我不准！」

爸爸身上也都是鸛鳥的屍塊，他連忙接掌飛機。媽媽則平靜地將手伸進提包內，在一大堆東西中，掏出一張飛航清單，轉身交給爸爸，十足姍恩的做事風格。機師醒來後，拔出額頭上的鳥喙，昏昏沉沉地再度控制飛機，爸爸則小心翼翼地檢查飛航清單。

「下降速度？」沒問題。

「油門？」沒問題。

「擺動角度十五？」沒問題。

「呼叫塔台，需要優先緊急降落？」沒問題。

飛機順利落地，他們顫抖著爬出機艙，一言不發地走到洗手間清理。這就是瓦提家的日常飛行之旅。

布藍溫一滿六歲，就要進入「大學校」就讀，飛行自此成為我們家庭生活中不可或缺的一部分。在那之前，她在媽媽的「仁德樂志」幼兒園內由母親教導，現在則要去約翰尼斯堡接受正規教育。來往於約堡與「仁德樂志」之間，爸媽的如意算盤打到跳坑式飛行上，如果他們會開飛機，只要一小時又四十分鐘，他們就能飛回叢林。更何況，爺爺博伊德是南非空軍的一員，深信飛行是最具生命意義的大事之一。

爸媽下了決定，於是開始學習飛行。約翰大伯也曾學習飛行，但是有天他忘了夾著飛行檢查單的筆記板正放在駕駛窗台上，飛機起飛時，筆記板順勢從後窗飛走，從此他就放棄了。

爸媽的宏偉美景——「空中的瓦提家」，不管好壞，總歸還是按照計劃實現，不過「壞」這個字眼比較接近事實。他們不管自己開飛機的技術有多麼拙劣，也不管我們是在那些奢華的北郊人所謂的「還沒發生的危險」中，照飛不誤。他們的生活哲學，依照順序，依然是：「準備，開槍。再瞄準！」

一個星期之中，我們有時跟媽媽，有時跟爸爸，有時跟祖父母住在約翰尼斯堡。到了週五下午，爸媽會一起到小學來接我和布藍溫，出發去機場。只有在開往機場的半小時車程中，我們可以和爸媽交談，接著就會被放逐到完全的沉默當中，這就是爸媽所謂的「飛行模式」。雖然布藍溫和我迫不及待想要暢談一週來學校所發生的事，但是爸媽強迫我們閉嘴，神情專注在飛行上。顯然心中充滿恐懼，和許多沒有經驗的機師一樣，默默禱告：「拜託，上帝，請讓它順利飛行。」任何分散他們注意力的事都會接獲警告的眼神。「媽媽，我餓了，能不能給我一個三明治？」「安靜！我們在飛行模式中！」說話等同犯罪，一旦開口，可能就會造成危險。事實上，爸媽似乎樂於將造成災難的可能原因，歸罪於那兩位坐在後座的孩子說了幾句話，而不是自己駕御飛機的無能上。

到了機場，我們登上四人座的塞斯納182（Cessna 182），飛機呼號簡稱為Rio（Romeo India Oscar）。Rio後座油氣沖天，因為爸媽起飛前會測量油料，然後將油量計抛回後座。刺鼻的氣味讓我們腸胃翻攪。一旦進入空中飛行，爸媽會更嚴格地執行飛行模式，因為他們必須輪番查看地圖，彼此核對飛航清單。跳坑飛行大多順利無事，只有一次，就在我們要回「仁德樂志」時，一隻孤獨的黑斑羚羊跳出叢林，一路穿越跑道，我們差點正面輾過，那將會是大難一場，還好我們只聽到響亮的「咚」一聲，牠喪生於煞車輪下。等到Rio完全停好，趕來迎接我們的約翰大伯已將牠的身軀抬上路虎，準備回去當晚飯吃了。

Rio的長途飛行，可就沒這麼幸運了。

那是我們全家從辛巴威的卡里巴湖（Lake Kariba）度完假回家的航程。那個星期似乎有個很好的開始，我們計劃開汽艇到湖上去捕捉虎魚，這種怪魚具有橘色魚鰭、暗色條紋、長牙利齒，有名的凶猛好鬥。可是實際狀況卻令我大失所望。因為除了一開始滿懷興奮地坐在汽艇上，開到湖面不過五分鐘後，接下來的十個小時中，就一直沉悶地聽大人說話喝酒。布藍溫和我從頭到尾被迫穿上寬鬆的橙色救生衣。天氣悶熱，背心霉味撲鼻，又不能下去游泳，因為湖中有鱷魚。

到了爬上Rio要回家時，我才感到輕鬆自在。我們在哈拉雷停下來加油。大約一個半小時後，在馬斯溫哥上空某處，我們聽到一陣莫名的劈啪聲，引擎出現問題，情況嚴重，可能隨時會故障。但當時我們並不知道。

「穿上你們的救生衣！」媽媽對我們喊道。

布藍溫看著窗外，我們的視線所及，飛機是在完全正常的狀態下。而且眼前所見，辛巴威是一片陸地。「為什麼？」姊姊問：「發生什麼事了？」

這下犯了大忌。我們未能及時反應她的飛行警告，犯下嚴重錯誤。當你在飛行模式中，你只能閉上嘴巴，遵命行事。這時媽媽的手臂像條蛇一樣繞過來，一陣亂撲。我們這個家，我能想到最好的形容詞就是：大難當前，摑掌而終。

「穿上救生衣就對了！」

布藍溫和我，手忙腳亂地綁肩帶，扣安全帶。媽媽的手伸到椅背，抓出藍白格的粗棉枕頭，祖母在上面用藍線繡著「布藍溫」，用紅線繡著「博伊德」，飛行時我們總是隨身攜帶這組枕頭方便打盹。媽媽將枕頭丟給我們。

「頭低下來！」

「什麼？」

「靠在枕頭上！保持防撞姿勢！」

爸媽首度遇上重大飛行危機，必須慎重處理。他們呼叫辛巴威航管人員，要求緊急降落。爸爸將Rio的飛行狀態調整為「滑行」，表示機鼻朝下，飛機開始下降，這樣雖然飛機高度不斷下降，仍能因為加速獲得助力，保持飛行狀態。他們準備迫降，要選擇一塊空地降落，不能撞到樹木、岩石或水池，而且要設法在失速前著陸。飛的太高，就會錯過地面。太低，就會撞上樹叢。或者，他們也可以「無槳落地」，也就是說，希望能在無動力下一直滑行，滑到最近的跑道，只有以上這些方法了。

布藍溫和我可以感覺到駕駛艙的氣氛愈來愈緊張，媽媽拿出地圖，用量角器測量路線，只要差上二度，我們就會偏離航道好幾公里。爸爸環顧四周，想要估算我們是否能夠安抵馬斯溫戈的跑道。

「咬緊你的假牙！」媽媽回頭對我們叫道。一直到今天，我都不明白這句話是打哪兒冒出來的。

不知怎的，Rio成功降落在馬斯溫戈一處破爛的小型草地跑道上，那裡的風向袋完全癱軟，連位航管人員都沒有。我們靜坐在飛機上，大眼瞪小眼。然後媽媽將我們趕出飛機，趕到機翼下，那是唯一可供遮蔭的地方。爸爸消失不見，不知從哪裡找來一位技師修理飛機。一旦技師解決問題，我們又重回機艙，直奔家園，好像什麼事都沒發生。

一個人面對困難時，總會情不自禁地捫心自問：為什麼那麼笨？讓自己陷入這種狀況。當Rio的引擎發生問題時，我不知道爸媽心裡在想什麼？他們是否曾經想過：「為什麼我們會把寶貝兒女放在脆弱的餅乾盒中，飛到非洲各地呢？」當時他們似乎超有自信，所以我從來沒想過，他們的確是讓我們置身險境。我的父母秉持拓荒者精神，而且和所有的拓荒者一樣，為了要創造理想未來，必須面對挑戰衡量風險，在保守行事與開創理想間作出抉擇，他們選擇了後者。

爸媽後來終於將Rio升級為塞斯納210，又稱為MTV（Mike Tango Victor），這是一架較快的六人座飛機。MTV有個怪癖：降落後，就算你關上油門，動力還會持續一陣，所以飛機會放緩，但不會完全停止，除非你再次使勁關上。有一次，媽媽忘了這點，我們降落在「仁德樂志」的跑道上，她用盡全力將剎車桿往後拉，油門關上，但飛機還沒完全停止。我們迅速滑行，眼看就要衝出跑道盡頭，爸爸在她身旁不斷尖叫：「剎車！剎車！剎車！」媽媽瞬間下了決定，轉動MTV撞向馬魯拉樹，機頭與機翼受阻，飛機終於停了下來。

為什麼爸爸不再拉油門，或是要媽媽這樣做呢？因為他不是「機長」。從你進入駕駛艙，扣上安全帶那一刻開始，就必須弄清是誰在當家做主。機長要下所有決定，緊要關頭，只能有一個人將飛機降落地面。爸媽早就學會這項準則，並且絕對遵守。每當他們交出駕駛權時，他們總會確認地說：「你在控制。」這種「機長」制度，也是他們經營婚姻的一種方式。一旦有人介入他人的掌控領域時，就會發生衝突。所以如果爸爸開始告訴媽媽如何接待營區客人，或是如果媽媽開始告訴爸爸什麼時候他應該帶客人去野外遊覽的話，可以想見，一場風暴即將來臨。

二十年後，每當爸爸回憶強行降落馬斯溫戈的這場往事時，媽媽會興致盎然地感同身受，但是只要話鋒轉到撞樹事件，可就觸及痛腳，引發大戰。

「你是機長！」爸爸抗議道。

「我當然理解。」媽媽冷淡地反擊：「不過撞樹的前幾秒鐘，你大可拉上油門。」

「嗯，你是機長！」

「但是我們撞上了樹！」

二十年來，這場紛爭始終未曾平息。

成長在這種有驚無險的狀況下，我變成一位非常緊張的飛行乘客。諷刺的是，比起小飛機來，我更怕商用客機。因為面臨生死存亡之際，至少我還可以在小飛機內搗弄按鈕，商用客機可就沒有這種權力了。起飛和降落的時候，我更是一名廢物，只要引擎聲一變，我就躲入安眠藥中，陷入昏睡。你會以為我早該習慣，但是當你的小飛機撞過黑斑羚羊，撞過馬魯拉樹，還有一次，從約堡飛回「仁德樂志」時我們抬頭一看，一雙禿鷲的腿，從機翼前襟伸出，像是火雞的兩隻雞爪。當你經歷這些，你就會變得神經兮兮。

搭乘非洲大型航空公司的飛機，也是另一個讓我成為緊張乘客的原因，因為我去過許多非洲機械維修站。我知道「機械維修」在非洲是怎麼回事。不論何時何地，每個人的反應都會遵行某種節奏。每個人都會站在待修機器旁，盯著它看一段老長的時間。這項舉動還要伴隨不斷地搔頭搔腦和猛踢輪胎的動作。叢林中任何修理站總會有一位叫做衛爾哈非（Velhaphi）的荒野技師，接下來，這位技師會評論道：「這種狀況不可能修。」宣告過後，爭論開始。然而刻意醞釀了十分鐘後，他們會突然發現整個問題，其實用草莓醬和啤酒就能解決，不過只是「暫時性的」而已。非洲人民足智多謀，總會有人想出怪招解決。從抽水幫浦到拖拉機，我看過這些非洲技師傢伙，不斷搬演這些把戲。所以如果剛果航空的維修本店，現在不再上演類似狀況的話，我才會非常意外。這也是非洲人「無可救藥的樂觀」和「別出心裁」的明證，以及事物往往殘破不堪的現實。

爸媽的飛行生涯隨著時間飛逝，轉趨謹慎，特別是母親，她似乎不想再勉強自己隨遇而安。如今她寧願自己開車去遠方，也不願介入瓦提家的航空大計。至於父親……嗯，他更了解飛行，也更了解危險，於是依然自信滿滿地走入機艙，我不認為他的氣魄會讓他有其他選擇。就算現在他的眼神有點猶豫，但是「無法克制」這句話還是最好的寫照。媽媽雖然害怕，仍然與他同飛。對他們來說，現在和以往一樣，死在一起比活著分開更為重要。

第八章
偉大的馬迪巴

「一位非常偉大的人物，將來到我們家，這個人將改變我們的國家。」爸爸對我說。「非洲民族議會黨」的大人物要來造訪「仁德樂志」。我猜會是一位身穿畢挺西服，頭戴名牌太陽眼鏡的人。然而，當我拿著早餐托盤，走進納爾遜・曼德拉(Nelson Mandela)的臥室時，卻沒看見這副氣派，看到的是一位溫暖友善、毫不做作的人。

曼德拉坐起身，我將托盤放在他身旁。他客氣地謝我，開始聊起前晚的野外之旅：「哦，昨天晚上真是太妙了。我們看到一頭豹子，還看到牠跳到羚羊背上。」

我們稱之為馬迪巴的那個人(那是他的家族部落名)，穿著一件破舊的運動衫、舊運動褲、舊拖鞋，漫步園區，全身散發謙和的光芒。經過長達二十七年的牢獄生涯，當時多半是被關在羅本島上一個約十呎見方的牢房內，現在正努力適應被釋放出來後的崇高地位。過去的政治勢力摧毀了他的年輕歲月，那時我還身在幸福的無知之中，然而這段冤獄歲月，卻重塑了他的靈魂。

一九九〇年，曼德拉已成為舉世聞名、發人深省的人物，但是他的身心仍然飽受牢獄生涯煎熬。「非洲民族議會黨」中親近他的人認為他需要調整一段時間，以便恢復自我。行動家伊諾斯馬布札（Enos Mabuza）是我家多年好友，他認為「仁德樂志」會是一個讓曼德拉放鬆休憩的最佳所在。種族隔離政策的觸角不但從未伸向這裡，而且重要的是：如果任何人想要加害於他，得先冒著被吃掉的危險，這種嚇阻的方式，非比尋常。

曼德拉第一次造訪我家，是他出獄後三個月，而後他也曾多次造訪。剛開始他住在旅客的度假小屋內，不過一旦他熟悉了這個地方，他更喜歡我們安靜的居家小屋，那裡布置簡單：只有一張床和一個書架。他喜歡單純的環境，可以遠離喧囂的營區，同時養成習慣：每天早上較晚起床，與大伯共進早餐。大伯那時已結束清晨拍攝，回來坐在臭樹木製成的大桌主位準備吃早餐——穀物雜糧外加一條熟透的香蕉。他對待曼德拉，就和對待任何朋友一樣：一視同仁，展現真正的約翰大伯風格。我完全相信如果曼德拉和約翰大伯一起去叢林拍攝任何精采畫面的話，他一定也會叫曼德拉當他的攝影助手。曼德拉通常會坐在約翰的左手邊，面前一盤水果，邊吃邊討論營區最近發生的事，包括早上拍的精采鏡頭，還有曼德拉最近在野外遊覽中看見的動物，他樂此不疲。我也經常加入他們，雖然我只有七歲，還無法體會這種場合的重大意義。

這種規律的生活經過幾星期後，曼德拉邀請約翰大伯和一些前來營區拜訪他的「非洲民族議會黨」成員，一起共進一場較為正式的午宴。我再次猜想這些人一定是西裝畢挺，但是他們都穿典型的戰鬥服：牛仔褲和黑皮夾克，像是工會領袖，而非政治人物。從他們抵達營區前院的那一刻開始，這場聚會就很明顯地不是那種穿拖鞋的早餐閒談，而當他們準備好就座時，約翰大伯罕見地朝桌邊客位走去。曼德拉立刻阻止他：「不，約翰……」他以親切的口吻說：「我絕不會取代你的主位。請過來坐在這裡。」

只要和曼德拉一起走進村裡，不管任何時候，人們都會將他團團圍住，不是要騷擾他，而是想向他致意，目睹他的和平風範，可見他的崇高地位。多年以後，歐普拉邀請他上節目，他同意後問道：「節目的主題是關於什麼？」他似乎並不了解，許多觀眾將會滿懷期待守在電視機前，是為了他，希望能聽到一位蒙冤入獄二十七年的人，訴說在被釋放過後，立刻與他的獄卒和解，並且再度帶領國家，走向團結自由的故事。

「非洲民族議會黨」和對手黨，由戴克拉克（F.W.de Klerk）擔任黨魁的「南非國民黨」（NP, National Party）之間，同意舉行「南非民主峰會」（CODESA）高峰會談。峰會開始時，馬迪巴正在「仁德樂志」。當時整個國家分崩離析，衝突高漲。舉行這些會談，就是希望讓這些極端對立的黨派，未來能在平等的基礎上相互溝通。可是就在最近一次對談的開會之初，「南非國民黨」的右翼分子，開了一輛武裝車闖入峰會，占領現場，不斷揮舞老南非國旗，就好像是美國內戰後，揮舞美利堅軍旗一樣，非常具有煽動性。曼德拉知道之後，要求爸媽和約翰大伯，立刻設法租架直升機，載他去現場。

「我們不可以這樣做，如果你蒞臨現場，他們會直接開槍。」他們說。

曼德拉沒有退縮。

他們的爭論愈演愈烈。爸爸對他說：「我們也是你的子民，如果你飛到那裡被殺的話，也幫不了我們。我們可以用飛機將你載到附近機場，在你進去前，至少可以聽聽報告。」曼德拉憤然離席。不久後回心轉意，同意父母和大伯的意見。結果等他飛抵峰會時，暴動已經結束，大家都在戶外烤肉。

以我們親眼所見，這不是曼德拉唯一一次維護人民的舉動。一個星期六晚上，報告傳來說十個人被殺害於黑人貧民窟亞歷山德拉鄉，是「第三勢力」(Third Force)魔掌下的犧牲品。這是一個致力破壞「非洲民族議會」與「南非國民黨」之間談判的極端團體，基本上由恐怖分子組成，製造暴亂，還將罪行歸於任何一方政黨，企圖破壞脆弱的和平。

我們的客廳有台古早電視機，上面還有類似兔耳朵的天線。第二天早上，當爸爸和曼德拉正想收看這件重大新聞時，看到的卻是雪花片片的畫面，我們的電話也不通，因為正在進行定期維修。就在焦頭爛額之際，爸爸拿來一台千瘡百孔的無線電話，正是「仁德樂志」的典型作風。

「戴克拉克！」曼德拉對著電話大聲叫道，希望透過含混不清的雜訊，清楚表達自己的觀點：「我警告你！如果第三勢力不停止，我就退出談判！」電訊非常不清楚，以致「非洲民族議會黨」的未來黨魁和現任南非總統，聽不清彼此所說的話。爸爸陷入瘋狂狀態：國家未來的前途竟然要依靠一條模糊不清的電話線。幸運的是，爸爸終於將電話修好，而且說服曼德拉對著無線電講話，而不是把它放到耳朵邊，通話恢復正常，他與戴克拉克最後達成協議。一九九三年下旬，曼德拉和戴克拉克兩人由於協商政權和平轉移，避免一觸即發的內戰，雙雙獲得諾貝爾和平獎。一九九四年，納爾遜・曼德拉當選為第一屆民選的南非總統。

曼德拉的到訪，恰逢我們久未遭遇的嚴重乾旱。由於上游加贊庫盧區所控制的浩大水源系統管理不良，沙河幾乎乾涸。「南非國民黨」政府當時對於水道並沒有任何保護措施，一些牧民就在河流上建立牧場，汲水灌溉自己的土地，隨心所欲攔水建壩，也沒有法律保障那些同樣也需要這項重要水源的人。當地政府貪汙腐敗，部落之間內訌紛爭，政府政策與人民需要嚴重脫節。爸爸飛到加贊庫盧為我們的狀況陳情。

「你必須為下游人民打開水源，」爸爸說。

「不，我們的人民也需要水。」政府的地方傀儡如此回答。

爸爸飛回來告訴曼德拉這種局面。「等我掌權時，我們再來解決這個問題。」曼德拉應允。當天晚上下了一場傾盆大雨。所有的工作人員在村內集合，大家圍成一個圓圈，感謝老天降雨。曼德拉發表演說，認為「仁德樂志」符合他對南非未來的期望：一個種族和諧共存的社會。

曼德拉當上總統後，信守承諾，邀請爸爸參與起草《國家水法》，以更民主的方式處理水資源，人們再也無法忽視他人對水資源的需求，不能任意在上游截斷水源。

邀請馬迪巴為她的新書《我說非洲：仁德樂志的故事》(*I Speak of Africa: The Story of Londolozi Game Reserve*)寫序，是媽媽的心願。這本書對她來說非常重要，裡面有許多美麗的照片，不但描述了草創園區的故事，也刻劃出我們的保育理念。一開始她不想動用私人關係，而是透過「納爾遜・曼德拉兒童基金會」，將她的請求正式呈遞上去。但是官僚系統作祟，過了好幾個星期還不見動靜。最後母親決定不再避嫌，打電話給聯合大樓的安全室，欣然地說動某個人，給了她馬迪巴家的電話號碼，好個新式的民主生活！

「請找馬迪巴。」母親直接打到他家。

接電話的人顯然一陣慌亂，告訴她稍等。過了一會兒，曼德拉接起電話：

「馬迪巴，我是仁德樂志的姍恩。」

「啊，很高興聽到你的聲音。你好嗎？」

「哦，很好。有件事想請教你。」

「我正在看新聞，不介意的話，可否過十分鐘再打電話給我？」

十分鐘後，曼德拉拿起電話，語氣溫暖：「好了，親愛的，有什麼需要幫忙的嗎？」

「哦，馬迪巴，我知道這很難，我想一定不知道有多少人拜託過你了，不過，你能不能幫我的書寫序呢？」

「當然好，這是我的榮幸。」

二十四小時內，爸媽開車來到普里托利亞的總統辦公室。馬迪巴已經寫下自己的想法，信箋上蓋著總統辦公室的官方印章，成為《我說非洲》這本書的序言，旁邊是馬迪巴與戴夫、姍恩和約翰瓦提的精采照片。最後一段話，特別打動我：

在我的漫漫自由路中，我難得有幸參觀「仁德樂志」。在那裡，我看到不同種族的人，和諧地生活在大自然的美景中。我還在野外看見一頭活生生的獅子。

我認為國家未來的大自然保育前景，「仁德樂志」是一個理想的模範。

曼德拉當上總統後，媽媽有一次住在約翰尼斯堡的巴拉萊卡酒店，曼德拉突然在記者和特勤人員的簇擁下走進大廳。他看到她，馬上離開身邊眾人，走過大堂和她打招呼，握著她的手，以典型的非洲方式與她交談了好一會兒，令我的母親非常驚訝。多年以後，當我率領一支板球隊伍，她用馬迪巴的例子提醒我：「就是小事，博伊德，就是小事才得以成就偉大的領袖。」

那天早上看見馬迪巴的那個房間，二十年後，已經成為我的房間，我可以再次體認到他的偉大。他每天在同樣這個房間醒來，身軀羸弱，筋疲力盡，卻必須立刻凝聚內在能量，重整國家。從可怕封閉的監獄中走出來後，必須立刻面對歡呼的人群，整個國家迫切需要他帶來改變，我無法想像他的心情。

由於他所採取的改變國家的方式，曼德拉備受崇敬。他的生日在「仁德樂志」是一個重大節日，大家盡情唱歌跳舞，吃喝玩樂。我加入瘋狂的野外足球賽，據說獅子也在一旁觀看。競賽過程中，種族無關緊要，各類膚色的球員和球迷共同歡呼擁抱，廚師和洗碗工與富裕世界的客人舉杯共飲。一群孩童從寫有「生日快樂，馬迪巴！」的糖霜蛋糕上爭拿糖豆，廚師、管家和其他工作人員一起組成「仁德樂志」女子合唱團，在一旁高唱快樂歌謠。

納爾遜・曼德拉證明，一個人的力量，也能改變全世界。

第九章
到處都是大象

我和艾爾蒙的哥哥菲尼斯到叢林去，他又高又瘦，五十歲左右，一臉調皮的笑容和時髦的鬢角。十歲時我還太年輕，不能自己一個人到叢林去，所以如果爸爸或是艾爾蒙不能帶我，菲尼斯就是我的嚮導。

氣候炎熱，河床上乾涸的粗砂在赤裸的腳下嘎吱作響。黃昏來臨，溝壑上跳躍的羚羊奔回營地上方的河灘，天氣依然熾熱。菲尼斯和我鋪好用來睡覺的油布，並在旁邊升起一堆小火，準備烤鷓鴣。剛來這裡的頭三小時中，我都在陰暗的河谷樹叢中查看，想用我的點二二口徑獵槍，射下一頭大鳥。第一次沒有父親或大伯陪在身旁，和別人在一起，讓我感覺像個大人。只有我們兩個準備在野地上過夜，對一位小男孩來說，實在令人興奮。但是當我終於打到鷓鴣之後，我並沒有那種興奮感，只覺得有點冷。菲尼斯教我如何清理那頭雞隻大小的野鳥，將牠放在炭火上烤。就在這個時候，遠處響起一陣雷鳴。

雷鳴聲動，原來是一頭巨型公象出現在蘆葦中，朝我們坐的地方蹣跚走來。象鼻捲曲，嗅聞空中的煙霧與汗水的氣味，大耳搧動，接收我們呼吸的聲音。象腳沉重地踩在沙地上，我能聽見每一步的聲響。蟋蟀或鳥群都無聲無息，整塊大地似乎都肅靜下來，迎接國王降臨。

我的心臟開始狂跳。滑近菲尼斯身旁，看他的反應，但是他保持冷靜。

雖然黑暗中大象的身影只是一個模糊的輪廓，但是當牠的大頭揚起，我仍然可以看見高抬的白色象牙。那頭龐然大物愈來愈近，我興奮得滿臉通紅，菲尼斯的手腕打平，意思是「坐著別動」。大象走近我們的油布邊緣，感覺像是一座大山，走到我們身邊打招呼。

菲尼斯的手上沒有槍，他拱起背彎，以便隨時快速起身大聲喧叫，嚇走大象。大象離我們非常近，呼氣的動作，將河灘上的沙吹到我身上。牠停下不動，皮膚抽搐，耳朵像衛星天線一樣向前伸出。我認為牠想繼續朝河流前去，但是不確定是否能夠安全越過我們和那陡峭的河岸。牠站在那裡思考，雖然也許只有四、五分鐘，感覺卻像是幾個小時。最後牠的大頭一搖，大步離開我們。

菲尼斯安靜地低笑一聲，我渾身發抖，但是並不感到害怕，就算我當時害怕，也不記得了。後半夜我都十分緊張，營地幾乎一片漆黑，但是我很得意，我們終於有段奇遇，回家後有故事可以說了，叢林冒險就是要有奇妙的遭遇。

至今為止，我的腦海中時常會回想起，曾經拜訪過那位十歲小男孩的那座大山。

大象散發的精神和牠們走過的大地一樣豐富，他們是和平大使，宇宙禱者，行動的初始動力。和我們的曾祖母們一針一線，將棉被縫製成形一樣，象群們在母象家長的帶領下，一步一腳印，將大地連結在一起，大象是先祖們在世的精神象徵。

「仁德樂志」歷史的轉捩點，起因於我的祖父與一頭大象的奇遇，父系社會與母系社會相對的結果，對我來說，似乎也很符合這種精神。話說一頭公象對祖父發動攻擊，他用火力不強的步槍連開六槍。十步之內，設法使牠掉頭離去。我常在想，如果我的祖父是被這頭大象所殺，而不是心臟病發的話，「仁德樂志」的故事將會有多大的改變？父親和大伯對這頭大型粗皮動物的崇敬，也會改變嗎？如果這裡是祖父被大象踐踏入土的地方，他們還會喜歡這裡，拼老命地維持這個營區嗎？幾代人的命運，能夠取決於單一事件，關於這點總是令我感嘆不已。

七十年代，當爸爸和約翰大伯開始建設「仁德樂志」時，幾乎所有的大象都被隔離在克魯格國家公園內。直立的柵欄阻絕了大象與羚羊原有的遷徙路徑。這道藩籬被稱為「獸醫護欄」，其實它是將克魯格國家公園變成一塊完美的軍事緩衝區，介於實行種族隔離政策的南非，與「仁德樂志」以東一百五十公里奉行共產主義的莫三比克之間。對我的父母和大伯來說，這道柵欄是人類破壞土地，強而有力的證明。

「仁德樂志」與克魯格國家公園為鄰，公園正要淘汰大象，而爸爸和約翰大伯正需要大象，因為「仁德樂志」整個地區不過只有五頭公象。廷利博士曾告訴他們，大象是清除樹叢的天然好手，牠們不但會吃草叢，還會推倒大樹吃樹葉，促進草原生長。「仁德樂志」在廷利博士的建議下，工人使用重型機械清除低矮樹叢，土地得以奇妙地回覆到原有的草原狀態，牛羚和斑馬的數量開始增加，大象將會加快土地恢復的速度。

由於肯亞的大象數量蓬勃，爸爸與約翰大伯手持輾轉得來的巴拉圭護照，前往那裡取經。肯亞以及其他許多國家由於反對種族主義，都不歡迎南非人進入。於是爸爸和約翰大伯想出一個妙招，要讓大象來到「仁德樂志」。他們出資購買位於巴拉圭伊瓜蘇瀑布附近的「鄧迪鱷魚場」很小的股份，根據巴拉圭法律，他們就是地主，有權取得巴拉圭護照。於是靠著亮出手上這份可疑證件，並用西班牙語「是的，先生」來回答邊防人員所提出的每個問題，他們成功通過肯亞海關。

他們在那裡遇見的博物學家，確定了廷利博士的說法，大象可以將林地與草叢轉化為草原。他們信心滿滿的回來，準備籌募資金，將大象弄進營區。他們設法取得與克魯格國家公園官員會面的機會。他們才剛在「金山大學」因為抗議種族隔離政策而被警方用警棍伺候過，而這兩位二十出頭留著一臉絡腮鬍的長髮男子，和老派官員面對面，道出自己的計劃：「我們想在克魯格捉大象。」

「你永遠不會成功，不過如果你能拿到許可證，我就會幫你。」他說。他們拿到了許可證，克魯格的官員也信守承諾。「太好了！一定會很棒！」他們說。這對兄弟接下來需要安排一架直升機，從直升機上將鎮靜劑射入大象體內。這會是有史以來首度搬動活生生的大象，但是各項問題接連而來：一頭大象需要多強的鎮靜劑？該選擇多大的大象？如果太小，能夠生存下來嗎？要怎麼運送呢？完全沒有任何規則可循。

他們成功地射中第一頭大象後，就要將牠移到木箱，二十五名尚迦納人站在一頭，另一頭是位獸醫，用解藥猛刺牠的屁股，讓牠適度清醒，可以自行走路。一切行動非常完美，直到大象深吐一口氣，圍好的木箱就此解體。牠站在那裡完全清醒，沒有木箱束縛，旁邊是四散在各個角落的二十五名尚迦納人。於是大象來回頓足，東奔西跑，最後終於逃入叢林。

第二天，兄弟倆和工作人員強化木箱結構，抓住較小的大象，成功用卡車運走八箱。有的存活下來，但是有的太小，無論如何，這項計劃的資金已經用盡。

八頭大象還是不夠，他們需要更多資金，於是他們前往紐約尋求金援。這對兄弟是ABC電視台每週兩小時的特別節目《體育大世界》(*Wide World of Sport*)的忠實觀眾，這個節目有時會將名人送去野外冒險。他們聽說這個節目曾經製作過一頭名象的故事，因此竭盡所能，取得與製作人約翰・威考克斯(John Wilcox)見面的機會。

「聽著，我們計劃在克魯格捕捉大象，將牠們安置到仁德樂志。你想要這段影片的權利嗎？」爸爸對他說。

威考克斯一邊講電話，一邊頭也不抬的說：「我已經拍過大象。我們不需要大象。非洲太遠了，我們沒有興趣。」他接著按電話上第二個按鈕，對另一通電話報上自己的名號。「是啊，我是，你想要什麼？」

約翰說：「我們打算從大象上射直升機。」關鍵時刻，約翰說反了。

「什麼？」威考克斯用手遮住電話筒。

「我的意思是說，我們要從直升機上射大象，同時將大象掛在直升機下，這樣可以搬運牠們。」

威考克斯掛上話筒。他是位電影製片，可以想見畫面正浮現在他的腦海中：「如果你能做到這一點，我就做節目。」威考克斯說。

爸爸看看約翰，氣得低聲說：「你他媽的在說什麼？沒有人在直升機下掛過大象。」

約翰低聲笑著回答：「別擔心，別擔心！」

威考克斯很快地找了十八名工作人員，前來拍攝十頭大象的運送過程。計劃是由當時世界上收入最高的模特兒雪柔・蒂絲（Cheryl Tiegs），與曾經乘坐熱氣球橫跨大西洋的冒險家班・阿布魯佐（Ben Abruzzo），從熱氣球上射大象。

可是進行計劃的後半部時，爸爸卻遇上麻煩，難以說服直升機機師：「聽著，你要將大象吊在直升機下。」

那位機師完全無動於衷：「天大的笑話，何必用直升機？你可以用卡車運牠們。」

爸爸和約翰大伯並未放棄。他們決心將大象運到「仁德樂志」。最終說服了機師射大象的工作，並協助他們將大象裝入卡車內。威考克斯和他的人員前來現場，爸爸後來對我說：「這輩子還從來沒見過這麼混亂的陣仗，我們有兩位靜態攝影師，和第二架直升機。上百個人在現場，包括雪柔・蒂絲和班・阿布魯佐，還有他們的大隊跟班，跟班的跟班。還有卡車、低床、專用木箱、兩架直升機、拍攝小組、追星族、表兄表弟、叔叔伯伯，阿姨嬸嬸……還有約翰・威考克斯。」威考克斯指揮攝影機的位置，還將一位攝影師綁好，掛在直升機下拍攝整個過程。飛了四百公里前來負責鎮靜劑槍的獸醫，打開他的吃飯裝備，卻發現他將鎮靜劑放在家裡忘了帶來，一天的辛苦付之流水。威考克斯氣炸了。

第二天，藥劑送來，大象被直升機上的鎮靜劑槍射中，用卡車運到「仁德樂志」，威考克斯順利拍到了壯麗的畫面。那天晚上，大家圍著篝火慶祝，直到深夜。雪柔・蒂絲未來的丈夫彼得・比爾德（Peter Beard）也偕同前來加入慶祝活動，他是肯亞生態保育的代言人，和廷利博士一樣，是位特立獨行的人物。在酒精與煙霧的籠罩下，不知怎的，他們彼此開始大聲放話，彼得宣布：「雪柔，我們要在五四俱樂部（Studio 54，七〇年代紐約曼哈頓最頂尖的迪斯可夜店）舉行派對，邀請麥克・佛利伍（Mick Fleetwood）來表演。找史蒂夫・魯貝爾（Steve Rubell）捐出當天門票收入，作為大象基金。」史蒂夫・魯貝爾是五四俱樂部的合夥人之一，威考克斯則會將當天拍攝的影片，在夜總會牆壁上播放。

爸爸和約翰欣喜若狂，全心全意為捐款人籌備派對。派對總共花費六萬七千美元，他們最終募得六萬九千美元，只籌得區區二千善款，以及媽媽對爸爸永恆的怨恨。因為爸爸要她留在營區「顧店」，使她不但錯過了麥克・佛利伍在最熱門夜店中的表演，還要負責招待攝影小組，以及修復在運送大象過程中，班・阿布魯佐被荊棘樹扯裂的熱氣球。

爸爸和約翰的苦心，使這塊備受種族隔離政策影響的不毛之地，引起國際社會關注。而最重要的是，他們成功地將二十五頭大象遷移到「仁德樂志」。克魯格國家公園也開始重新思考他們的大象遷移政策。到了一九八三年四月，「仁德樂志」有四十二頭大象。一年過後，遷移過來的大象生出第一頭小象。時至今日，這塊土地上有千餘頭大象生活其中。

我的祖父逃過公象攻擊，和聖經的約拿從鯨魚肚內生還一樣，使爸爸和約翰大伯日後能將大象遷入「仁德樂志」。象群歷經一番摸索適應後，現在在「仁德樂志」和克魯格國家公園之間自由走動，留下一條無形的和平足跡。

八十年代末，約翰大伯為極具影響力的南非報紙《明星》寫了一篇文章，抗議克魯格國家公園的柵欄政策，而後飽受國家公園領導階層的惡毒攻擊。然而他是對的，多年後，經過瓦提家人不斷遊說，終於在一九九四年，成功地拆除柵欄。拆下來的一段廢欄，和母親其他具有紀念價值的東西，一起放在家中黃木櫃的頂層。這段生鏽的鐵絲網沉靜地說明了放下藩籬，讓自然癒合裂痕的魔力。

儘管我多番嘗試，但是我對大象的愛護之心，卻永遠無法感染布藍溫。她只在理論上欣賞牠們，實際上並不喜歡牠們，這點或許要歸咎於約翰大伯。

我十一歲的時候，約翰大伯正式升格成為父親，他和吉蓮生下一位可愛女兒薩凡納（Savannah）。她雖然出生於約翰尼斯堡，不過隨著約翰拍攝紀錄片到處為家，她多半是在荒郊野外的營帳內，度過她的襁褓歲月。薩凡納一出生，約翰大伯就很疼她，鋼鐵男兒在小嬰兒手中展現出溫柔，布藍溫和我則是她的教父母，這位在帳棚水桶中沐浴的金色天使，是我們去叢林拜訪大伯，最高興的事。

薩凡納還小，或許是兩三歲時，約翰大伯帶她、布藍溫和我，去到一個叫做泰塔瓦水壩的地方野餐。水壩挖成後，大地沒有完全封合，後方形成一窪深水洞，池水清澈，風景秀麗。就在距離池邊不遠處，我們發現一塊美麗的小樹林，褪色的螺穗木紅綠樹葉，宛如天然屏障。約翰大伯將他的隨身物品攤在地上：一種叫做naartjies的南非柑橘、堅果和一根爛香蕉。約翰大伯還隨身攜帶膠帶，他認為可以修復任何東西，而爛香蕉則是他的所有營養來源。我們正要離開時，三頭公象閒逛到水邊喝水。

約翰大伯體內的紀錄片基因，立刻啟動。他已將這輛路虎改裝成一台行動式攝影車，拆除後座，換上裝滿泡棉的不同黑箱，用來安放攝影機。他跳進路虎，手伸入一個黑箱，拉出一台大型阿萊弗萊克斯攝影機。我知道接下來會發生什麼事：我負責攜帶鏡頭和電池，約翰大伯負責拍攝。一邊扛起設備，從他口中一邊蹦出連串指示：

「哥兒，你和我，要，慢慢接近。」

「布藍，」他轉頭對布藍溫說。她早已瞇起眼睛，一臉懷疑的神色。

「你留在薩凡納身邊。」他又急轉回頭。

「哥兒，如果牠們看來像要擺平我們，就跳到水裡。」意思是：如果大象攻擊我們，立刻潛入大壩，在水下游泳逃開這裡。約翰的頭號原則是：總要先找退路。

我們邁步出發，留下布藍溫暗自發悶，我們又讓她單獨跟大象困在一起了，報應啊！

約翰大伯熟門熟路，我們很快就棲身在一個雜草叢生的碩大蟻丘上，他的眼睛壓在鏡頭上，捕捉三頭大象喝水的畫面。大象喝完水後，開始繞行大壩，朝我們走來。我們正好位在牠們移動的路線上，萬一驚動牠們，麻煩可就大了。如果要走，我們早就該走了，現在只能保持肅靜，希望牠們不會注意我們。可是大象嗅覺靈敏，希望不大，而且我擔心約翰大伯完全不管眼前的危險，眼睛仍然黏在攝影機上。牠們愈走愈近，他只是重調鏡頭，還在專心拍攝，完全沒有任何危險意識。牠們愈靠愈近，我嚇得六神無主，但是一位好助手怎能懷疑？又怎能拋下攝影師逃走呢？

約翰大伯終於從攝影機上抬起頭來，大象幾乎已經走到我們身邊。「老天爺！」他說。就算老天爺現在出現恐怕也無濟於事。「滑到後面去。」他低聲說。我們蜷伏在蟻丘後，領頭大象則在將近八公尺外靜止不動，象鼻微曲，慢慢抬高，高過蟻丘，像是一艘潛水艇的望遠鏡。我的心臟狂跳，我們被發現了。然而約翰卻一臉詭異的笑容，他活著可是為了這個。他指向蟻丘上的疣豬洞。我知道他的意思：一旦大象進攻，就爬進洞裡。多謝我和艾爾蒙一起狩獵的日子，對於疣豬我很了解，門牙鋒利，外加臭味薰人，約翰指的輕鬆，好像鑽入洞內沒有危險一樣。

幸運的是，大象走過我們身邊，完全沒事。但不幸的是，牠們朝布藍溫和她負責照顧的小堂妹走去。我們無法及時回到她身邊。布藍溫只能靠自己了。

布藍溫一見到象群，腦中第一個念頭就是：「該死的約翰大伯和他的大象！」接著她冷靜地一把將薩凡納抱入懷中，走到路虎，把攝影箱內一疊兒童大小的泡棉拉出來。

「來玩捉迷藏！」她對薩凡納說。小堂妹帶著些許困惑，看著布藍溫將她放在用膠帶黏起來的攝影箱內：「好了，不要出來，聽我的指令！」然後她自己蜷伏在乘客座位下，把野餐毯拉過來蓋在頭上。

大象悄悄走近路虎。一頭象熟練地捲起丟棄的柑橘果皮，小吃一番，然後繼續前行。

布藍溫皺著眉頭從座位下爬出來，從攝影箱內抱出狀況外的薩凡納：「啊哈，親愛的，我找到你了！」約翰大伯滿意地舒了口氣，正是他最喜歡的野餐時光。

布藍溫和我四目相接，她丟給我一個特別保留給約翰大伯的眼神：「這個傢伙是頭怪物。」不過我們都知道，儘管我們恨他利用我們，我們倒也很愛被他利用。

回首我與大象的各式邂逅，我才驚訝地發現自己關心自己的安危，遠勝過學習牠們溫柔無際的精神。我盼望能夠重回與每頭大象邂逅的時刻，無論是害怕、躲避或是逃走的時刻，我將固守原地，讓牠們坐在我身上，和布藍溫的印度前世一樣，或是將我甩到樹上，用象牙刺我，將我踩在腳下，像那頭沒有接觸到祖父的公象一樣——隨便牠們，只要隨之而來的，是只有大象才有的，深不可測的寧靜安詳。

雖然父母已經在叢林中生活了許多年，他們每天下午仍然照常出去，接收他們的大象能源，我盡可能跟他們一起去。「這會讓我的心想唱歌，是我們一直想要的。」爸爸手持路虎方向盤說道，媽媽戴上巴拿馬草帽坐在他身邊。隨著年歲增長，熱愛大自然的心更加強烈。或許當我們不再那麼重視自己的安危，我們就更能感受到大自然給予人類的深沉而強烈的撫慰。

大象重回「仁德樂志」，重建荒野事物，是項偉大的療癒舉動。我們的身心福祉仰賴於這種療癒。一八五四年，著名的西雅圖酋長曾說：「如果所有的野獸都不見了，人類會死於精神上深沉的孤寂。」我現在聽到人們引用這句話時，彷彿危機是在未來，或許是因為他們未曾與動物相伴，所以他們不知道，深沉的孤寂早已存在。

無論你在哪裡，無論你用何種方式，如果你為自然重建一塊土地，你的世界將會更為親切，更為仁慈。讓這種感覺擴散到萬事萬物，無論是對動物，對他人，或為自己建立一個避風港。無論是在自家後院，在一畦田地，或在一盆植物中塑造出空間，或甚至只是在你頹喪的內心，重建擁抱同伴的渴望，只要你採取行動，向前邁步，不管你在哪裡，大象自然會出現。

第十章
飛機失事

星期六清晨，電話鈴響，父親拿起話筒，我們立刻陷入緊張的氣氛中，這種時刻接到電話，對野遊生意來說，鐵定不是好消息。

「啊，天哪……在哪裡？」

他神情一變，媽媽迅速走過去。

「要命……你知道他們當時多高嗎？……所以你也不知道他們是不是還活著？……可能有？……好，給我一小時。」

爸爸掛上電話，重重嘆了口氣。一臉堅毅的神情，表示他將立刻行動。

「你大伯的直升機墜毀在尚比亞。我們只知道，他和組員都還活著，但傷勢嚴重。有人可能已經癱瘓。他們還躺在失事現場。」

星期六的南非基本上不會有什麼大事，而北部千里之外，尚未雕琢的璞玉尚比亞，更是什麼事都沒有。大伯墜毀在尚比亞盧安瓜山的深谷中，世界最偏僻的地方之一。爸爸知道時間緊迫，要救約翰大伯和他的攝製小組，需要施展無上法術。

自從他們的父親去世後，戴夫和約翰一直互相照顧對方。在爸爸危急時，大伯為他衝撞了機師和心臟權威醫師，爸爸不能讓這位兄弟失望。

這位後勤專家立即展開行動。將我們的家變成運作中心。媽媽負責查詢正確的電話號碼，她曾一度追查尚比亞總統的電話號碼，而爸爸則不停打電話，一度同時講上四具電話。幾小時內，成功地租好一架飛機，大到足夠裝載醫護人員和所有傷患，外加許多醫療用品。約翰在路沙卡有位朋友約瑟夫帕特爾，似乎認識所有尚比亞的重要人物。爸爸拿起電話：「聽著，約瑟夫，我不管你怎麼做，我們必須讓醫護人員從姆富維機場進入山谷。那裡有前哨人員，他們知道失事的地點。」

約瑟夫開始聯絡。我們全都戰戰兢兢耐心等待。我只有十二歲，並不信教，但我溜進房間祈禱，希望這位偶像大伯，能夠平安歸來。

在盧安瓜山谷深處，約翰大伯和大部分組員——艾爾蒙隆格，威利希布葉和凱倫斯萊特，躺在壓毀的金屬殘骸四周。星期五他們正在進行空拍，直升機尾槳突然折斷，失去定向控制，開始瘋狂旋轉，往下墜落。機師羅布帕森神奇地讓直升機墜毀在機腳柱上，腳柱承受下降時的巨大衝力，無疑救了他們一命。羅布帕森被卡在直升機內，而坐在後面的其他人，則被拋出機外。他們躺在暮色裡，眼看太陽自天際緩緩下沉，心想沒有人能找得到他們。

凱倫斯萊特是一位非常相信精神力量的人，多年來一直練習打坐。當直升機開始失控時，她就開始打坐，讓身體完全放鬆。她在事故發生後，能以驚人的速度恢復元氣，越野求救，或許要歸功於這種訓練。直升機墜毀後，過了一段時間，她努力爬起來，一個人獨自跋涉八公里，穿越叢林，來到約翰搭帳蓬的營地，用無線電呼救。她必須橫渡盧安瓜河，那裡是世界上鱷魚最密集的地方之一。最後她終於抵達營地，毅力驚人，並且找到了勞埃德崗彌（Loyd Gumede）。

在這裡需要介紹一下勞埃德。他有張溫和的月亮臉，來自「仁德樂志」北部的一個小村莊，在村民間擁有少根筋的美譽。約翰大伯雇用他，是想讓他有點事做，幫忙影片攝製小組打燈光，這應該很容易。看到動物，拿燈一照，會難到哪兒去？儘管如此，剛開始幾個月，勞埃德卻總在關鍵時刻，忘記這項簡單任務，突顯出他異於常人的特性。大伯對勞埃德的健忘，則是充滿憤怒，經常咆哮：「我們在這裡，豹子在那裡，我知道撲殺的動作就要出現在眼前……然後，他媽的勞埃德忘記打燈！」

拍攝期間一連幾個月，經常只有勞埃德與約翰大伯倆人互相為伴。勞埃德還要下廚作飯，所以每天晚上，他都煮他唯一會煮的東西：薩扎玉米粥，約翰大伯毫無怨言地吞下去，直到他覺得玉米粥好像隨時會從耳朵流出來為止。勞埃德的簡單淳樸，是真正的禪學，約翰大伯常說，有一天他要拍一部關於勞埃德的電影，片名就叫《靜止的生命》。

約翰大伯曾經委託勞埃德從事一項關鍵任務。由於約翰需要開車去遙遠的小鎮姆富維，雨季時經常要開六個小時以上，因此唯一的卡車，也是他最喜愛的海力士貨卡需要簽署通關文件，以免遭受海關扣押。於是約翰大伯委託勞埃德前往海關簽署這項重要文件。勞埃德動身出發，穿過汙泥、大雨、瘋狂的大象和路上搶匪，完成這段史詩般的旅程。五天後回到這裡，我親眼目睹了以下這段對話：

「勞埃德，你去了嗎？」
「是的。」
「一路直到邊防？」
「是的。」
「一路順利嗎？」
「是的。」
「那你遇到了邊防關員？」
「是的。」
「那他們簽好文件了嗎？」大伯充滿希望地問。
「沒有。」
「為什麼沒有？」勞埃德接著說出來的話，使他成為往後我們家永生難忘的人物。
「沒有原子筆。」
儘管勞埃德花了將近五天的路程，排除萬難，但是因為邊防辦公室沒有筆，而未能完成使命。約翰大伯的卡車正式被扣押，於是後來大部分的時間，我們只能用走的。
勞埃德是約翰大伯攝影小組的成員之一，一起到尚比亞，留守在營區，其他人則搭乘直升機空拍。事故發生當天，他的反應讓人原諒了他過去和未來所犯的所有過錯。一旦從凱倫那兒知道發生事故後，勞埃德不顧夜色漆黑，涉水穿過深及腰部，鱷魚出沒的盧安瓜河，去告訴公園哨衛飛機墜毀地點。然後他又再度涉河，接近凱倫最初渡河的地方，帶領哨衛人員，然後是醫護人員趕到現場。他帶來毛毯，整晚駐守在失事現場，捍衛並照顧躺在叢林中所有受傷的無助人員。大伯非常肯定是凱倫和勞埃德的援助，以及他所帶來的毛毯，是他們得以生存的主要原因。勞埃德有股鋼鐵般的意志，我很佩服他這一點。

爸爸接獲消息欣喜若狂，他說：「當你面臨危險時，一定要有個尚迦納人和你在一起。」同時，透過各種不同的地下管道，約瑟夫安排尚比亞軍用直升機運送醫護人員來回失事現場。後勤專家完成一項空前壯舉，凱倫堅強的韌性以及勞埃德感人的忠誠，幫了大忙。

我守在約翰尼斯堡的密爾帕克醫院，等待大伯的救護車從尚比亞抵達。距離我們接獲失事消息已過了二十個小時。約翰看上去慘不忍睹，但當他被抬上擔架經過我身邊時，他還是以他的標準動作對我拍掌道：「很高興見到你，哥兒。」手腕上的珠鍊濺上鮮血，這是許久以前馬賽人給他的禮物，象徵他們的接納與友誼，他從來不曾拿下來過。如果有人能愈挫愈勇，非約翰大伯莫屬。說也奇怪，看見他渾身是血，昏沉沉地全身插滿導管和點滴躺在那裡，無損於我對他無所畏懼的精神，反而更加敬佩。

約翰大伯的下脊椎骨受到巨震壓縮，完全變形，但是暫時性的癱瘓會慢慢退去，他可以再度行走。小組的其他成員也同樣會隨時間痊癒，除了強悍的機師之外。羅布帕森的瞬間決定，操縱直升機的墜毀角度，無疑救了每個人。然而悲哀的是，羅布一年後死於傷勢併發症。

接下來的幾個月，大伯背部慢慢痊癒，母親定期拜訪。她餵他吃飯，也企圖控制自己的不耐，因為他在無力自助的狀況下，唯一可控制的只有那張嘴，只能發出單音：

「豆子。」約翰大伯點餐。他平躺在醫院病床上，張著嘴像一隻嗷嗷待哺的小鳥。

「雞。」

「花椰菜。」

媽媽終於受夠了：「我給你什麼，你就吃什麼，」她厲聲道。

一旦他們開始爭吵，我就知道一切將回歸正常。

勞埃德仍然不時出現在「仁德樂志」。他會安靜地坐在大伯房舍的階梯上，等他從叢林回來，他們會溝通進度，共享晚餐。他仍然非常安靜，不事張揚，一個真正的靜態生命。他讓我想起，真正的英雄行為，是反映出一個人內心深藏的本質，而英雄本人並未意識到這點。

第十一章 年度大遷徙

我決定發起一項大規模的保育工作，規模之大，只有幾年前在北極浮冰中拯救被困的三頭灰鯨的新聞報導可堪媲美。隨著旱季接近，我家附近的池塘開始縮小規模，小池中可見鯰魚困在渾水裡。我知道如果雨水不來，再過幾個星期，池水會完全乾涸，到時候那些可憐的鯰魚將會成為別人的食物。魚鷹已經棲息在附近的枯樹上，期待盛宴來臨。雖然我的鯰魚不像灰鯨一樣迷人，但我相信牠們同樣重要。

我的計劃如下：水池大約和我的臥室一樣大小，我可以涉水下去撈鯰魚，再將牠們放到裝滿水的大桶中帶到河邊放生，牠們就能和平安詳地在水中歡度餘生。我準備來回幾趟，至少要救起幾十條魚。整項操作，預計大約半小時就可完成。

我的熱情埋沒了我的理性，我天真地以為我能在渾濁的水中，赤手空拳捕抓驚恐的鯰魚。於是到了早上十點，我還在揮舞雙手，忙著抓牠們，沒有一張漁網，就像盲人在滑溜的地板上追逐濕肥皂一樣，徒勞無功。我的一腔熱血，化成一臉懊惱，這是我在爸爸和約翰大伯這類保育人士身上，經常可見的神情。就在這個時候，傑里韓巴納開著一輛破舊的拖拉機，來到池塘邊。

傑里韓巴納是位尚迦納男子，面貌溫柔，滿臉笑容，在「仁德樂志」工作多年。他對我揮揮手，一句話也沒說，只是微笑。然後他看到現場，臉上先是露出困惑的表情，然後逐漸了解，走到拖拉機旁，解下他用舊內胎固定的一把鋒利潘加刀，緩步沒入叢林中。幾分鐘後回來，身後拖著一大片水牛荊棘樹枝，一切不過十分鐘而已。

傑里走回水池邊，好像撒網一樣，若無其事地將荊棘枝枒拋入水中，抓住枝幹一頭，沿著池底掃過，再慢慢地將它拉出池外，大約有十條魚被困在荊棘枝葉中。傑里拿起兩條魚，想必是當他的晚餐，然後臉上帶著微笑自顧自地走了。現場示範往往是最有效的教法，照著傑里的方式，我連忙將剩下的魚裝在水桶內，護送到安全的地方。

尚迦納長者的教導方式，讓我本能地走入大自然之中。相形之下，六歲時和布藍溫一起在約翰尼斯堡就讀的「大學校」，從頭到尾不過是坐在那裡不動，乖乖聽話，乖乖學習，只重閱讀而非親身體驗，我實在不明白這種學習的道理何在。只有每到週末，父母來接我們回家後，我才恢復真正的教育，這才是我的生活。

然而，我並不知道，十歲的時候，我的叢林教育卻戛然終止。

父母和大伯排除眾議，將「仁德樂志」打造成一門生意，持續發展。他們下一個遠大的目標，是將「仁德樂志」的成功模式，推廣到非洲各地，發展一邊保育土地、一邊維持生計的旅館生意。

爸媽在一九九二年成立「非洲保育公司」（Conservation Corporation Africa），簡稱ＣＣ非洲，使保育工作商業化，也讓約翰大伯繼續拍攝野生動物紀錄片。爸爸和團隊的其他成員，設法尋找投資者入股，在非洲各地投資興建能夠自給自足的旅遊小屋和營區，同時保育大地。這是現代化的生態旅遊，想法先進。ＣＣ非洲最終在整個非洲大陸設立了二十三個野營據點，包括肯亞、坦尚尼亞、辛巴威和尚西巴。

臨印度洋的南非東北，有個省分叫做「夸祖魯—納塔爾」（KwaZulu-Natal），這塊區域最北邊是荒涼的「瑪普達蘭」（Maputaland），雖然具有大量未受汙染的濕地和海洋生物，卻是南非最貧窮的地方，其中一些土地由於落後的耕種技術而被摧毀。爸媽首先將眼光投向廢棄的鳳梨農場，希望能讓土地起死回生，他們稱之為「芬達計劃」（Phinda），意思是「重生」。

沒什麼事比冒險更能振奮父母的精神，他們全心全意投入這項計劃。方案是直接在瑪普達蘭最貧窮的區域中心，建立一塊一百五十五平方公里的保育地。父親希望周邊鄉鎮能與這塊土地重新連結，他相信瑪普達蘭的美麗值得挽救，儘管他的推銷技巧並不十分高明。

「你好，我是戴夫瓦提，我來到這間豪華的銀行辦公室，是想要籌募資金，準備在瑪普達蘭成立一個野外生態保育區。是的，那裡所有的種植業都已破產，不過這是好事，因為這樣我們的購買價格可以很低。是的，洪水每年氾濫兩次，但是只有從事種植業才會有問題，我們是做生態旅遊的。是的，那裡瘧疾流行。是的，祖魯人是好戰的民族，認為那裡是他們的王國，他們很可能會和說柯薩語的ＡＮＣ人發動內戰，但是只要擺脫種族隔離政府就不會發生，而且目前世界各地都在發動制裁，所以狀況還好。無論如何，我認為你應該給我錢，因為就算你現在看不到，但我相信這會是一個偉大的保育工程！總有一天，投資『芬達』會比投資黃金更好！」

父親的推銷術，只能打動狂熱的瘋子。不過他最終還是獲得資金，大多來自尚保羅蓋蒂的孫子——馬克蓋蒂的贊助，馬克也設法得到其他家人的支持。（譯註：尚保羅蓋蒂J.Paul Getty，石油大亨，被視為五〇年代最有錢的美國人，也以小氣著名。馬克蓋蒂Mark Getty，當今著名的網路圖像公司Getty Image的創辦人。）

爸媽開始瘋狂投入工作。爸爸經常跑去「芬達」，因此我們很少見到他。他奔走各地，監督大群工作人員除去圍籬、雜物和破舊生鏽的耕種設施，不停打電話爭取資金，重新引入大象，修復土地生態。還在憤怒的祖魯人抗議前，開車進入當地村落，安撫部落首領。就算我與布藍溫和他們共度週末時，爸媽的心神也消耗在ＣＣ非洲的業務上，爸爸經常得離開我們，去尋找逃脫的大象，處理工地雜事等等。媽媽常說「芬達」是頭「大猩猩」。「得去跟那隻大猩猩搏鬥……」爸爸會如此說，然後再度消失。

最後，從一堆只剩下老舊風車、鐵絲藩籬、生鏽設備而且幾乎沒有動物的農場中，爸爸和ＣＣ非洲將瑪普達蘭開發成一塊美麗的保育地，成為非洲五大動物，四百多種鳥類的理想家園，白犀牛的數量也成為非洲南部之冠。

不過也因為如此，他們沒空接送我們上學。諷刺的是，父母的理想是培育更多生態環境，讓人們能用嶄新深刻的方式體驗自然，但卻將我和布藍溫，從最理想的生活環境中拉走。

「你會去上一所新的環境學校。」媽媽對我和布藍溫說，她已經幫我們註冊好了，學校靠近「芬達」，她描述道：「你們會在農場騎馬！整個星期都住在學校裡，我和爸爸每個週末都會來接你們。在這裡上學會很好玩！」

不管這所學校有什麼特色，當時這裡可是問題少年最後的棲身之所，他們多半家庭破碎，父母住在遠方。無論學校用什麼方式宣傳，它看來更像是變相的管教所，挽救狂飆少年重生。能讓這些叛逆少年遠離商場，斷絕毒品，走入荒野，對這些頑劣少年的父母來說，一定是如釋重負。布藍溫和我則正好相反，我們屬於父母仍在一起的少數孩子。卻被關進一個每天六點起床，自己鋪床疊被，晚上則和其他三十四位孩子一起鎖在一間房內睡覺的世界中。人人都穿同樣的制服，管理的原則就是大家都一樣。

入學的頭兩個星期，我們不允許與父母有任何聯繫，我們從未見不到父母超過兩個禮拜。我的個性柔弱，身材矮小，一個敏感的十歲小孩，被扔在這群吵鬧叛逆的城市孩子中，無異於在胸前劃上一個標靶任人欺侮。打從一開始，我就被欺負得很慘，一位名叫羅里的男孩，打我似乎能帶給他特殊快感。他的身材要比實際年齡還大，手腕和臂膀粗厚結實，像頭大猩猩。他第一次打我，是紮紮實實地打在臉上，這是一生中最令我震驚的時刻之一。帶著前所未有的憤怒與羞辱，看見自己的鮮血滴在浴室洗手台的瓷磚上，我只想逃得遠遠的。

布藍溫也同樣無法適應，無論是做事、穿衣、甚至聊天的話題，她和其他女孩都完全不同。她很努力想要融入其中，而我卻只想消失。不過我們知道自己必須堅強，打從出生開始，我們就學到我們的任務是保護自然和動物。雖然現在我們還年輕，但是我們了解父母想做的事，我們有義務管好自己，在寄宿學校咬緊牙關忍耐，不讓他們操心。布藍溫和我憑藉生長在叢林中學來的智識，試圖適應並生存。

學校當局似乎不知道該拿我們怎麼辦，他們不斷讓布藍溫與我接受測驗，得出一連串令人困惑的結論：「這兩個孩子非常聰明，他們必須去資優班」，「這些孩子都是智障，必須去特殊教育班。」最終，我們被診斷為有閱讀障礙。我還被標上其他標籤：好動、亢奮，是位「問題兒童」。隨著被貼上一個個標籤，我覺得愈來愈笨。

有時候我會偷偷溜出學校，爬上一座小丘，蜷縮在一塊平坦大石上，一個人哭泣。我總覺得，只要我花點時間一個人在野外，就可以重新鼓起勇氣，這種心情驅使我遠離人群。不久，布藍溫找到我的藏身地點，偷偷上來為我打氣：「博弟，我們會沒事的。」她抱著我說：「我們會度過難關。我們還有彼此。」

或許，她是為我們倆一起打氣。

擁有一位拿母獅行徑當範本的姊姊，往往會有尷尬的副作用，她會直接介入我的戰鬥。當我被毆打時，打我的人有時會莫名其妙地倒下，被我可愛又暴力的姊姊從後面撲上來。但是我知道一旦布藍溫介入，我就會被欺侮得更慘，所以我儘量忍耐，變得愈來愈不快樂。

和父母相處的時間，遠低於爸媽的預期。由於我們是「學期寄宿生」，所以每一學年只能回家四次。第一次回到「仁德樂志」時，布藍溫和我參加父母的晚宴，一位曾經在我這個年齡，被送到寄宿學校的客人問我：「哪裡還好嗎？」我坦白說我被羅里欺負。

他提供一個解決之道：「你要帶著你的板球棒藏到櫃子裡。當沒有別人，只有那傢伙的時候，你就跳出來，用你的球棒狠狠打下去。一定要打得狠，他就不敢再碰你了。」

回到學校，布藍溫和我一起密謀這項任務。我帶著獵人的本能等待適當時機，直到最後一刻再進行攻擊。我藏在羅里房間的櫃子裡，像豹子標準伏擊一樣，等他毫無警覺，非常靠近的時候，跳出來當頭一棒。直到球拍擊中他的小腿骨時，他才知道是我。羅里立刻倒下，前腿腫了好大一塊。接著我繼續一棒，進攻他的大腿，我的心臟狂跳，這不是我的作風，但是這裡需要這麼幹。

羅里再也不敢欺負我。而且自此之後，大家都用不同的眼光看我。我開始受到尊重受人擁戴。更令我驚訝的是，女孩開始喜歡我。我在體育上表現出色，也贏得老師與同學的認同。

與此同時，布藍溫則扮演母親的角色。這裡有大量破碎的心靈容她修補。學校像是一扇窗口，為我們打開一個嚴酷的世界，讓我們看見許多歷經煎熬的學生。布藍溫和我像是心理醫生，花了三年的時間，建議這些孩子如何面對父母打架、離婚，和爭奪監護權官司等等難關。

學校生涯也有它的好處。成長在「仁德樂志」，我們以為整個世界都很完美，每個人都結了婚而且生活快樂。學校讓我們了解到不是每個人都是這樣，讓我們更有同情心。而且也讓我們知道自己被寵壞了。我們從來沒有自己鋪過床，自己煮飯或洗碗。在寄宿學校裡，我們必須自己鋪床，床單的四角必須摺得像醫院床單一樣完美，保持櫃子乾淨，制服完美無瑕，隨時準備檢查。

布藍溫很快成為一位強而有力的領導者，被同學與老師選為班長。她也是犯規高手，知道如何走私食物，無視就寢時間，小心翼翼穿越宿舍牆頂和天花板間的狹窄空隙，到別人房間開派對。

在寄宿學校被當成待宰羔羊的期間過後，第二年我們就成為呼風喚雨的人物。到了第三年，布藍溫和我不但完全接受自己的命運，還從被迫適應現況到樂在其中。我們學會隨時隨地滿嘴粗話，寄宿學校每個人都像大兵一樣連珠炮的粗話，還有一種「去他媽的那個人」的反威權態度，雖然我們並不太清楚那個人到底該是誰，為什麼我們應該去他媽的？我們只想和我們的朋友一起廝混，重視他們的想法遠勝過父母的遠大夢想。

爸媽逐漸失去我們，他們也知道這點。某天傍晚，他們站在坦尚尼亞恩戈羅恩戈羅保護區一個凹陷的火山口邊，保護區內有許多令人嘆為觀止的野生動物，從生活在鹹水湖中的大群火鳥，到在藍桉樹林邊安詳漫步的成年大象。他們看著夕陽西沉，這片宏偉的非洲美景，壯麗地呈現在他們腳下。爸爸轉頭對媽媽說：

「難以想像孩子們竟然錯過了這個。」

「讓我們想想辦法吧。」媽媽說。

太陽落入地平線之前，他們已經做了決定。

布藍溫和我等在校門口，爸媽下了車。從他們臉上的表情我就知道，這不會是一次普通的週末探親。隨後，一名陌生的年輕女子從後座走出來。她很漂亮、一頭金髮、神情親切，我知道一定有事了。

「孩子們，來見我們的朋友凱特葛拉群（Kate Groch）。」媽媽說。這位漂亮的金髮女子對著我們微笑。布藍溫和我交換眼神。

我們開車離校用餐。點餐過後，爸爸以他平時一貫直爽的個性，直接切入重點：「我們要帶你們離開學校。你們會跟我和媽媽一起旅行，凱特會是你們的新老師。」

真是晴天霹靂，我覺得倒楣透頂。我愛上一位叫做黛絲的女孩，她最近還舌吻了我。我深信我已經找到了真愛。

我倒在椅子上發愣。

「一定要這樣嗎？」布藍溫沒好氣地說。

凱特看上去有點震驚，發現自己正處在一場尷尬的家庭風暴中。

媽媽感到我們意興闌珊，試著激勵一下：「你們會喜歡的！你會學習如何修理路虎，還會看到大猩猩，而且最棒的是，還會學如何編草！」她為什麼選擇這個奇怪的例子，我永遠都不知道。

編草是最後一根導火線，布藍溫起身，戲劇化地丟下一句：「隨便你。」隨即揚長而去。

媽媽轉向我：「是的，我們認為這樣最好。我們一路奔波，到處建設，如果不這樣安排，我們就永遠見不到你們了。」

蘑菇湯端上來的時候，布藍溫也重回桌邊。坐下來後，開始以十四歲女孩獨特的哭法，掉下辛酸淚。

「你想一個人靜一靜，還是等一下有空再談呢？」凱特輕問。我很想討厭她，但是她看起來像個好人。我們當時不知道，其實她跟我們是一國的！「這個消息對你們來說真的很突然。」她對我和布藍溫說。這件事沒有徵詢我們的意見，而是直接告知，凱特了解我們的感覺。

「不，沒事，我們很好。」爸爸說，擺出一副「我們是個快樂大家庭」的笑容。

午餐在淚水和傷痛中草草結束，但不管我們如何反應，事已成定局，布藍溫和我以及我們的新老師，將一起遠赴非洲內陸。

凱特來教我們的時候是二十三歲，但她看起來像是只有十九歲。她成長在一個完美的普勒多利亞(Pretoria)家庭，就讀於一間著名的女子學校，畢業於開普敦大學，並在普勒多利亞大學完成碩士學位。她經常參加遊行集會，抗議種族隔離政策。這套搞活動的本事，在面對兩位經常擺張臭臉的青少年時，還蠻管用的。

爸媽的計劃是讓我們與凱特在約翰尼斯堡花一個星期上課，然後和爸媽在非洲東部相聚一個星期，他們正在那裡興建營區小屋，接著最後一個星期回到「仁德樂志」。約翰大伯和我們一起，要去坦尚尼亞觀察這塊被劃為保育區的土地，是否適合拍攝紀錄片。這項計劃開始的第一週，整個星期無論我們開車去哪兒，我都在車上瞪著凱特的後腦勺發呆。到了該去坦尚尼亞的阿魯夏之際，布藍溫和我悶悶不樂地收拾書包。凱特企圖用昂貴的軟糖安撫我們，但我們並不領情。

我們在阿魯夏度過第一個夜晚，住在梅魯山的山坡上，一間由舊莊園改建而成的賓館內，這裡屬於東非大裂谷的東部山脊。天氣炎熱，布藍溫和我很暴躁。

「來吧，兩位，我們一起去游泳。」凱特對我和布藍溫說。這是布藍溫、凱特和我第一次單獨在一起。我不記得當時我們說了什麼，但是當我們從游泳池走出來後，我們已經同是一國人了。很難描述你和別人成為朋友的那一刻，它就是發生了，誠如柏拉圖所說：「自古以來即是如此。」

還好我們成為朋友，因為爸爸決定再次改變計劃：「約翰要製作一部紀錄片，你、布藍溫和凱特會是最好的幫手。」他對我們說。

「這會是很好的學習機會！」媽媽叮嚀道，可以從她的語氣中聽見那份瘋狂的信心，至少不是要我們去編草，萬幸哪！只不過我們原本計劃去東非學習一個星期，卻將演變成一項長達六個星期的「高難度動作」特技大集合，這完全是約翰大伯的風格。

「抓緊，抓緊，我們要掉下山溝了！」約翰大伯的馬賽友人摩西，從他駕駛的路虎車前窗大聲叫喊。

「不要擔心，我很穩的！」我從靠在車頂的位置回吼。

「好吧，只是確定一下。」摩西回吼。

約翰大伯在我下方，可就比較直接：「哥兒，抓著輪胎，否則車頂會被你撞到。」於是我只好轉而抓緊那堆備胎，約翰大伯用繩索與切成條狀的內胎，隨便綁在車頂上。

成千上萬頭牛羚消失在深谷之中，我們緊追在牠們身後。

每年大約兩百萬隻牛羚為了追求雨水，進行年度大遷徙，而布藍溫、凱特和我則穿越塞倫蓋提，一路追隨牠們。每年秋季一到，這一大群草食性動物，伴隨著成千上萬隻羚羊和斑馬，長途跋涉近兩千公里，從坦尚尼亞的塞倫蓋提山丘，穿越馬喇河，來到肯亞馬賽馬喇保育區青翠的平原上。牠們將在那裡停留四個月，啃食豐美的牧草，然後返回塞倫蓋提。一路上，將有二十五萬頭這類動物會因疲憊和脫水失去性命。獅子、花豹、獵豹和其他肉食性動物隨伺在側，希望能獵得不幸落單的動物。那些生存下來的遷徙者，還必須強行橫渡馬喇河，河中大量鱷魚徘徊等待。年度大遷徙是大自然壯闊的生存法則的例子。

約翰大伯是這次冒險的領隊。我們的兩輛路虎看起來像是由諾亞自己親手打造。我在的那輛車，里程表破裂不說，車門還用磨損的鐵絲固定。兩輛車的儀表板上都用膠帶固定各項工具。

「那麼，計劃怎麼做呢？」凱特問。

約翰大伯回眸一笑，露出一口破牙，打著方向盤說：「還不知道哪！」

凱特是位狂熱的環保主義與教育工作人員，她曾看過約翰大伯所拍攝的每一部紀錄片。當初約翰走過來，用他每部影片的開場白介紹自己：「你好，我是JV……」凱特受寵若驚，覺得自己好像也在紀錄片中。雖然凱特一開始對自己深陷瓦提家族有點意外，但由於事情本身投其所好，因此她很快就進入狀況：「噢，好吧，邊走邊看，這就是今天的計劃。」她對我們說。儘管如此，有時她還是不敢相信這個家庭的瘋狂行徑。雖然她一直都很喜歡約翰大伯，也和他相處融洽，可是她還是會說：「所有東西都用膠帶黏在一起！你那個大伯，是個瘋子！」

我們從阿魯夏前往恩戈羅恩戈羅火山口。我恍然大悟父母為什麼不願我們錯過這番景象。湖岸邊的火烏，像是雞尾酒杯緣的彩色裝飾。恩戈羅恩戈羅的種種美景，分布在往上攀升的火山口邊緣，隨著海拔高度不同，從翠綠草原一路直上雲霄，步入迷霧叢林，這是上帝揮灑的彩色盤。火山口下，我們走過大片黃花田野，往下直入「人類的搖籃」奧杜威峽谷（Olduvai Gorge）。原始人類在此盤旋，他們的足跡出現在早已凝固的泥土中，留下化石痕跡，使李奇家族（Leakey）得以發現人類演化的歷史。

和我們一起跋涉的馬賽人，沒有攜帶任何行李。他們的身材高大直挺，身披傳統紅色梳卡布，脖上掛著串珠和流蘇項鍊，看來像是沒有穿上裝甲的古羅馬軍團。馬賽人是終極游牧民族，用不可思議的魔法養活自己。他們知道哪一棵樹的樹枝能被嚼成纖維狀的牙刷，所以根本不需要帶盥洗用具。不過，固然沒有行李的累贅，他們卻隨身攜帶沉重的傳統武器，從開山長刀到專門對付獅子的狩獵長矛。「有一天，我們將會離開馬賽土地，進入瓦庫里（Wakuria）。」摩西說。

瓦庫里人是馬賽人的死敵。多年來部落互相攻擊，互奪牲畜，特別是在皓月當空的夜晚，因為月光有助撤退。不過最近瓦庫里人拋棄了傳統武器，開始攜帶俄製的卡氏衝鋒槍，所以我們也全副武裝。我們驅車離開馬賽進入瓦庫里領土時，一向無憂無慮、談笑風生的馬賽朋友整天都全身緊繃，神情冷酷，沉默得像石頭一樣。

「如果我們看到瓦庫里人，會發生什麼事？」我問摩西。

或許是想加強效果，他從方向盤後，斜著眼看我：「血！」

掃興的是，瓦庫里人從未出現。

路虎駕駛座內悶熱難耐。所有人的衣服都有汗水蒸發的斑斑痕跡。灰塵從窗外飛入，灑在凱特臉上，汗水交織，她看起來像個波利尼西亞人。牛羚一連好幾個小時跑過我們身邊，布藍溫早已厭倦一直盯著窗外景象，她正在聽第一代的隨身聽，大小像台家庭式收音機，還在看書，邊看邊跟著瑪麗亞凱莉的歌聲唱歌。

凱特酷愛攝影，我們稱她為「教頭」，這時正隨著車子上下跳躍，大拍照片，按快門的速度和我眼睛的視覺影像，幾乎毫無差別。「我照到一些驚人的鏡頭。」她誇耀著：「我從來沒有見過這麼多頭草食動物！說真的，牛羚看起來不那麼聰明。當然也不像斑馬一樣漂亮。你知道斑馬身上為什麼會有條紋嗎？因為逃命的時候可以騙過掠食者，牠們分不清斑馬的頭尾。這就是為什麼用dazzle來形容一群斑馬。還有，整個草原這麼肥沃，要感謝數千年前厚厚的火山灰層。」凱特把握教育我們的機會，可是聽起來比較像是野外遊覽的老掉牙。

一群蒼蠅鑽進路虎，驅使一位充滿愛心的家庭成員，一巴掌打過來。

啪！

「這是幹嘛？」我吼道，瞪著布藍溫。

「有隻採採蠅在你身上，還是就讓牠停在那裡？」她吼回來。

採採蠅以傳播昏睡症聞名，但真正讓我害怕的是咬過後的疼痛。我不喜歡被咬也不喜歡被打，所以我穿過閘口爬到車頂，這是約翰大伯為了方便野外觀賞動物割出來的。

車頂的好處，是採採蠅會被風吹散，沒有機會在皮膚上咬出磨人的痛苦。我還可以把雙腳吊在行李架上，頭和身體突然往下擺平在擋風玻璃上，像迎面撲來的大蟲，害得摩西差點心臟病發。

這個位置讓我感覺像是站在一艘船的前首，馳騁在牛羚氾濫的河流中。這些長鬚、牛身，黑如煤炭的牛羚，圍在路虎四周奔跑，像群組織緊密的飛鳥，混亂有序，發出「咕，咕，咕」特有的鳴聲，強勁有力，不絕於耳。奔跑在車身四周的牛羚，有的非常靠近，在牠們逃開前，好像一伸手就能夠摸到牠們。這群動物除了牛羚外還有斑馬，身上的黑白線條，閃爍在一片塵霧之間。大地是一面浩瀚的大鼓，迴響著六百萬隻獸蹄的節奏。盤旋在牛羚上空，是成群的蒼蠅，而在腳下，則是成群的糞金龜，忙著在這群動物消化青草後排出的球狀糞便上產卵。大遷徙中蘊含死亡與新生，循環不斷。這種生態系統，絕非初期肉眼可見。生命延續死亡，死亡延續生命。我閉上雙唇，也能感受非洲細沙在我齒間美妙地清脆作響。

那天，在一片交織著牛羚、草原、陽光，和無盡天空的浪潮之間，我感覺自己與上帝這套看似混亂，實則完美的自然交響樂章充分融合。草原配合乾季與雨季的交替循環，維護自身生機，促成遷徙行為，而我得以與這些古老動物一起踏上這段旅程。雨水所到之處，綠意盎然，牛羚緊隨其後。身處在這套複雜、難以體會的大自然系統中，我感覺謙卑，也備受啟發。在大遷徙中，既能感受自身軀體的渺小，又能體會造物主的大愛貫穿其中，無窮無盡。爸媽是對的：這正是我需要的教育。

我花了十天的時間在車頂上，隨波逐流，也隨流逐波。觀看約翰大伯停在叢林內拍攝，總是非常奇妙。來自BBC、探索頻道、國家地理雜誌和其他網絡的攝影師們，為了尋找牛羚渡河的最佳攝影地點，互相奮戰，都希望能夠捕捉到數千隻牛羚投身鱷魚水域的最好鏡頭，可是約翰大伯的身影卻不在其中。在馬賽友人的建議下，他在距離行動發生地不到一公里處守著，睡在破舊的叢林帽下。果然，到了最後一刻，一隻牛羚離群奔跑，跑到靠近約翰大伯棲息的地方，一躍入河，緊接著上萬隻牛蹄，像大雪崩塌般，紛紛躍入跟進。

「哥兒，千萬不要墨守成規，」他對我說：「按照當地知識而且跟他們建立關係，你就會拍到最好的鏡頭。」他剛拍到當天最精采的動作片段，一臉得意的招牌吸血鬼笑容。第一頭牛羚跳下去後，成千上萬頭牛羚也隨之投身水中，從頭到尾全身擺動，努力與水流作戰。鱷魚從岸邊滑入水中捕獵，牠們巨顎大張，直撲牛羚，強而有力的尾巴不斷來回擺動，掀起白色泡沫，沸騰水面，將牛羚拖入水底。牛羚驚嚇的尖叫聲還在空中徘徊，身軀卻慢慢從視線中消失。而那些奮勇游到對岸的牛羚，氣喘吁吁，卻發現獅子正守在一旁。坐在這裡這麼多小時後，這幕沙戮戰場，依然令人驚心動魄。

花了幾個星期穿越草原後，我們終於抵達肯亞與坦尚尼亞的邊界警哨。這不是正式的邊界崗哨，但是只要價錢合適，也可以當成正式邊哨。約翰大伯下車談判，我也離開灰塵僕僕的路虎，晃到這棟建築邊的一間小店。

這家店鋪東西少到簡直就不是一間店，一個只能看，什麼都買不到的地方。櫃檯後的馬賽女人在傳統梳卡布外穿著一件褪色的polo衫，頸上掛著馬賽珠飾，臉上還戴了一幅西式太陽眼鏡。貨架上幾乎沒有貨品，她也毫不在乎，和許多非洲店家一樣，非常悠閒。在熱氣逼人的天候下，舉止緩慢。這裡的老闆一天之內，恐怕看不到兩、三位客人上門，所以當客人出現時，她的反應像是受到騷擾，而非生意上門。雖然她看來完全不在狀況內，也毫不在意，但是她可握有生殺大權，因為這是數十公里內唯一的一間店。

斜眼山羊與癩皮毛雞，踉踉蹌蹌地圍在她身邊，是我所見過的最奇怪的一群家畜。可是令人訝異的是，在這堆破爛中居然發現了我要的寶貝。就在店鋪後方，灰塵覆蓋、高達屋頂的成排木箱中，一箱箱可口可樂矗立在那裡，正宗非洲的殖民主宰。

「我可以買瓶可樂嗎？」我問店主。

「瓶子。」她喃喃自語，對我伸出手來。

我很困惑，該是我要伸出手拿東西吧！還是這間店是開在一個平行宇宙內，所有這裡發生的事，必須顛倒而行呢？

「是的，一瓶就好。」我試著說，不理會她伸出的手。

「不是，你必須先給我一個空瓶，然後我再給你一個滿的。」她解釋說。

「但是我要怎麼得到一個空瓶？」我問。

「你要先買一個新的，」她說。「不是很簡單嗎？」

「我就是想要這樣呀！」我反駁道。「所以，我可以買嗎？」

「不行，如果你沒有一個空瓶，就不行。」

「如果我買一個，在這裡喝可以嗎？」

可以看出，她的腦袋從沒想過這點。

「好吧。」她停了好長一段時間後說，但從我的手指繞上瓶子的那一刻起，她就用狐疑的眼光看著我。可樂溫熱，糖味厚重。她繼續監督我的每一口，彷彿我隨時都會帶著她寶貴的瓶子逃走。

這就是非洲：怪到骨子裡，也怪得令人上癮。發生過的事，等你離開後，都成為你最想念的事。

到了這時候，約翰大伯已經用他的方式哄過邊防警察，這是另外一個有意思的例子，「非法」在非洲是件可以商量的事！最後，我們終於抵達幾百公里外的營區，和馬賽人住在一起。

約翰大伯和一群住在馬喇的馬賽人，幾年之間成為非常親密的朋友。他和這群牧民一起獵殺水牛與獅子，並且在他們遭受獅子攻擊後，開車送他們去醫院。他們允許他在馬賽馬喇國家公園保育地邊緣的馬喇河上，架設帳棚營地。他還買了一群健壯的恩古尼奶牛，與馬賽人共同養育。

約翰大伯決定要拍一部紀錄片叫做《兄弟情誼》，這部紀錄片將會拍攝他和馬賽人居住在一起的生活，馬賽人的家園稱為「曼雅塔」（manyattas），這是一塊擠滿牛糞、圍籬、泥土，和人尿的居住場所。這部影片也將展現這個非洲傳統部落的最後光芒。馬賽人過去的生活方式，一直與大草原和動物相輔相成，現在則慢慢改變。肯亞政府正試圖說服馬賽人種植小麥，有些馬賽部落領袖也鼓吹改種，因為這類食糧的市場很好，金錢已經進入他們的生活，而種麥是最直接的賺錢方式。布藍溫、凱特和我被指派進入逐漸消失的「曼雅塔」生活，成為約翰大伯拍攝紀錄片的最佳幫手。

馬賽人的臉孔銳利得像頭老鷹，經常會嚇壞外人。但是儘管外貌凶猛，他們其實和大多數的部落族人一樣非常溫柔，注重家庭生活。馬賽人穿越廣闊的大草原不是用走的，像是用滑行的。

馬賽人熱衷於兩件事，依照順序是：乳牛與小孩。對一個人致上最高的敬意就是獻上牛血和牛奶。將一頭牛從牛群中拉出來按倒，在牠發聲怒吼向其他牛隻示警時，一位馬賽戰士熟練地將箭射入牠的脖子。一股紅唇般的鮮血噴到空中，立刻用葫蘆接住。牛隻很快停止出血，奔回牛群。這時再將牛奶倒入葫蘆，汁液頓時成為帶有黏性的紅色美麗液體，他們帶著可愛的笑容，將這份大禮獻給你，你要像作秀一樣，慎重地接受這份榮譽喝下去，再將葫蘆高舉空中，咂嘴說道：「嗯，好喝，非常榮幸！」這些話，同時盡量忍耐，別把你的脾臟也給吐了出來。

布藍溫，凱特和我，花了六個星期，住在馬喇河畔一塊林蔭營地。營地內有食堂、剪接棚與水桶淋浴等設施。凱特早就認清在肯亞教導植物品種沒有任何意義，所以她傳授我們一切有關這塊土地，馬賽民族文化與歷史等等她所學過的知識。最重要的是，她站在一旁，從旁鼓勵布藍溫和我融入部落的日常作息中。

於是我的日子通常是和男人們躺在樹下，偶爾起身練習擲矛。到了正午時分，酷陽當頭，寂靜慢慢籠罩整座營地，營造出南非著名作家勞倫斯凡德普斯特（Laurens van der Post）所謂「非洲的真正魔幻時刻」。上至山丘，傳來牛鈴清脆的聲響，下至河邊，傳來大象噴灑的水聲。馬賽人則在樹下，用猩紅色的布條裹住頭部，在高草中熟睡，等待熱氣散去。我對這些戰士有種英雄式的崇拜。

他們有長矛、有刀、有棍，哪個男孩不會被他們吸引？我唯一一次聽過馬賽人害怕的時候，是約翰大伯帶他們到海邊，而波浪試圖「偷走他們的鞋子」。我和他們並排而睡，希望夢境能與他們相融，在那塊夢土上，我，也是位戰士。

但在另一方面，我們不拍片時，布藍溫卻不得不從河裡打水，用頭頂柴火，清洗奶牛乳房，協助擠奶。每晚回到營地，她看起來就像整天都在做苦工一樣，而我卻依然精神抖擻，練習用棍棒與戈迪拉戰鬥，他是位塊頭高大的凶悍馬賽人，安全警衛之首。

「嘿，布藍溫，今天好棒！我練習射擊弓箭！」我對她說。

她站起身，一陣風似地走開：「去洗奶牛的乳房，你這個白痴！」

由於凱特是位教師，所以不必負責打水這種苦差事。非洲許多地方都視教育為神奇而備受歡迎的工作。但是處在馬賽族人中間，凱特必須小心翼翼。因為作為一個女人，她的地位很低，但作為一位老師，她的地位卻很高，許多人認為她是萬事通，她經常必須答覆營區人員提出的各種問題，從數學到文化，應有盡有。更令她吃驚的是，各項疑難雜症也上門找她。總有人被打、被刺、被敲或被射。她儘可能處理這些危機。但是有一次，一位馬賽人前來求診，肺部被馬賽棍刺穿，血泡從他的嘴角流出：「對不起，這個超出我的能耐。」她對他說並緊急將他送進醫院。其實我認為馬賽人有的時候只是假裝受傷，想要一窺我們藏量豐富的急救設備。有位馬賽人對手鏡極為好奇，將它轉來轉去，無法轉移視線。

有人邀請我參加一項儀式，將一塊發燙的火塊從火中取出，放在身體上任何部位，讓它繼續燒灼，忍耐疼痛。所有的年輕男子經由這項儀式證明自己的神勇，是個真正的男子漢。幸運的是，由於我以前經歷過這種陣仗，還有傷痕可以證明，得以逃過這場考驗。話說回來，其實我的神勇是在寄宿學校，我的火塊只是一個打火機火苗，而且當時又在宿舍內喝下一個傢伙提供的大量伏特加酒。好在無論隸屬任何文化，年輕男孩都喜歡玩這種「看誰被害得最慘」的遊戲。部落中年輕的「莫拉尼戰士」，可以看出我曾經歷這種考驗，而且對於用火塊形成的笑臉傷疤，印象深刻，所以他們讓我坐看遊戲，並未參與。

馬賽人允許約翰大伯捕捉日常生活中的各式鏡頭，村中發生的所有大小事務，幾乎都可以納入鏡頭拍攝。但有時一些難得的危險鏡頭，他卻需要重建現場，重新拍攝。這種狀況多半是約翰大伯親眼目睹卻未能及時拍攝，舉例來說，他是少數能夠和馬賽人一起追捕獅子的外人之一。一頭獅子襲擊馬賽人的牛隻，大部分的獅子都已學會避免這項愚蠢的舉動，於是這場突發事件引發馬賽人下令大舉進攻。馬賽人用長矛和棍棒追獵獅子，經過一番長途追蹤，惡戰隨之爆發，近距離相搏時，獅子躍出叢林重傷獵人。

約翰大伯親眼目睹整個過程，看見這件事深刻反映出部落的價值觀，於是決定重建現場，完整地重現所有的動作與緊張的過程。他對戈迪拉與另一位年輕的馬賽戰士拉費瑞斯，快速地發出一連串指令。

「好吧，戈迪拉，跑進叢林把拉費瑞斯拉出來。其餘的人，假裝是在刺獅子。」約翰大伯以導演的口吻，明確清楚地發出指令。馬賽人站在四周，單腿直立，靠著長矛，聆聽翻譯。不過他們顯然很困惑，為什麼要假裝追捕一頭想像中的獅子？

「好，開始！」約翰大伯大叫。

戈迪拉走進叢林，平靜地將拉費瑞斯拉出來，其他族人站在旁邊觀看，更加迷惑。

「不，不！你要像把他從獅子的下巴中拉出來一樣！我會跟緊，增加效果……」約翰大伯喊道：「你們其他人要一起大叫，好像對獅子大叫一樣。」他轉身對我說。「哥兒，錄下聲音。活力！大家要有活力，再來一次。開始！」

然而，活力還是扁得像煎餅一樣，馬賽人沒有表演的概念，也不知道為什麼要漫無目的走來走去，用長矛作出刺殺的動作。

「不，媽的，要像這樣拉！」約翰大叫，快速地將拉費瑞斯拉出叢林，那個可憐人則用馬賽語大聲抱怨。

「拉他！拉他！哥兒，錄聲音！錄聲音！」然後約翰大伯扔下一臉驚慌的拉費瑞斯，高聲推擠身旁的戰士道：「進去！進去！」

戰士不喜歡被人推，想用棍子打約翰大伯。約翰大伯的拳擊經驗老道，一邊推擠退出，一邊大叫「耶穌基督」，我一度擔心會被迫用麥克風幫他抵擋。這時戈迪拉拔刀捍衛大伯，一時之間，大家都用馬賽話互相叫喊，就在這個時刻，約翰大伯轉身說：「繼續錄音，哥兒！」

現在馬賽人彼此怒目相向。約翰大伯拿起他的相機揮舞，好像拿起一把偉大的武器，捕捉每一個鏡頭，甚至連這些男人互相對打、對刺都不放過。

「布藍，番茄醬！番茄醬！」他對布藍溫大喊，好讓她將亨氏番茄醬潑向他們，增加血腥效果。

正當我們快成為大規模屠殺的受害者時，約翰大叫道：「停！」放下手中的攝影機，漫步到戰場中間，開始和每個人握手：「告訴他們，他們都太棒了！」他對翻譯喊道。戰事立刻終止，爆出一連串笑聲。

一頭非常著名的花豹叫做「半尾」，在馬喇地區被偷獵者射傷，一位馬賽戰士衝進營區通知約翰大伯這個消息。大伯是位堅定的反盜獵十字軍，決定重塑整個關鍵時刻。翻譯教導馬賽戰士正確該說的英語單字，他要用一連串的「是」或「不是」來回答問題，以便拍攝下一個場景。下個場景中「半尾」將會被麻醉槍射中，以挽救牠的性命（半尾後來繼續活了許多年，不過約翰大伯聽說最終牠還是被另一名偷獵者殺害）。馬賽人整個下午都在練習自己的英語台詞，但是到了關鍵時刻，卻還是牛頭不對馬嘴。

「半尾被盜獵人射中！」戰士氣喘吁吁地跑到約翰大伯身邊。

「牠死了嗎？」約翰大伯照著劇本說話。

「是！」戰士回答。

「停！」約翰大伯喊道：「你應該說『不是』，否則用麻醉槍射他，然後去除箭頭的下個場景就沒了。好吧，我們再來一次。」

馬賽戰士盡責地跑回原位，然後重新進入鏡頭。「半尾被盜獵人射中！」

「我們能救牠嗎？」約翰大伯問，完全無法照著劇本說話。

「不是。」

「停！」大伯約翰尖叫，而布藍溫，凱特和我，早已歇斯底里地笑倒在麥克風後。

約翰大伯還希望能夠拍攝一個由來已久的馬賽儀式：馬賽男孩的青春期割禮過程。過程中小男孩通常不用麻醉，他如果表露出疼痛的感覺，會被認為是種恥辱。隨後幾個月，他都會身綁黑布，等待傷口癒合。馬賽人不願讓約翰大伯拍攝實際的過程，但是同意重塑實景。可憐的他們不知道約翰大伯的嚴格標準，不知道答應的後果。拍攝進入第四天，一位年輕的馬賽男孩葛如姆，在模擬現場割禮時，歷經十次將水澆在他身上後，拒絕繼續拍攝，情勢緊繃。

「哥兒，爬到屋頂上。」約翰大伯下令，指著附近用牛糞蓋的「曼雅塔」屋頂。「我們需要從高處拍攝村內。」

「約翰大伯，屋頂看起來很不牢靠！」我說。約翰大伯看了我一眼，像是獅子在看一頭惱人的鬣狗。不用說，我的肩上扛著那台沉重的阿萊攝影機，搏命爬到屋頂上，小心翼翼地擺好我的腳，再開始擺定三腳架，腳下只有近六公分厚的牛糞，別無他物。於是無法避免的事發生了：腳下的屋頂開始坍塌。我從房頂墜落，縮成一團落在小山羊睡覺的地方。我的腦筋才剛回神，一位看起來大約三百歲的女人，憤怒地出現在我眼前，對屋頂的狀態非常不滿意，手拿一把乾燥的牛羚尾巴，一邊打我，一邊用馬賽話尖叫。有趣的是，無論哪種語言，罵人的話都很容易了解。

多數的馬賽人都不介意被拍，並且相當自豪地展示他們的傳統。不過如果約翰大伯多年來沒有與他們建立起一份良好交情的話，我不認為他們會如此友善。約翰大伯儘管瘋狂，還是一位了不起的老師。他教我製作電影，如何利用影像思考，或許最重要的是，啟發了我說故事的熱情。使我意識到，如果你真想成為一位環保人士，想要發揮影響力，光做事是不夠的，你必須要能將你的信念傳達出去。

馬喇區正在改變。傳統的猩紅梳卡服，埋沒在西方的二手服中，穿著這些服裝，前所未有地讓馬賽人看起來很貧窮。小麥方案與金錢價值，破壞了馬賽家園在這片偉大平原上存在已久的平衡與和諧。布藍溫、凱特和我觀察到的，可能是這個與大地親密共存的戰士部落，最後的身影。

第十二章

花豹的「仁德樂志」

花豹是神祕的動物。曼妙的身影，承載的不只是筋肉與器官而已，更是我們自身與各種野性幻想間的模糊界線。如果你有幸曾與花豹為伴，你就會發現這種神祕特性，將逐漸滲透到你的心靈中，使你成為一位不但喜愛未知，而且會與這種神祕天性相處自在的人。所以我毫不意外，自己會和約翰大伯一樣，一生為花豹癡迷。

這種神祕孤獨的特性，使得花豹在許多古老文化中，成為薩滿巫師的圖騰。約翰大伯宣稱自己是第一位代表人類的使者，不但想要捕捉花豹鏡頭，同時希望能與這些四條腿的聖物作伴。或許我的大伯具有薩滿巫師的活力，或者只是一個巧合，但是對方使者真的出現了，化身為小型豹女，外加一顆爛犬牙。

約翰大伯和艾爾蒙隆格走在一處濃密的樹叢中，突然間，一頭雌豹出現。然而十五年前，當約翰大伯還是獵人的時候，曾在相同的地方射中過一頭雄豹。牠和其他豹子不一樣，沒有立刻逃跑，反而站在那裡，讓兩個人從遠處看牠長達五、六分鐘之久。依照「仁德樂志」今日的標準來說，這種經驗並不少見，但是在當時，野生花豹會這樣，卻是極不尋常。約翰大伯寫下這個難得的第一次接觸：「我呆住了，牠的美貌，牠的優雅，牠柔韌的軀體，還有那雙攝人的眼睛。對我來說，這是決定性的一刻，改變生命的一件事。」

從此以後，這頭花豹的身影開始不定期地出現在約翰大伯與艾爾蒙眼前，遠遠地一閃而過。有時他們會好多天看不見牠，然而就在他們憂心忡忡之際，牠會再次出現，像位偉大的魔術師一樣，還會再度消失，不但為他們帶來希望，他們終將與牠為伍，也考驗他們，看看是否值得信賴。

隨著時間的進展，這種關係愈來愈深，花豹現身的次數愈來愈規律。尚迦納人稱牠為「瑪娜娜」，即「母親」之意，約翰大伯稱牠為「花豹媽媽」。花豹媽媽是「仁德樂志」不斷變化的指標，動物開始回應土地保育的工作，開始更有信賴感，同時也改變了守護牠們的人。約翰大伯在花豹媽媽身上，透過觀察、記錄和保育，奉獻了自己的一生。

大伯花了好幾百個小時觀察花豹媽媽交配、生產，並在牠不耐地搖頭擺尾，張嘴咆哮，情緒不佳之際，給牠足夠的喘息空間。她生育九胎，一共生下十九隻幼豹，所有的幼豹都和牠們的母親一樣，帶著對人類的信任成長。

記憶中，和大伯一起在叢林時，多半都花在跟蹤或觀察花豹媽媽。隨著牠的年歲漸長，這些年來捕獵、養育，甚至單是維生的辛勞，對牠瘦小的身型，都造成不小的影響。她開始仰仗獵人的狡黠捕獵技術，而非單靠速度，以往結實的身軀，皮毛開始鬆動變軟。

牠遭受群獅圍攻的那天晚上，我們守在一旁。獅群圍著牠，從不同的角度惡狠狠地往前撲擊，牠在牠們中間，像是一團憤怒的毛球。其中一頭獅子咬住牠的後腿，另一頭從牠的前方攻擊。牠那開膛破肚的哀嚎聲傳遍荒野。不過儘管牠身受重傷，牠仍然設法脫身，拖著傷腿越過叢林狂奔。我們開著路虎追趕，希望牠能爬到樹上躲避。花豹體積要比獅子輕巧，可以輕易爬上樹幹，獅子就很難上去。一旦上樹，花豹也較靈活，能在樹幹間跳躍，獅子的重量無法上樹追隨。獅子野蠻的咆哮聲從前方傳來，準備合力將牠撕成片片。約翰大伯雖然堅持只做一位公正的觀察者，到了這個時候也按耐不住，將路虎停在崎嶇的平台與小樹間，對著獅群大聲謾罵，花豹媽媽最後終於上樹躲過一劫。整個過程雖然只有幾分鐘，卻是非常殘酷的幾分鐘。

獅子的攻擊是「瑪娜娜」終結命運的開端。隨後數週，牠體力減弱至無法打獵。於是約翰大伯到叢林去，帶了一張床墊放在路虎引擎蓋上，睡在上面日夜陪牠，更為牠帶來一頭黑斑羚羊。這些寂寞的日子裡，當荒野只有他倆時，有一天他把一碗水放在牠的附近，而牠也從碗中喝水，對一頭野豹來說，這種認同絕非小可。三個月中，約翰大伯盡可能的花時間照顧牠，隨著牠在叢林間走動。

花豹媽媽足足活了十四年，對野生豹來說十分少見。牠死時約翰大伯非常難過。他們的關係持續了十多年，因此他將孫女命名為「瑪娜娜」以紀念牠。

花豹媽媽的逝世標誌著一個時代的結束，也促成一項傳奇：「仁德樂志」的成功多半要歸功於可以看到花豹。事實上，我們認為這個地方最合適的名稱應該叫做：「花豹的仁德樂志」。

約翰大伯邀請我和布藍溫擔任他的助手。他希望我們花幾個月的時間，幫他在尚比亞的盧安瓜山谷深處，養育一頭年輕的雌豹。野外偵查人員發現這頭幼豹的母親被偷獵者的陷阱所害，所以他順理成章地當起這位花豹小姐的監護人。在看過花豹媽媽養育幾窩幼豹後，他覺得自己也能勝任這項工作。這頭野豹還小，只有幾星期大，約翰大伯認定牠會是拍攝新紀錄片的最好對象，同時相信呵護幼豹成長，對我與布藍溫也有幫助。

凱特也同意。和我們一起經歷過大遷徙之旅後，她了解校外的生活體驗，是我與布藍溫在校內課堂上永遠學不到的，扶養幼豹似乎也是個拓展視野的好機會。她會以導師身分隨行。當年我十四歲，想到要生活在這麼偏遠的非洲地區，就很興奮，也有點害怕。因為過去與約翰大伯在一起的經驗告訴我，這趟旅程將會充滿驚險。

可是我不知道的是，在偏遠非洲過日子，約翰大伯會將他的「非洲模式」全盤搬出。非洲模式是「約翰與藍波」的奇特組合：頑固、蠻橫、偶爾還要使出外交手腕欺騙對方。約翰大伯的脾氣變幻莫測，惡名昭彰，前一分鐘突然一拳過去，下一分鐘卻變成一位偉大的哲學家，既可怕又魯莽。有時「非洲模式」甚至就是吹牛到底，就像約翰大伯成功協商換來一些三個月之久的乾魚，他的原因是：「支持本地經濟。」也就是說，如果你相信以物易物，換出去的一對吊帶，真的可以支持本地經濟的話。約翰大伯還邀請艾爾蒙隆格同行，但艾爾蒙不去：「我永遠不會回到尚比亞。」他對約翰大伯說：「因為可樂是熱的，而且一包薯片裡面只有五到六片。」這是典型尚迦納式的婉拒，繞圈子表達自己的意思，更直接的說法可能是：「上次我們去尚比亞的時候，差點死於直升機失事！」

於是，爸媽用汽艇將我、布藍溫和凱特送到拉塞利亞機場，這是位於約翰尼斯堡郊外的一個小型機場，一架單引擎的塞斯納飛機已滿載貨物等我們。瓦提家族中的任何一個人，對一輛汽車或一架飛機到底能裝多少東西，都很不切實際。這項傳統可以追溯到古早以前祖父出發狩獵，在那台普利茅斯車中裝入的彈藥，要比盟軍登陸諾曼地還多，家人只能擠在車廂四周。祖母還要再放幾罐裝滿食物的糕餅罐，因此隨之而來的會是一場孰重孰輕的爭辯，破曉前出發之際，一個糕餅罐通常會被甩出窗外。

約翰大伯完全支持「多就是好」的貨運之道。多虧了他，我們現在知道小飛機的機翼上不能綁冰箱。

停機坪上，最新的貨運大戰正在進行，機師驚愕萬分。這架飛機已經呈現一個怪異的角度，鼓得像隻懷孕的孔雀魚，大伯正企圖將一座看似柴油發電機，亦或是路虎變速箱的機械設備放在走道上，然後在肩膀上扛著幾箱木瓜走出去，吉蓮在後面抗議大叫，她深信新鮮農產品有益身心。此外，一條長達六英尺，赤身露體的玻璃纖維鱷魚，正等在停機坪上，有待登機，也令我感到萬分不安。為了近距離拍攝野生動物，約翰大伯總是喜歡用逼真的道具，他會花上幾百、甚至上千個小時，像香腸似的擠在玻璃纖維鱷魚內，置身大群牛羚與斑馬中，或是罩上鴕鳥軀體模型，只剩雙腿露在外面，攝影機呼嚕嚕地轉。

最後我終於擠進飛機內部，只要頭部保持三十度傾斜，就能夾在鱷魚和一箱「安素」營養奶昔之間。當布藍溫、凱特、約翰大伯、吉蓮，和當時四、五歲的薩凡納都擠進來後，媽媽開始反對，認為我們無法安全升空。父親的回答是讓母親加速衰老的典型原因：「還很好，應該飛得動。」凱特的眼睛立刻睜大：「對不起，你剛說什麼？」爸爸意識到凱特不是平靜的飛行乘客，假裝沒聽見。於是飛機在跑道上起伏滑行，爸媽在終端草坪上向我們揮別。機師將機頭升起，飛機搖搖擺擺地的離地，我這才意識到我們與約翰大伯的尚比亞遠征之旅才剛開始……起飛。

我們從約堡飛到「仁德樂志」，加裝八人帳棚，然後飛三百二十多公里到波羅克瓦尼辦理南非通關手續，然後再飛八百公里，到辛巴威首都哈拉雷添加燃料，再飛七百四十多公里到馬拉威的首都里朗威添加更多燃料，最後飛二百四十多公里到尚比亞的心臟地帶，姆富維。我們抵達的時候已經是晚上，邊防官員早就喝了幾杯當地釀造的熱酒，眼見一架大鳥降落，運送的物資要比吉普賽人的馬車隊還多，一定覺得是聖誕節提早降臨。我可以從他閃爍的眼神中看到：這是一塊肥肉。賄賂在非洲，是一項歷史悠久的藝術行為與浴血抗爭。約翰大伯早就警告我們，落地後要聲稱所有東西都是「樣品」，並且宣揚我們這些電影製片人要製作紀錄片，將尚比亞拍成一個非常迷人的國家。

打從溝通一開始，我就知道這位邊境官員並不買帳。我們已經使出最普遍的伎倆，在護照內夾入一千五蘭特，看看是否可以逕行支付「當場罰款」，而非進口關稅。這毫不管用。於是到了釋放祕密招數的時候了，我拿出一瓶VSOP人頭馬白蘭地，官員的目光立刻鎖定，好像獅子的雙眼捕捉到離群的小牛羚一樣，突然間情勢大好，於是我說：「你說得對，我們應該坐在這裡，等你的上級來，然後我們再付進口關稅。」就在那一霎那間：攝影機具、玻纖鱷魚、所有東西，統統放行。

約翰大伯和我們在外頭會合，他從機場航站後面弄來一輛路虎，我不想說他是用偷的，只能說這輛路虎是用電線發動，而且引擎不能熄滅，以免無法重新啟動。他可能是在主人不知情的狀況下，和人家借來的。約翰大伯對大家喊：「快搬上車！」這架飛機已經被這些行李塞成像一頭垂死的鯨魚，現在所有的行李必須再次堆到路虎上。一位名叫班恩的尚比亞人加入我們，他的手上有條疤痕，一路劃到肩頭。他一邊裝貨，一邊在霹靂啪拉的上貨聲響中，描述一頭大象如何「迫害他」而且「占他便宜」。

我們抵達過夜小屋後，路虎停在停車場內，半夜我們必須輪流起床為它添加柴油，以免引擎冷卻。我們也見到了一直被放在小屋等待薩凡納的寵物：疣豬寶寶「黑拉」。牠是一頭粗壯多毛的野獸，小獠牙才剛從長鼻下長出來，牠的來源是個謎，頗合乎這番場景。

第二天我們早早醒來，開車進入公園心臟地帶。這趟旅程應該只有六個小時，但是尚比亞現在是雨季，道路看起來像是尼羅河水和猩猩鼻涕的結合。約翰大伯對這項挑戰興奮異常，手握方向盤來回轉動，雙肘揮舞，隨著換檔節奏，不斷用「他媽的」、「耶穌」、「血腥阿拉伯」和「狗屎」這些話，為他的引擎打氣。一路顛簸晃動，我們和行李一起東搖西晃，對著人造鱷魚的巨顎不斷呼氣，也促使薩凡納的疣豬喘息不止，開始用獠牙狂頂班恩。輪胎不斷打轉，一片泥團突然噴到布藍溫臉上，將她變成一個基庫尤（Kikuyu）戰士。凱特在一旁嚇得完全說不出話來。突然間路虎急停，停在水溝前無法動彈，我們被卡住了。

很長的一段時間，我們什麼都沒看到，更別說是一輛車了。我開始打算在雨中度過難以安眠的夜晚，準備捲曲在「黑拉」身旁，喝下摻雜著泥水的「安素」以吸收點養分。

但是我的大伯，頗為不滿車子被卡住，想要把握機會，在泥濘中大展身手，企圖一個人單槍匹馬地將卡車拉出來。他甚至一度滑入卡車底盤，還對我下令：「如果車子壓在我身上，把我捲入水中，哥兒，只要把塑膠管放到我嘴裡，像浮潛那樣就好。」我們在那裡大約三個小時，「黑拉」跑入叢林，薩凡納很苦惱。

一群漁民大隊，具備只有在非洲生長，才有的詭異力量，一起將路虎抬到比較乾燥的地方，終於解救了我們，於是我們再次上路，約翰大伯繼續大跳他的土耳其舞，而薩瓦納則為失踪的「黑拉」哭泣。

我們終於到達通往基地營區的轉接點，南盧安瓜國家公園的一塊地區，稱作斑馬平原。從這裡開始，我們只要再坐一條香蕉船渡河，然後帶著所有設備徒步大約三公里，就可以抵達營地。電動小船的尾端裝有一架引擎，馬力大約就和一般廚房攪拌器一樣，約翰大伯當然還是嚴重超載，只要輕輕一動，河水就會透過船沿流入，對了，還需要說河床旁大概有幾百條鱷魚嗎？船一駛過，大多數的鱷魚立刻滑入水中。偶爾我們會撞上沙洲，我就會被叫出來推船。我滿心不情願地爬出船去，大伯對我也不滿意，提醒我：「非洲不是膽小鬼來的。」有一次我爬出來，一腳踩在鯰魚頭上，以為踩到了鱷魚，嚇得發出一陣少女的尖叫，大伯臉上輕蔑的神情，讓我心頭掠過一陣寒意。

營區安排良好，三頂大帳棚搭在一株臘腸樹下（樹名來自於樹幹大小像是波隆納香腸），大樹枝葉密布，遮蔭良好，不過經常要冒著被一條假香腸撞成痴呆的危險。營區內還有一頂炊事棚，與一座廁坑。優雅的赤羚和斑馬群集在附近吃草，我們在河床上挖了一口井取水。我喜愛尚比亞的原因和大伯一樣，它偏遠的位置與艱難的環境，是當今世上少數僅存的真正野地。

我們通常會和當地的研究者一樣，以面部特徵為花豹命名，不過約翰大伯的幼豹是個例外，我們以土生土長的豹紋蘭花，將牠命名為「賈姆」(Jamu)。賈姆性情溫柔，天生愛玩，和多數花豹不同的是，牠似乎真的喜歡人類的陪伴。雖然同樣都是貓，但是個性不同。比方你家可能有隻貓只喜歡坐在你的腿上，而另一隻卻似乎總想逃走，以此類推，有些花豹要比其他花豹更外向。賈姆是位大眾情人。我們會和牠一起在盧安瓜野外，徒步走上好幾個小時，看牠透過爬樹、撲昆蟲、嗅蘑菇、了解自己身處的環境。

和花豹近距離生活的好處，是有機會觀察牠奇妙的本性：牠們靈巧的步履，追蹤獵物的巧妙計算，透過無數次失敗，所學到的撲殺時機。凡此種種，在路虎車上就算你貼得再近，也不會看得到。然而，生活得近，也有缺點。養一頭花豹，就像養一頭吃了三年馬匹類固醇的小貓一樣。一頭小貓可能只會劃傷沙發一角，而一頭花豹則會吃掉沙發的一半，留下一團混亂蓬鬆的軟墊給你。一頭小貓可能會在你身上抓出一些傷痕，一頭花豹則會讓你看來像是擊劍決鬥失敗，遍體鱗傷。和一頭幼豹玩耍打架，才能夠感受到牠的原始力量。每當賈姆好玩地踢我，我總是毫無招架之力，逐漸了解人類的體能，實在不適合荒野的非洲生活。布藍溫與我還必須看顧蹣跚學步的薩凡那，以防賈姆天生的好奇心，一個頑皮突襲，她可能就此擺平。

賈姆對廁所紙卷格外熱情。牠會把紙卷從廁所偷出去，並以花豹習慣的時尚，將它安放在臘腸樹的枝椏上。豹子經常會將捕獵到的動物拖到樹上，以防獅子和鬣狗偷取。賈姆抱著紙卷快樂地大咬大嚼，在樹幹間跳來跳去，於是幾小時過後，長長的白色碎條，與嚼成稀爛的紙軸掛在樹上，這番景觀，像是浩劫餘生後的兄弟會派對。賈姆還喜歡足球，不但追著球跑，還將它圈在大爪中間慢慢啃咬。賈姆白天關在營區，但到了晚上，我們把她放在一個相當大的籠子中間，用樹枝圍繞四周，這樣牠可以安然入睡。

凱特，布藍溫與我，同睡在營區一頂帳棚內。剛抵達時，凱特立刻對我們的新環境發出批評。

「這頂帳棚聞起來像有東西死在上面，我該訝異嗎？」她諷刺地說。

其實我睡的床墊原本是獅子辛加的，牠的確喜歡在上面享用牠的獵物。床墊內的大塊泡墊會被牠咬出來，所以我的手腳或手肘，經常會不小心插在這些洞口上。

凱特觀察混亂的帳棚四周，試圖盡其所能，建立次序，這是她的習慣。她從炊事棚內搬來一張桌子，擺在我們的帳棚前面，外加座椅，這裡瞬間變成一個可以俯瞰斑馬平原的課堂。她在每張吊床上掛蚊帳。將驅蚊圈放在角落。驅蚊圈盒上有個圖案：一隻蚊子被圈在紅圈中，一條斜線將牠斬斷。凱特將這個圖案剪下來，用膠帶黏在我們的帳棚外，對那些帶翅膀入侵的不速之客，鄭重警告。

一週週過去，屍體氣味經常成為話題。

「如果不是床墊，那麼就是該死的『如屍』了。」凱特抱怨道。「如屍」是一隻珍珠雞，這是約翰大伯為了教賈姆如何處理鳥屍，要我射殺的動物。不幸的是，當賈姆看到這頭死鳥時，完全不知道該怎麼辦，所以我們只好留下屍身，不時給牠看，希望牠能夠自然學會。由於這頭死鳥已成為固定卡司，凱特認為我們需要為牠命名。

「我們叫牠如屍。」她建議。

「如屍？為什麼叫如屍？」我問。

「很像僵屍！」她說。這頭鳥在過去幾天內，已經硬得像座雕像，一條腿伸成奇怪的角度，爪子縮緊。

「那個東西現在噁心死了。已經死了一個星期！」布藍溫說。

「牠沒死，只是在休息。」凱特說。

「是，牠只是在睡覺。」我插嘴道：凱特和我都是《蒙提派森飛行馬戲團》（*Monty Python*）節目的粉絲，也是加里拉森漫畫《遠親》（*The Far Side*）的愛好者。

「你看，牠剛動了！」凱特說，用棍子推推鳥的屍體。

「這一點都不好笑！」布藍溫生氣道。

「哦，我覺得牠的腳有點痛。」凱特刻意描繪，使我開懷大笑，事實上，如屍的一隻腳已經被賈姆咬掉了。

「是的，腳趾頭有點不舒服。」我說。

布藍溫翻了翻白眼投降。

小營帳內的工作人員，全是當地尚比亞人，都非常懷疑與花豹居住的智慧，但是布藍溫卻非常興奮。花豹當成寵物，柔順得令人難以相信，唯一會讓她稍稍不爽的事，就是牠不喜歡任何會限制自由的擁抱。

我們的淋浴設備，是將水桶底部戳上小孔，再用一條爛繩掛在樹上。繩子一拉，閥門一開，就會淋下微弱的水線。水桶擺動的景觀，對這頭年輕花豹來說，是充滿誘惑的新鮮事。賈姆會疾走上樹，從附近的樹幹跳到桶中，而當牠發現裡面充滿水時，驚慌之下，會咬斷繩索，於是腦震盪不說，一個水桶外加一頭花豹，會同時落在你的頭上。賈姆儘管很聰明，這件事還是經常發生。

約翰在叢林中的生活簡單規律。早上他會和賈姆一起散步，讓牠習慣荒野，中午休息，裹著一條褪色的橙色紗籠，躺在行軍床上寫紀錄片腳本。下午稍晚，天上雲層開始堆積，我們全都會和賈姆一起出去，踢足球給牠看，救出困在樹幹間的牠，大伯一直在旁拍攝影片，而吉蓮則在他身旁拍照。

「哥兒，四肢趴在地上，看看賈姆是不是會跟你。」約翰大伯下令。

「哥兒，幫我拿相機、電池、鏡頭、麥克風、步槍，和一條毯子，我的點四四手槍，還有，拿根香蕉給我。」

到了晚上，我們會在營火邊，或炊事帳內吃晚飯。每天晚上的程序都一樣，約翰大伯會裝模作樣，用大廚的姿勢掀開鍋蓋，啥有其事地說：「今晚的特餐是……玉米粥和乾魚。」其實，我們每天晚上吃的都一樣。

打從我們登上香蕉船渡河後，我就期望能在堅實的陸地上，享受一段悠揚快樂的時光，不必再登船。這個念頭真是大錯特錯，約翰大伯將這艘小舟當成探險船，每當我們不拍賈姆時，我們就拖著船，在河中尋找動物腐屍。大多數人看到屍體遺骸，都會逃得遠遠的，約翰大伯卻不如此，一具完好的腐屍，正是完美的鱷魚誘餌，能夠拍攝到完美的片段。

每當我們發現一頭河馬或鱷魚的殘骸後，我們就會將牠拖到河邊，用繩子把腐屍與樹根綁緊，我們則藏起來拍攝鱷魚殘食的鏡頭。這種影片拍起來很容易。把殘骸拖到河邊，才是最具挑戰性的部分。

那天我們發現一頭被淹死的小象屍體，非常興奮。「哥兒，牠就像是一個浮動氣球，鱷魚就在裡面！」約翰大伯欣喜若狂。我們花了大約一個小時趕走鱷魚，然後用繩子將腐肉綁在小舟旁。我們非常高興，開始發動引擎，但是我們錯估了幾件事。首先，我們愚蠢地認為那台電動牙刷大小般的中小型電動馬達，足以拉動一頭象駛往上游。其次，當我們催足馬力時，船速過快，幾乎翻船。「爬上去，穩住馬達！」大伯衝著我尖叫，緊張之下，大手忘記鬆開油門。引擎尖叫了一個小時，我們才走了約六十公尺，汽油就沒了。約翰大伯很不甘願地放棄殘骸。花了近三個小時，才走回營地。

蹣跚地回到營地後，我才意識到，不管約翰大伯帶我進行什麼意外冒險，我都已經發展出典型的非洲認命心態。和他一起出行，永遠神經緊張，我只能肯定一件事：就是我什麼事也不能肯定。於是我習慣將食物囤積在口袋裡，知道他說「只有幾步路」很可能就會延伸為全天跋涉。然而，不和他一起出門，永遠不會是我的選擇，因為要跟約翰大伯說我不想冒險，是我們兩個都難以接受的事。

到了凱特、布藍溫與我該回南非的時候，賈姆和約翰大伯留下，繼續他們在營前空地追蹤斑馬的日子。這是最後一次搭船，我非常高興。

賈姆隨著年紀增長，狩獵的地盤超越營區，時間也從一個下午延伸至一天，甚至幾天。這是年輕花豹逐漸脫離母豹的典型方式。最終牠將自我獨立。我們非常興奮賈姆將順利地重回荒野，完全野放。不過我們也知道她將步入危險期，因為牠即將成為一頭成年花豹，表示在牠的領土中，會對其他母豹造成威脅。

可悲的是不久後，一頭母豹幾度警告領土上的潛在對手，最後終於對賈姆發動致命攻擊。約翰大伯發現賈姆的無線電項圈已被嚼壞，我們認為賈姆就是被這樣一頭母豹殺害。接到這個消息時，布藍溫和我已經回到「仁德樂志」，雖然我們非常難過，但是我們了解，這是從事這項工作最大的挑戰。為野生動物工作，是一種情感使命，但它確實帶來某種哲學思考。你必須盡力做好，希望幸運隨之而來。幸運之神雖然沒有眷顧賈姆，不過我們很高興牠能在紀錄片中領銜主演，影響全世界許多人。我們感謝花豹給予我們的禮物，牠和牠的狂野本性，與我們同躺在伊甸園中，像獅子躺在羊群身旁一樣。

第十三章

與凱特走天涯

村民們毫無希望，一排排的侵略者蜂擁而至，將這些受害者緊密地圍成一圈，無情地封鎖各種逃脫途徑，發動攻擊。這些侵略者毫不費力地從高處攔截，那些無助的敵人頓時成為牠們的戰利品，實力卓越，令人不敢相信。我藏在暗處，帶著癡迷的心情，一小時又一小時地觀察牠們，無法判斷這些士兵，是高度紀律的羅馬士兵？還是漫無紀律的維京海盜？

「不要被咬，博弟，」凱特警告我：「牠們的下巴有力，你不可能把牠們拉掉。」她和我一樣，屁股朝天，眼睛和耳朵埋在土堆裡，觀看馬塔貝勒螞蟻（Matabele Ants）進攻白蟻巢穴，這種螞蟻又被稱為「軍團蟻」或「驅動蟻」。馬塔貝勒之名來自於一支非常強悍凶猛的部落，十九世紀初曾橫掃南非。我花了這輩子最有趣的五個半小時觀看那些螞蟻。進攻部隊完全瓦解白蟻大兵，白蟻像奴隸一樣被抬回蟻穴，真是不可思議。

雖然凱特啃書的本領上天下地，從無機化學、斐波那契序列、伯努利原理到卡爾薩根、太空，甚至電影《星際迷航》，無所不包。但是她對昆蟲特別著迷，特別是牠們的工作層級分明，適應環境的本領巧妙。她說「我愛昆蟲」的語氣，往往是大多數女人形容鞋子或是新款皮包的語氣：「博弟，想想如果這頭生物和你一樣大小，會是什麼情形？如果螳螂和羚羊一樣大，牠就會是個要命的掠食者。如果一隻螞蟻和我一樣大，牠就可以把這座房子扛在身上到處走。」

有一次，她堅持要我們開四小時的車，駛過崎嶇不平的山路，到一個可能會看見螢火蟲的地方，算是凱特「全球昆蟲計劃」的部分行動吧！「這是一種驚人的化學反應，兩種酶之間的反應，蟲螢光素和螢光素酶。」凱特熱情地解釋。我們終於抵達目的地，夜色漆黑，場地詭異，宛如謀殺場景。「我們到了！把燈光關掉，享受螢火蟲之光。」凱特說。

因此我們把燈光熄滅，徹底迎接黑暗：一隻螢火蟲都沒有。

我們在車內沉默了大約十秒，然後布藍溫打破沉默：「好一副美景！」我們集體大笑，樂不可支。

總而言之，這就是凱特的教學方式。我的好奇心受到她的鼓勵，她從來不會讓我離開螞蟻去做數學功課，她讓我追求我有興趣的東西，然後要我負責把其餘功課做完。

看到我們在凱特的教學方式下逐漸成長，爸媽說服她留下來繼續教導我們，這樣他們在非洲各地建立ＣＣ非洲營區時，我們可以繼續留在他們身邊。

凱特很快為我們的學習關係定下基調。她對我與布藍溫說：「我不會教你該怎麼做。我只是在這裡幫助你們，盡可能學習你想學的。」她對教育的態度，對我有決定性的影響。正規的學校教育，只要我們服從。我曾多次在棍子的伺候下被迫學習，規律的上下課制度侷限我的學習熱情，只會茫然地跟著學校的步調走。布藍溫與我了解要過學校制度以外的生活，就要自我約束，凱特也不斷挑戰我們自我學習的能力。

凱特的教學方式，除了重在親身體驗，像是我自老友傑里韓巴納學來的叢林知識外，還與傳統教學結構相結合，相輔相成。很多時候是根據我們身在何處，設計教學大綱。例如：如果高山引起我們的興趣，那麼在學習它們的形成理論之前，先去徒步登山。先感覺，後思考。等我們氣喘吁吁地爬上斜坡後，凱特會指出變化的輪廓：「看這裡，博弟，看看板塊如何被壓縮，然後造成山體上升。」等我們回到山下，她會攤開等高圖，我們就會了解，為什麼山體愈陡峭，同心圓線會愈緊密。她也教我們如何解讀河流生命：「你看現在是什麼階段？為什麼河流會形成曲處？為什麼會形成馬蹄型？」

凱特總是用這種方式教導我們。她雖然定下大綱，但是不會完全仰賴它。有次去坦尚尼亞旅行途中，我們的書包掉了，接下來三個星期，凱特只好另行設計課程。對她來說不是什麼大不了的事。一旦面對挑戰，這位小熊維尼的鐵桿粉絲，總是回以標準答案：「讓我想想」和「要想一下」。任何既定的課程，對她來說，都比不上教我們如何教自己更重要：「從生活中學習到的，要比從四面牆的課堂內學到的更多，」她對我說：「拿張文憑固然能讓每個人都開心，但是不要讓它成為目的……尋找你自己的目的。」

九〇年代中期，非洲大部分地區的生活依然十分艱苦，現在已經難以想像。莫三比克的內戰雖然結束，但是我們可以從人們的臉上看到戰事造成的影響，我們可以從他們的眼底讀出他們遭遇的苦難。那個時候並沒有許多南非人到非洲各地旅行，那些去尚比亞、莫三比克、安哥拉和納米比亞的南非人，只會造成那些國家更不安定，所以當凱特、布藍溫與我及父母一起旅行時，我們多半頗受歡迎。不過當時非洲經濟尚未起飛，生活依然落後，當爸媽想要在坦尚尼亞建立第一個度假木屋時，營區甚至找不到木頭樑柱、日用品，甚至食物。

然而在辛巴威和尚比亞這些地方，我們看到教育發揮了良好作用。這些國家的後殖民政府或許還沒有基礎設施，儘管民不聊生，但是人們多半受過教育能說英語。我們來到塞倫蓋提，睡在帳棚內，黎明醒來，發現牛羚在晨光中生下幼羚。我們在尚比西河岸邊紮營，在非洲各地交友，學習與各種人士生活和溝通。

布藍溫和我走出校園，跟隨凱特學習的頭一年，學習到的可能要比其他人一輩子學到的還多。我們不但學習知識，也學習精神。於是爸媽認為我們在非洲的歷練已經足夠，他們決定將僅有的積蓄花在我們的國際視野上。有的時候他們會陪在我們身旁，有的時候只有凱特和我們在一起。

許多人認為將兩位青少年交給一位二十四歲的少女管教，而且不定期地帶他們旅行世界，是件瘋狂的事。但是父母認為他們可以信任凱特，這與她的年齡無關。是什麼讓兩個十幾歲的男孩建立「仁德樂志」？父親如何能在十五歲的姍恩華生身上，找到他一生的摯愛？約翰大伯怎能信任八歲的我駕駛他的路虎，或是在他追蹤河馬時，為他掩護？

此外，凱特也證明自己不但是位老師，也是一頭母獅，我們就是她的小獅，只要在她的羽翼下，牠就有責任保護我們。特別是當她發現有群年輕男性環繞在布藍溫身邊時，這種情況更加明顯。

倫敦著名的伊頓學院的一群學生，和他們的父母一起來「仁德樂志」。男生們全是伊頓學院射擊俱樂部的成員，這是一項獻給貴族的貴族式課外活動。

在我們臨時搭起的步槍射擊場上，男孩們對我、布藍溫以及凱特，展示他們的射擊實力，射擊場其實只是一塊非常平坦的沙地，尾端有座龐大的荒廢蟻丘。發射了幾輪子彈之後，其中一位男孩轉身，嘴裡像是含著一顆滾燙的馬鈴薯，對凱特說：「嗯，凱特，你也會射擊嗎？」我感覺他的聲音，有種刻意的挑釁意味。

「去把這個可樂罐擺好。」凱特拿起一個空飲料罐，對那男孩說。

男孩把可樂罐穩穩地放在白蟻丘上，凱特踏上劃在沙上的射擊線，把槍端在肩上，大眼不眨，幾乎立即扣下扳機，一次經典快射，空罐在蟻丘上炸開。

「天哪！」站在她旁邊的小伙子叫道：「好快。」

另一位男孩跑去檢可樂罐，拿回來後一看，全場一片訝異沉默。凱特在「可口」與「可樂」連接號間，射出一個完美洞孔。

「好啦！下一個是誰？」她快如閃電地問。凱特護衛般地站在布藍溫面前，那些男生們已盯了布藍溫一個下午。

自此之後，男生們對我漂亮的姊姊保持敬而遠之的態度，雖然她並不十分高興。

「這槍完全僥倖……」凱特後來私下對我說。直到今日，她仍然是伊頓學院射擊俱樂部成員間的傳奇人物。

所到之處，凱特都會教導我們當地文化，分配我們該閱讀的書籍。我們一次待在一個地方大約兩到三個月，盡可能多了解環境。凱特還負責處理預算。「博弟，你的任務就是負責安全。」爸爸對我說。小心扒手以及不好的地方，保持警覺。

我們在澳洲參觀引領生態革命的小屋，研究澳洲原住民文化。凱特和布藍溫對位於北領地的聖地「烏盧魯」(Uluru)，又稱「艾爾斯岩」特別痴迷。凱特曾經對我們朗讀《曠野的聲音》(*Mutant Message Down Under*)這本書，使我們理解澳洲原住民對於「拯救地球」的呼籲。她有一張明信片，呈現「烏盧魯」一天七到八個不同時間內，沐浴在金黃、朱赤、豔紅與棕褐等不同顏色中，她的任務就是要拍到每種不一樣的色調。

我們愈接近這塊巨大山石，就愈能感受到它的能量與動人的光彩。不過這裡非常商業化，各種玩意到處販賣，人群蜂湧不斷推擠。許多標誌邀請遊客走一條「聖路」，我們直覺認為這絕不是我們要走的路。

「仁德樂志」嚮導的工作，是要察覺並解釋已在周邊自然環境中發生的事，例如聆聽動物的警報聲音與叢林內的其他語言。相較之下，城市嚮導的工作比較難，因為他們不只提供訊息還要創造旅遊經驗，要讓遊客玩得生動有趣。可是「烏盧魯」的嚮導卻死背重點，將遊客從這裡推到那裡。

於是我們找到一位真正了解沙漠的嚮導，與我們一起徒步環繞山岩底層。他是一位澳洲原住民，寬形方臉，眉宇之間皺紋密布，身材瘦長，皮膚呈現深褐色，與沙漠的顏色相符。

他教我們澳洲原住民傳統食糧「塔克」（tucker）的知識，哪顆藥材根部可以使用，哪種食材可作飼料，如何透過「歌線」（songlines）尋找土地脈絡。澳洲原住民認為地球透過丘陵與山谷的骨骼、經脈和血管唱出自己的故事。嚮導說：「我們的文化是根基於人類與植物、動物和土地的形體特徵間的關係。」他描述「夢歌」（Dream-Song）是宇宙的振動：「你的命運在對你唱歌。」我希望我的命運也唱歌給我聽。他解釋為何大多數的澳洲土著藝術，都是用圓點完成，起源來自「夢世紀」（Dream-Time），是我們在沉睡時進入的莊嚴虛幻空間，我們能在其中獲取大智慧，指引我們生活方向，教我們用藥物療癒。

我們在澳洲的兩個月內，經常遇到反對澳洲原住民的種族主義者。我們住在愛麗絲泉的酒店老闆，俯身越過櫃檯告訴我們：「晚上出去要小心。這些原住民喝醉了，天曉得他們會幹出什麼事來。」凱特向我們解釋澳洲「被偷走的一代」歷史，政府將澳洲原住民兒童從父母身邊任意帶走，訓練成為白人家庭幫傭。我們學習到澳洲原住民和美洲原住民一樣，被趕到貧瘠的土地上生活，在酒精中失去自己的文化。我們親眼見到原住民在賣酒的店鋪外徘徊，看起來潦倒失意。

我們乘坐直升機離開這個地方，往下看時，我們發現整個景觀是由圓點構成，和我們所見到的藝術家畫作一模一樣。「他們的心靈必須能飛，才能完成。」布藍溫說。

我喜歡澳洲原住民「夢世紀」的概念，喜歡他們迷人的說故事能力，以及與荒野沙漠共生的能力。看見他們的文化被毀滅，令人十分沮喪。他們和非洲馬賽人一樣，西方文化進來後，古早人類的生活方式便被抹去。我們這些西方世界中人，和那些能夠教導我們這些方式的最後族人，已然完全失去連繫。

此行之後，澳洲就顯得有點平淡無奇。不過凱特幫助布藍溫度過生平首度重大失望事件：墨爾本動物園的鴨嘴獸。姊姊不斷強迫我和凱特觀賞許多無尾熊。布藍溫喜歡牠們皺皺的臉龐，可愛的毛耳，也喜歡尤加利樹葉讓牠們陶醉的樣子。她在日記中記下數字：「目前看到的無尾熊總數：三十二隻。」我們走遍每一座擁有無尾熊的澳洲動物園。墨爾本動物園的廣告上有一隻飼養在玻璃水屋內的鴨嘴獸，布藍溫迫不及待要去看這個怪胎。卻很失望地發現這頭招牌明星，大約不到四十公分。布藍溫悶悶不樂地說：「像是一隻會游泳的老鼠頭上黏著一張鴨臉。」（布藍溫生命中第二次重大失望事件，是凱特帶我們去巴黎看蒙娜麗莎畫像。無論是無尾熊或是達文西的傑作，都應該龐大而迷人，然而這兩者的大小，卻都與我的腳丫相當。）

我們三個人出發前往印度，爸媽特別開恩，可能是考慮到我們的安全，幫我們租了一輛車還僱了司機，因此我們是從車子後座來見識這個國家。這輛車比較像是小型賽車，而非真正汽車，像是初期英國殖民統治者所乘坐的車。我們的司機是一位名叫拉傑什的印度人，一臉整齊的落腮鬍，人很可親，但是作為司機則有待改進。不但按照印度不成文的規定開車：較大的車有優先通行權，還喜歡加速擠入對面車道，一邊閃躲來車，一邊喊道：「閃開！閃開！快走！」

「噢，我的天……」凱特用手遮住眼睛說：「這個我受不了。」

我們前往齋浦爾，拉加斯坦邦的首都，也被稱為粉紅之城，因為大部分建築與宮殿都是用粉紅色的砂岩建成。道路被老舊計程車、人力車、牛、駱駝和奇怪的大象堵塞。好像每個人都有自己的攤位賣東西，店家會盡力設法吸引我們的注意力，和非洲店家形成鮮明的對比。

「只要看看這個……」一位說，遞過來一個小檀香棋盤。

「只要五十盧比。」

「不，謝謝，我不想要。」我對他說，想把它遞回去，小販趕緊把手放在身後不肯接：「五十盧比。」他繼續堅持。最後我不得不把東西放下走開。我還在路上走的時候，一位小販企圖修理我的鞋，還想因為他用的膠水，向我收費。

拉加斯坦邦令我眼花撩亂，富人、窮人、美的、醜的、還有缺腿的人，豪宅內的有錢人與靠紙箱過活的人比鄰而居。這麼多種不同的生活型態突然出現在眼前，你已經無法肯定自己的生活就是最好的。對一位十六歲的少年來說，是很好的學習。

粉紅宮殿外面，凱特想要和一位弄蛇人拍照，這是一位只有一顆牙齒，蓄著一臉狡猾小鬍的男士。

「一張照片多少錢？」她問。

「給我十盧比。」弄蛇人說，一邊敲敲正在打瞌睡的眼鏡蛇頭，讓牠昂起身來，加強自己的買賣地位。

「好吧，成交。」凱特說。

凱特蹲在蛇旁，還沒等布藍溫拍完，弄蛇人就不弄蛇，開始弄人。

「現在你要付給我二十盧比！」他喊道。

「不，你說是十盧比。」凱特秉持自己的立場。

「不！不！不！你偷拍！蛇正在睡覺，我必須叫醒牠，所以二十盧比！」弄蛇人邪惡的尖叫。

「你只能拿十盧比。」凱特說，決心不讓他占便宜。那時布藍溫和我已貼近她的身後，還沒決定是該支持她，還是該躲在她身後。弄蛇人開始揮舞眼鏡蛇，拿牠當武器，舉在凱特臉前，一邊推進，一邊吼道：「二十！二十！二十！」濃重的拉加斯坦口音。

凱特從錢包中拿出二十盧比紙鈔，把它扔在這個瘋子前面：「我們趕快離開這裡吧！」帶著我和布藍溫匆匆離去。

到達安全距離後，她停了下來，喘著氣說：「該死的弄蛇人敲詐我！他騙了我們！真的騙了我們！」凱特說。對於只看到別人好處的她來說，感到非常震驚。布藍溫說：「他坑了我們十盧比。」

「我知道！整整加了十盧比！可憐的蛇，必須跟這樣的男人一起過活。」這就是凱特，居然同情到爬行動物身上。

「凱特，你知不知道十盧比等於四分錢。」我插嘴道。

聽到這話，布藍溫開始歇斯底里的大笑：「你被坑了四分錢！哇，你真的被敲詐了！」她咯咯地笑著。

凱特和我也笑翻了：「我們在印度的第一個禮拜，就被坑了四毛錢！」她不滿的說。

在和弄蛇人交手過後，我們回到可靠的小車上，穿過無止無盡的成群駱駝、山羊和大象，牠們全都裹在精美的布料中沿街漫步。拉加斯坦邦亮麗的色彩和沙漠形成鮮明對比，像是單調的地鐵隧道，出現五彩繽紛的大片塗鴉。

凱特、布藍溫和我形成緊密三人組，凱特不斷敦促我們，所以我們稱她為「咕咕瘋子」、「教頭」、還有「檸檬黃小孩」，因為她似乎從來不睡覺，精力十足，而有人認為檸檬黃小孩這種食品添加劑能讓小孩特別有活力。布藍溫和我是只想睡懶覺的青少年，凱特完全無法接受，她宣布：「首先，我們要去海事博物館，然後……」她搬出一張累死人的行程表，裡面包括每一處著名的建築，每一個歷史景點，甚至去一個道路交會瞭望站去看她的英雄甘地的生活。

「不，咕咕，我們想待在酒店。」我們求她，但是徒勞無功，我們還是得出發。

我們出發前往沙漠中一個叫做普什卡的地方，這裡有一座聖湖，應該是一個隱秘小鎮。凱特和布藍溫坐在汽車後座，我坐在拉傑什旁邊，可以強迫他開慢一點。

普什卡或許曾經是一座神聖的城市，但是現在卻成為一個偽聖城，遊客的鴉片天堂。每位到印度旅行的人，都以一身末世打扮裝飾自己：鬍子、辮子、項鍊和被大麻燻過的手指。每份菜單都有兩種選擇：茶或「特級」茶。我總覺得服務生將兩種茶混在一起，因為兩天以來，我不是昏昏欲睡，就是痴痴傻笑。說實在的，我認為所有的茶在普什卡都是「特級」茶。在印度的鴉片天堂中神遊太虛，這種經驗在四面牆的課堂中可是無法學到的。

凱特喜愛攝影，也積極教導布藍溫：「這是收集經驗的方式。」對她來說，經驗是生活中最有價值的東西。她鼓勵我探索Lomo相機，走過擁擠的街道，從臀部拍攝一個無框畫面，捕捉一個地方的精髓。我對紀念碑或官方景點向來沒有興趣，吸引我的總是每個地方的茶館、街道、海邊或是森林具有的神祕力量。我可以花一整天的時間看一個男人賣菜，這樣我對他的生活才有點了解。

印度徹底打擊我的各種知覺：眼睛看見婦人包在紅桔色的紗麗布下，胳膊上套著一圈圈金手鐲，閃爍生輝。鼻子聞到小茴香與大麻，汗水與牛屎交雜的味道。耳邊還傳來各種不同的聲音：清真寺呼籲穆斯林禱告的呼聲、自行車的鈴鐺聲、超載公車持續的喇叭聲，與瓦斯爐煮茶的嘶嘶聲。儘管如此，這裡卻是我所走過的，最為宗教性的所在。四周每個角落都會有人在小神壇中舉行禱禮，點燃薰香，在祭壇上塗抹赭土並獻上金盞花。人們相見時，都會優雅地行「合十禮」（Namaste）。我曾見過南非離群獨居的教會團體，但是在這裡，宗教是每個人的活力泉源。

或許是緊密競爭的生存節奏，孕育出崇尚萬能主宰的信念。那種人潮洶湧，彼此不得不互相吸入彼此氣息的景象，揮之不去。就算是高山與公園這些地方，也沒有一塊地區不站滿了人，毫無空隙可言。回到約翰尼斯堡，飛機落地後，機場外一個簡單的小公園，都讓我感到十分動人。

短程旅行之間，我們會回到約翰尼斯堡，趕上正規功課的進度。凱特會帶我們去種族隔離博物館，協助我們學習祖魯語，這是最接近當地尚迦納人所說的語言。回到「仁德樂志」的時候，我們會悄悄地讓這裡的節奏帶領我們，在屋前庭院努力研習功課，大象則在下面河床頓足走過。凱特追隨約堡一間學校的教學大綱，不過我們在一個星期內就可以唸完一個月的課程。

我們從來不知道誰會漫步到我們在烏木樹下的教室裡，凱特對這些人的光臨，保持開放的心情。有一天，約翰大伯的製片助理凱倫斯萊特，也是上次直升機失事的倖存者，朝我們走來。她的身材高挑，一頭長髮，衣著帶有幾分特殊印度風格，一條薄紗圍巾，上衣繡著印度濕婆神（Shiva）的眼睛，外加飄逸長褲，身上也總是散發出蓮花的香味：「我要泡茶。你們有誰要嗎？」她問。

「我們要，而且也想學如何泡茶。」凱特說。因此我們拋開數學，大家來到廚房，沏了一壺印度茶。

隨後凱倫表示願意教我們如何打坐。我一直想學打坐，因為我曾經在書上讀過它賦予修行者奇妙的能力：能夠抵禦嚴寒，能夠行走熱炭，道行高深的人，甚至能夠升空。透過不斷的修行能夠將身體控制到這種程度，令我十分佩服。每天當約翰大伯的拍攝工作收工後，我們就會下課，到她的小屋中學習打坐：「當你大伯的直升機下墜時，打坐幫助我保持冷靜。」她對我說。我們坐在一起誦唸：「amaram hum madhuram hum。我是永恆，我很幸福。」我不會升空、也無法升空，但平靜的感覺籠罩著我。

夢幻旅程結束後，凱特，布藍溫與我，將所有被當成教室的迷人地方，製作成一本相簿。其中包括我們在塞倫蓋提的奧杜威峽谷，在恩戈羅恩戈羅火山口一棵大樹下的水洞旁，那裡的黃嘴鳶經常俯衝下來，從不知情的野餐客手裡攫取三明治。還有在尚比亞盧安瓜山谷的格魯美河旁的一頂帳棚內，以及站在澳洲「烏盧魯」前面。還有回到「仁德樂志」庭院，大象從我們頭上的樹幹捲食胡狼樹莓。甚至包括在拉加斯坦邦沙漠的心臟地帶，普什卡酒店的屋頂上，看著一些以色列嬉皮，享受大麻優格的照片。

我們一起成長。凱特當初加入瓦提家族時，她需要克服幾件事。首先，她不喜歡乘坐小型飛機，而我們喜歡坐在上面到處飛，偶爾還會出事。其次，凱特是一位非常仔細的人，凡事都先計劃妥當，而我們瓦提家卻往往是早上醒來，才決定要去尚比亞，然後在路上有人會說：「其實我覺得這個時節，辛巴威可能會更好。」然後機頭就朝不同方向飛去。

「你們瓦提家是一群瘋子！」凱特驚呼。

但是和我們在一起生活過後，她只會笑笑地說：「我一點都不在乎我們要去哪裡，降落的時候告訴我就行了。」

凱特非常溫柔，但是可別小看她。她曾經對我說：「我就像一頭母獅，不要惹我的小孩。」有一次，我們三人一起去看橄欖球賽，一位身材高大的醉漢，不但將自己掛在布藍溫身前，還企圖吻她。我還來不及行動，凱特就已經迅速移到那人身前，一拳打在他的頭上，將他擺平。目睹這個不協調的畫面，人群頓時安靜下來，一位看起來是世界上最溫柔的人，竟然一拳將這位橄欖球流氓擺平。不用說，這是我見過最偉大的事情之一。

凱特讓我對自己產生信心。在她的指導下，我開始意識到，就算我的課業不是最好，但是我的思考力豐富。我不會拼字，我不會數學，但是我能夠看清事情，發現重點。凱特對事物保持好奇心的開放態度，鼓勵我集中心思保持好奇。幫助我對那些通常會被忽略的事情產生興趣，例如暗門蜘蛛如何從隱藏的洞穴中躍出，捕捉路過的甲蟲，或者緞帶花球在火災過後為何會綻放等等。凱特幫我打開視野，跳出框架思考。當布藍溫與我沒有任何模式可供依循，陷入掙扎時，她幫助我們了解大多數的時候，我們必須自己塑造模式。她會對我們說：「兄弟，我們不知道這該怎麼做，但是我們必須自己塑造，建構自己的經驗。」一路走來，我們得出自己的方式，而且過程難忘，是天底下最棒的生活方式。

爸媽的決定，讓我和布藍溫能夠把握最後機會，在電信高塔和網際網路改變地球之前，接觸古典非洲的餘韻，還為我們安排一位新老師，徹底改變了我們的生活，我們的感謝之心，實在難以言喻。

兩年後，我們回到寄宿學校，但是學校教育怎麼可能比「教頭」的專心教導更好，我不記得生活中沒有凱特的日子，一直到現在，我們仍然保持聯繫。

「請不要誤會，但你知道鴿子會回到同一個欄桿拉屎嗎？」凱特最近對我說：「我想我是你的拉屎桿。」

「就把這話當作是一種讚美吧！」我說。

第十四章
可怕的瘧疾

生長在叢林，就是要面對許多危險動物：獅子、水牛、犀牛、河馬，但最可怕的是什麼？是寄生蟲。青草可能使我們患上蜱咬熱，它會造成人體衰弱，但是至少容易治療。如果我們涉入死水塘或河水，必須小心血吸蟲病，可能會導致很多病症，從搔癢，到肝臟、膀胱或腸道感染。布藍溫和我在襁褓時期，粗布尿布掛在曬衣繩上，蛆蠅會在上面排卵，媽媽要用煤塊加熱的老式鐵熨斗燙尿布，以殺死幼蟲，要不然牠會進入皮膚，形成討厭的腫塊，需要吃藥治療。

不過非洲最大的危險還是來自瘧疾。雌蚊的叮咬傳播瘧原蟲，透過血液流到肝臟，嚴重破壞身上每個器官。你可以用預防藥物避免感染瘧疾，前來非洲短期遊覽的旅客都是如此，但是你不可能一年到頭都用預防藥物，它會影響肝臟功能。許多基金會都在非洲各地分發蚊帳，試圖減緩疾病散布，卻發現它的用途被改成漁網。每一年，一百萬人死於瘧疾，其中許多是兒童。

十四歲時，我和家人一起在叢林，一場大雷雨席捲大地，在傾盆大雨和雷電交加之際，我們快速奔回營區。第二天早上，我們以為我的發冷和痠痛症狀，不過是前晚全身濕透的後遺症罷了。

大錯特錯。瘧疾大約有兩週的潛伏期，然後才會開始覺得有點痠痛，像是輕微的流感症狀。接下來是突然衰竭，頭痛欲裂，像是冰椎刺在眼後，持續不散。在一天最熱的時候，身體卻控制不住地打顫，然後下一秒中，卻滿身大汗，床單盡濕。那天上午，症狀持續幾小時後，不用說：我染上瘧疾了。

爸媽曾有朋友因為感染瘧疾而瀕臨死亡的經驗。在我成長期間，克里斯艾爾文是「仁德樂志」的園區經理。他曾是法國外籍軍團的成員，也是我所見過最強悍的人，但是在瘧疾的肆虐下，他卻衰弱得像位小男孩，最後進入約翰尼斯堡的加護病房，靠呼吸器維持生命。克里斯的家人遠在加拿大，他將我們列為他的近親。一位低地草原來的老醫師，曾經看過上千種瘧疾病例，建議爸爸和大伯，最好拿掉克里斯的呼吸器，讓他的身體自我復原。父親下了艱難的決定，關上機器，我們在「仁德樂志」營區圍圈祈禱，希望上帝能夠幫助他痊癒，克里斯最終活了下來。不過看到寄生蟲肆虐的慘狀，讓我們十分警覺。而且當幾名具有男性氣概的嚮導，企圖自行對抗虐疾，卻幾乎死亡後，我的父母更是鄭重聲明，無論瘧疾症狀如何輕微，只要忽略不處理，就可被開除。因此兩天後，他們看見我的症狀更加嚴重，立刻迅速包機，飛到約翰尼斯堡入院治療。事後想來，這項舉動可能救了我一命。

入院後，一位，滿臉疲憊的禿頭醫生負責治療我，他看起來像是三年沒睡覺，告訴病患可怕的消息時，還習慣加上口頭禪：

「好吧！你確定染上瘧疾。因為你是在瘧疾發病區域，所以……這是可以預料的。」

「你的腎臟開始衰竭。你有瘧疾……這是可以預料的。」

「加護病房已滿。這家醫院管理不好……這是可以預料的。」

我立刻掛上奎寧點滴。導致輕微的耳聾和強烈的噁心，而這，也是可以預料的。

每個人都以為我會快速復原。母親不停地說：「還好發現得早。」這是感染瘧疾最要緊的事。如果檢測和處理的速度不夠快，寄生蟲會迅速繁殖，侵入器官。

但是一切狀況都不好。第一天晚上我就發現我不能排尿，非常害怕。母親馬上去找醫生。

「我的兒子有狀況。您需要現在就來！」她對他說。

「你的兒子有瘧疾，他的狀態不好……這是可以預料的。」

「聽著，醫生，你立刻到我兒子的房間來，要不然我會做一些你預料不到的事！」

後來我們才發現，由於肺部積液造成缺氧，才是問題關鍵。我現在不但身患瘧疾，還有肺炎。

醫生前來病房時，正好碰上約翰大伯也來了，他身著全套迷彩戰鬥服，走路時腳上靴子的金屬帶扣清脆作響，臀部上掛著他不離身的點四四麥格農手槍，脾氣一觸即發。像是電影武打明星尚克勞德范達美，闖入約翰韋恩的西部片場景中。

醫生開始他的台詞：「液體積聚在他的肺部……這是可以預……」

「夠了。」約翰大伯說，看著我微弱的氣息：「我要你立刻將我的姪子送到加護病房。」約翰大伯看夠了瘧疾病例，他也是家中感染記錄的保持人，至少十幾次，他知道我已經開始不好了。他拍了拍槍套，惡狠狠的瞪著醫生，強調他的「要求」是不可違背的。突然間，我們進入《教父》場景。

醫生的雙眼睜大，片刻後，我就被放在擔架上，火速推入加護病房。

在加護病房，我只記得醫生拿了一個巨大的針筒，從我的背上抽取液體，去除那頭在肺中擠壓空氣的巨象。我在醫院住了兩個星期，醫生們一度不能確定我還能否活下去。爸媽非常憂慮，他們和約翰大伯坐在加護病房外哭泣。在藥物注射下，我整天昏昏沉沉，不過倒是記得問了一位年輕護士是否「願意跳上我的床」。我能怎麼說呢？她看起來一副很累的樣子。

媽媽本來還算客氣，直到我雙眼翻白，進入抽搐狀態，她攔下最近的醫生。

「對不起，這不是我的病人。」

「不是你的病人？嗯，現在是了。」

醫生看著母親的臉，感覺出她的堅持。

十天後我才脫離危險，而十天有五天都在加護病房。大伯來探望的時候，他看著成堆鮮花與其他探病者，還有穿著嶄新制服的護士，帶著一絲厭惡的口吻批評道：「這個地方看起來像個酒店！」

他染上瘧疾的那次，被送到尚比亞醫院，半夜時分就被吵醒，他以為是旁邊的病人即將斷氣，結果是一隻狗，在他的床下大口喘氣。

幾個星期後我才出院，消瘦的身形提醒我：是螞蟻就別來。

第十五章
歡迎王室光臨的狒狒

我真的相信，作為一個野外嚮導，要比一個心理學家更能了解人類的心理問題。進入青年期後，我開始在「仁德樂志」工作，我喜歡帶領遊客到叢林冒險，這種快感從來未曾消失。而且只要想到幾個小時前他們還身在紐約或倫敦的狹小公寓，現在卻在我家後院踏上冒險之途，就讓我很得意。他們希望在野外看到知名動物：獅子、花豹和大象，這些經驗固然很棒，但是如果有機會的話，我希望他們也能同樣愛上那些小而精緻的動物：例如金蛛所結的蜘蛛網，恍若考爾德的黃金動態雕塑，或是在溫暖的午後，八哥鳥們齊聚一堂，打破寂靜，隔空對著黑色曼巴巨蛇，破口大罵。

我喜歡從客人的眼光去看這個地方，從冒險中重振精神。我們沿著風沙小徑來到一條穿越大地的季節性乾涸河床，這裡叫做曼耶雷蒂，意即「星光天地」。在這個完美定點上，能看見大象與水牛正在岸邊啃食濃密枝葉，或者只是接受宏偉高聳的烏木樹吹拂，還能看見陽光清晰地照亮每株鉛木樹的樹幹紋路，看起來像是大象皮膚上的皺紋。我也發現人類要比想像中懷有更多的恐懼症：水牛、蠕蟲、鳥類、蜘蛛、昆蟲、不明怪聲、頭骨、牙齒、糞便，其中任何一件，或以上所有，都有可能會在野外遊覽中出現，恐懼於是隨之而來。帶一位具有飛鳥恐懼症的人去野外遊覽，坐立難安的程度空前少見，只要犀鳥隨便飛過身邊，寧靜的空氣隨時會被恐怖的尖叫打斷。

有位客人一定是對精靈很痴迷。每隔幾公尺，她就會發出一聲尖叫，好像剛看見一頭獅子殺死水牛一樣。「停！停！哇！那幾個真的很美麗又高貴，你不覺得嗎？」我自認自己心胸夠寬，她一定是看到精靈仙女了，但是路虎車上的集體情緒難以控制，因為其他客人愈來愈火大。

馬丁先生對我來說，是一件樂於接受的挑戰。他是一位七十多歲的老人，一頂卡其叢林帽，上面綁著一圈斑馬皮，全副狩獵裝扮來到「仁德樂志」。他是一位狂熱的攝影師，告訴我他參加過許多次野外之旅，而這將是他最後一次。我下定決心，一定要讓這次告別之行空前盛大，歡送他離開非洲。

第二天下午稍晚，我們在公園的寧靜角落，發現一組相當新的花豹足跡。巡跡員索利和我決定步行追蹤，讓馬丁獨自留在路虎車上，這是護林員常見的舉動。我們走了大約十五分鐘，成功地找到花豹足跡。我迫不及待想告訴馬丁，於是連忙回到路虎，我注意到引擎蓋上有很多沙子，但是沒有多想，只是很興奮能讓馬丁看到花豹。我開車往前，大約開了十分鐘後，馬丁才發話：「我很生你的氣！帶我回營！」

「怎麼了？馬丁，有什麼不對嗎？」

「你走了後，來了一頭該死的大象，對我拼命扔沙！而且每次當牠快要冷靜下來的時候，那個該死的對講機就有聲音，又嚇到牠了！我很生氣！我怕得要死！」

離大象這麼近，的確令人害怕，而且我非常清楚，當牠們捲沙丟你時，是種什麼樣的感覺。牠們這種舉動充滿挑釁，難怪馬丁嚇壞了。接下來幾天，我盡一切可能讓他回心轉意，但是他拒絕接受。他雖然決心不計較這件事，但是拒絕與我們交談。每當我們載他出遊時，路虎上總是一片尷尬的沉默。

最後我採取不同的策略，讓營區內的所有女人上前告訴他，能夠勇敢地盯著一頭成年大象讓牠離開，絕對是世界上最英勇的人。這個伎倆獲得效果，馬丁開始感覺他是主角，有時甚至無論誰走過酒吧，他都開始陳述這個故事。當他離開「仁德樂志」時，他覺得自己像位非洲大王。他與大象的邂逅，成為他最盛大的回憶。和以往一樣，這不是我們的功勞，是大自然提供了最光榮的送行儀式。

在豪華的野遊生意中，我們所走的路線介於確保客人舒適快意，而且不被「行程」塞滿之間。同時我們煞費苦心，勉力滿足高規格的世界旅行家。不過「仁德樂志」最重要的目的，還是冀望在舒適的環境中，提供人們尋找一條通往大自然的門路。

然而有的時候，大自然決定不在野外見我們，而是來到一向安全的營區內，於是我們安排完美的計劃，瞬間瓦解。

「國王會來仁德樂志！」布藍溫宣布，她的眼睛睜得大大的，有種狂躁與恐慌。

「他們的安全人員想先來探察情況，進行評估。」我們不乏社會名流、知名人士與政治家前來拜訪。我和某位總統的女兒，曾有乘坐平底雪橇共下樓梯的美好回憶，但是這場王室蒞臨的協調作業，前所未有。爸媽讓我和布藍溫負責打理一切，將我們推向痛苦的深淵。

營區內蔓延著一種超級歇斯底里的氣氛。我們的跑道僅供小型飛機起降，需要擴大延長為皇家飛機降落的跑道。皇室人員會占據每一間房，一整個營區將保留給揮舞著機槍的安全侍衛。日子一週週的過去，布藍溫每天幾乎都淹沒在王室工作人員打來的電話與傳真中，以確保照顧到最小的細節。我們小小的禮品店也不得不囤積大量貨品，以便二十名陪同國王前來的婦女，如果她們想要每天購物一次、兩次甚至三次的話，隨時能夠發現新鮮商品。我們的五星級大廚已被認定無法適任，派遣前來的王室大廚要求新鮮草藥，其中有些我們已有，另外一些則須空運過來。還運來絲綢床單，甚至王室血液都被運來，儲存在我們的冰箱內，以防萬一。

國王的工作人員堅持要將陛下的個人健身器材，安裝在他的房間內。許多尚迦納人都被公主的「電動振動平台」給迷住了。這是一個形狀奇特的機器，底部平坦，手把很長，以便站在上面震動時握好。顯然這和跑馬拉松具有同樣效果，只不過你不需要動，也不需要跑。

營區內眾說紛紜：「這是一個飛行設備。」一位園丁猜測道。「我認為這是一個機械舞蹈老師。」我走過廚房，有人評論道。（後來，當一位公主真正使用它時，我們的工作人員極其緩慢地走過臨時搭建的體育館，試圖一瞥這個特殊機器的行動。史萊克在健身房外掃地一個小時，完全被迷住。）

國王的安全侍衛要求屋頂上要裝大型衛星接收碟。侍衛要用它來從事安全通信，並接收衛星電視。這又是新的問題，因為任何一間客房都沒有電視。我們不得不用卡車載來多台電視，想方設法地放在每個房間，然後架設所需的電纜。

需求似乎永無止境，然而各式各樣的問題，都是有幸吸引高級客人的酒店，經常會發生的事。這些問題通常不會來自客人本身，而是來自組織事件的人，他們會比旅客提早幾個小時抵達，查看最後細節。他通常煩躁不安，為這趟叢林之旅精選的亞曼尼西裝與領帶，早被襖熱的天氣和身受的壓力所浸濕，他的心情於是轉化成不斷升高的需求。

「王子需要一些克蘭詩洗面乳，請務必放在他的房間。」他說。

「當然，但會需要一點時間，因為要從約翰尼斯堡運過來。」我說明。

「洗面乳馬上就要。」主事者譴責道，雖然王室成員還要至少再六個小時才會抵達這裡。當然，我只要去開在疣豬圈的克蘭詩專賣店買來就好了，不是嗎？

經過幾個月的精心籌備，這個時刻終於來臨。萬事具備，只剩下最後一件事，就是我要跑到國王居住的花崗岩套房，放上一盤冰好的面巾。這間套房設有一間寬敞的起居室，麂皮沙發與舒適座椅，臥房內有一張龐大蓬鬆的白色床鋪，上面放著雪堆似的枕頭，一個穿衣間，以及一間大盥洗室，玻璃面板框著大浴缸和淋浴間，不但完全隱密，同時往外還可以看見下方的花崗岩石與河床。

我快步往下走時，可以透過掛在皮帶上的雙向對講機，聽到各方工作人員傳來的各種訊息，王室與隨從將在什麼地方、什麼時候抵達。預計抵達時間，像是女人生產的收縮時刻：「博伊德，還有六分鐘。」

「博伊德，五分鐘。」

「博伊德，四分鐘。」

我喘著大氣來到國王套房，手上拿著濕巾托盤，惱怒地發現，清潔工居然沒將門關好，只是虛掩。這時無線電呼叫「博伊德，三分鐘」。我朝盥洗室小心走去，赫然發現，站在洗手槽頂端是一頭毛毛的小哈比人，下頷瘦長，雙足高墊，外帶一雙橙黃色的小眼。

一頭狒狒正從玻璃清潔瓶中，大口喝著木瓜護手乳。牠用眼角看了我一眼，若無其事地繼續照喝，但在同一時間，牠和我一起發現，我擋住了牠的出路。

無線電中傳來，「博伊德，國王已經抵達停車場。」

我站在門邊嚇傻了，而擋路這件事，則讓狒狒陷入瘋狂狀態。他從滿圈木瓜乳液中拉出自己的鼻涕，下頷邊的毛髮一圈銀白，就像那些「有牛奶嗎？」的廣告一樣。狒狒立刻扔掉瓶子，玻璃瓶砸在水泥地上碎成片片，然後跳出洗手池，正好落在地面的玻璃碎片上，立刻割傷了腳，牠發出一陣痛苦的尖叫，猛然一躍，撞上浴缸上面大型的浮動裝飾玻璃，在上面揮灑出一片鮮血，創造出一幅可怕的現代藝術。牠嚇壞了，開始在房間內東跳西蹦，像一顆高速毛球，所到之處，留下一團血液和糞便。牠還一度跳到天花板上，抱著燈具，倒掛在那裡，帶著白色條紋的臉龐，一臉既煩惱又尷尬的表情，像是你家的愛狗在說：「哎呀不好意思，我剛便便在地毯上了。」我知道天花板上像似人類的血印，很難解釋清楚，更別說是清除乾淨，但這都不是問題，因為現在浴室地板上的一團混亂，才是麻煩。

最後，狒狒終於決定，直接縱身跳到我身上，齜牙裂嘴。我還來不及閃躲，發出一聲尷尬的米老鼠尖叫，他就飛越我的頭頂，臨去時最後一抹秋波，撞上白色床罩，然後跳過門檻，跨越高台離去。

突然之間，一切回歸寧靜，我環顧整個房間，像是拍完《德州電鋸殺人狂》的畢加索畫室。我的無線電劈啪作響：「博伊德，一分鐘到房間。」

「拖住他！拖住他！」我尖叫起來。眼看幾個月的辛苦規劃，就要毀在一隻喜愛乳液的潮男狒狒身上。

出於我們不明白的安全原因，我們不能請國王去住其他客房。幾分鐘內，布藍溫趕到，手持一雙黃色大橡膠手套，後面跟著一隊管家。她巡查室內：「我的天，博伊德，災難啊！女士們來吧，開始工作！」

王室人員停頓在前院的小餐點桌邊，和一匹樂於助人的河馬前，這匹河馬光天化日下，一反常態地踱步到營區前平坦的岩石上，簡直就是電視劇《非常大酒店》（*Faulty Towers*）中的場景。

業務經理海麗，開始尷尬的拖延戰術。雖然她冰川似的寶藍雙眼，已為她換來一些額外時間，但這還是一場艱苦戰鬥。國王雖然搭乘私人噴射飛機前來，但是顯然累了，也不習慣等待。他並未表示任何不耐，但是他的私人助理，每當國王別過頭去時，就對海麗投以死亡的凝視。

「還需要一些點心嗎，閣下？」海麗問。
「不用了，謝謝。」
「也許喝點酒？我們南非的葡萄酒很有名。」
「不，我只想去我的房間。」
「或許參觀園區吧，來趟快速的野外之旅？」
「不要。」
「想看尚迦納舞蹈嗎？會是一場了不起的文化體驗。」
「不，帶我去我的房間吧。」
「當然可以。我們只是在檢查房中是否有任何致命物品。噢，天哪！那是大象嗎？」
負責拖延的工作人員，和負責打掃房間的工作人員，聯繫之間出了問題，現在包括嚮導、經理、廚師，四位維修工、清潔工、還有技工都來了，沒有人知道為什麼連技工也被捲了進來。
在房間和前院間跑動的通報人員，帶來不好的消息：
「布藍溫說，你應該問他們，是否現在可以享用全套午餐。」
「告訴布藍溫不可能，主辦人員剛才告訴我，他想要開除我。」海麗回答。我現在的工作是要幫助布藍溫，所以當她大喊要更多的漂白劑時，我連忙跑去拿。布藍溫完全堅守傳統，認為音量有助解決問題。
到了我們實在無法再拖延的時刻了，前往房間之行開始了。我跑去護送國王。身披絲綢的王室成員，排成一排走在小徑上，隨後是武裝侍衛，來福槍隨身，像鵝毛筆一樣直立在空氣中。洩氣的海麗一馬當先，想像自己會面臨一間危險的垃圾屋。就在國王走進套房的入口處時，布藍溫和她的人員悄悄地從浴室邊門溜走，頭髮上還殘留著狒狒的屎尿。她帶著團隊，外加水桶、拖把，和所有東西，一起走入樹林，臉面朝下，躺在高草中，好像躲避迎面飛來的迫擊砲一樣。

國王步入房內的寬大前廊。一群木戴勝鳥飛過，沙啞的咯咯聲劃破寧靜，整日的沉寂逐漸退去。國王環顧四周，滿意地嘆了口氣走回房間。大門在他身後關上時，一行十六人從叢林中出現，眼神狂野，步履蹣跚，邁向員工宿舍。

「該死的狒狒！」布藍溫氣噗噗地說，我跟上她的腳步。「真是一場王室大戰。」

叢林生活，永遠充滿變數，與動物相逢雖然有時麻煩，但卻從無惡意。多年後回首，那場狒狒大戰，依然令我十分懷念。

第十六章
苦難接踵而至

在我大約十一歲的時候，舉家進行穿越辛巴威之旅。爸爸為我們報名參加尚比西河泛舟。這肯定是金錢所能買到的，最糟糕的漂流之旅。深峽下的激流簡直就是對你怒吼，雷鳴般的吼聲不斷迴蕩在陡峭的山谷兩旁，震耳欲聾。

布藍溫和我太年輕，無法正式在河上漂流，但是爸爸不知道用了什麼辦法讓我們上了船。他不想跟一般陸地遊客一起擠在十個人的救生筏中，他稱呼這些人為「來自瑞典的阿花和阿草」，所以依據爸爸的一貫風格，自作主張地認為就我們四位瓦提族人就好，不管其中兩位離成年還早，一起跟著領隊面對激流。

布藍溫嚇壞了：「我最討厭這樣！」她低聲對我說。但是事已至此，我們只好聽天由命，隨波逐流。

爸爸租好了船，可是忽略一項激流泛舟的重要事項：體重有差。當一個巨塔似的高浪來襲時，最好是迎頭撲上，這樣一來，雖然遇上激浪，但是重量可以讓你穩在船上。然而細長單薄的姍恩，投身在尚比西河的激流中，就像拿顆乒乓球朝巨浪扔去。不用說，早上第一波激流來襲，所謂的死亡陷阱，船就翻了。

爸爸後來對我們說，好像有幾百萬隻隱形的手，將他向河底拉去，他自覺離死亡不遠。等待激流退去，他感覺呼吸困難。當他終於努力浮出水面後，發現自己被困在船身下方，還必須努力游到外面才能喘口大氣。最終除了嚮導外，我們所有人都重新爬回船上，船身雖然依然漂浮在水面上，但是方向相反。這正是我們一家人的完美寫照：沒有導遊，船向相反，面對激流逆行，還期望只靠自己。

激流泛舟中途，只有一個地方可以下船。布藍溫立刻爬了出來，但我留在船上。我喜歡那種刺激，我想留在父親身邊。

那天晚上回到營地後，爸爸描述他的救生衣如何將他困在船下。「我的腦海裡只想到一件事就是：天哪，我希望布藍溫沒事。」他對我們說。

「是嗎，謝謝你還擔心我。」我說。

「啊哈，我知道你一定沒問題，你總是沒事的。」

這話多半是真的，和我的大伯一樣，我總有方法解決事情，一種避開危險的本能。

開展野外遊覽生意，基本上就是解決問題。只要你做得夠久，你的整個心思就是放在解決問題、解決問題、解決問題上。

父親的世界是勇往直前，儘管去做。有問題就解決。如果你在水底，就努力設法重回水面。

「我們瓦提家是不可動搖的。」爸爸總是如此說。

當時我還不知道，事實上，我們非常容易動搖。

「苦難絕非單獨而來，總是接踵而至。」老爸有次引用莎士比亞的話對我說。這正是接下來幾年中，我們家所發生的情況，一波接一波的打擊接連發生。先是實質性的打擊：家庭成員的去世。有些死亡無法預料，有的則是預料中之事，無論如何，都糾結成心頭陰影，改變了我們。接著是一位陌生人的死亡，突如其來的驚恐，令我全無防備。不過，所有的實質性打擊基本上都很清楚，就算我們準備不夠，也知道該如何處理。但是隨之而來的另一種形式的打擊：模糊、無形、永無止境。就是這種打擊，拖垮我們全家，因為我們根本不知道該如何反擊。

年輕的時候，死亡像是一座遠山，總要歷經長途跋涉才能到達頂峰。對於這種千里外的陰影，我幾乎毫無意識。可是後來幾次歷經死亡邊緣，又看見心愛的家人遭受嚴重攻擊。雖然我自認並不天真，但是在那短短數年之間，我的世外桃源竟然全數毀滅。

那段時間，一次又一次，我的心不斷重回到那個小男孩身上，只要我守在白蟻丘上停著不動，讓曼巴蛇滑過小腿，就算我非常害怕，牠只會爬過我的身軀，不會傷害我。「別動，爸爸，別動。」或許這樣，我就能夠控制結果。

一次又一次，我回到乾涸的河床，大象就在我眼前，牠的呼吸打在我的臉上。菲尼斯從旁注視大象的一舉一動，留心牠的肢體語言，預測牠的行為，以防發生意外。在叢林中千萬不要驚慌，如果你的行為正確，你就會沒事。

但是叢林中的男人規則，卻和叢林中的動物規則，大不相同。選擇癒合或痛苦，選擇生存或死亡，選擇信仰或喪志，這是最單純也是最複雜的挑戰。我的家人和我十年來歷經這類戰役的折磨。諷刺的是，雖然這種考驗讓你不再純真，但刀槍不入的鋼鐵意志，卻能讓你體會到真正的生活。

第十七章
槍尖下的一夜

「給錢，不然我會殺了你。」他說。

二〇〇一年三月二十五日，那天晚上，凱特、媽媽、布藍溫與我，住在我們位於約翰尼斯堡的家中。我已經在臥室睡著了，但是不知道為什麼，我醒了過來，下床穿上一條短褲後又回去睡覺。事過境遷後回想許多時刻的含義，難道冥冥中我已經知道要發生什麼事嗎？

那天晚上之前，我是一個十幾歲的青少年，腦袋中除了功課外，只有板球、朋友，還忙著談戀愛。父母由於業務繁忙，必須不斷通勤，於是在約翰尼斯堡郊區買了一處小型家園，以紓解舟車勞頓之苦。布藍溫高中畢業，正在「仁德樂志」的約堡預約處上班。我則住在「仁德樂志」，透過函授就讀於約堡一所高中，正值最後一年，即將完成學業。我偶爾會去約堡拿新的課程並參加正式考試。事情發生後，我從備受呵護的鄉下生活，猛然被丟到約翰尼斯堡的城市現實中，再也無法漠視南非長期種族隔離惡夢下所殘留的後遺症。

在「仁德樂志」長大，布藍溫和我一直生活在淳樸的鄉間環境中，與各類族人並肩工作，遠離可怕的現實情況。這個國度的純真，早已被現實粉碎瓦解。

九〇年代初期，特別是在一九九四年首度民主選舉之前，南非是個戰區。選舉雖然成功，我們家都很高興，南非終於成為一個沒有種族隔離的社會，至少在法律層面上。然而現實生活中，貧富差異依然存在。

民主制度戰勝了種族隔離之後十年內，心驚肉跳的暴力犯罪狂潮，席捲整個國家。然而暴行對約翰尼斯堡來說，幾乎不存在，因為它多半發生在和城市無關的邊遠鄉鎮。我們家附近，一切依然正常，天空依然蔚藍，並沒有任何變化。但是跨區進入窮困的黑人城鎮，人們卻被「套圈燒死」：將汽油注入廢棄的輪胎，將輪胎吊在人的身上放火燃燒，或被潘加刀砍殺致死。這些暴行基本上像似部族間的戰爭：祖魯人對抗柯薩人，非洲人對抗英國人，黑人對抗白人。於是這群本來就飽受創傷的群眾，心理壓力更加惡化。雖然我們並未正式進入戰爭狀態，但是訴諸暴力的心態普遍存在，人們面臨死亡的威脅，但是長期以來我幾乎一無所知。身處風暴前線的記者都知道發生了什麼事情，但是一般報導多半遭受打壓。在我們多數白人居住的郊區，所聽到的不過是簡短的結語：「索維托又度過一夜騷亂。」我們完全不知道暴亂的程度。一直要到多年以後〈衝鋒俱樂部〉（Bang Bang Club）的記者才報導了全部的故事。（譯註：四位南非攝影記者以親臨前線的寫實照片，報導了當時南非動亂，他們稱自己為Bang Bang Club，他們的事蹟曾被拍成同名電影。）

每天早上乘車上學，或是在約堡的每種社交場合，布藍溫和我都會聽到成年人彼此低聲交談，談論那些死亡人數，發生在白人不會涉足的地區。大家紛紛揣測：我們還要多久會被推翻？會被殺害？母親白天會帶孩子上街，但是只要一到日落，就會退守到警衛森嚴的安全高牆後面。就算我是個不知天高地厚的青少年，也知道冷酷的現實：我們已經成為一個壁壘高築的社會。

只要我們在約翰尼斯堡，晚上總是戒備森嚴。我們對父親的「危險聲音」始終高度警惕，不能發問。布藍溫與我過去在叢林時，就了解並尊重這種聲音，那裡總有獅子與曼巴蛇的威脅，但是在「文明社會」聽到這種聲音就很奇怪。爸爸在進入家門前總是會先繞著車道轉圈，大燈橫掃前面道路。他從不會直接開進大門，會先開車過去，然後再迅速倒車入門，以防掠劫者守候在附近樹林中。儘管爸媽不讓我們知道，但是搶劫、綁架、謀殺是無所不在的威脅。如果爸爸因為工作必須出差，他總是對我說：「別忘了，你是家中的男人，博伊德，這是你的工作，照顧你的母親和妹妹。」

面對南非「後種族隔離」時代的嚴酷現實，我的無知歲月結束在三月的那天晚上。我醒來後發現布藍溫坐在我身上。她這樣做是為了要限制我的行動，我看到她的雙手被綁，門後伸出一把手槍，一位年輕黑人男子隨即出現，臉上的冷酷表情和強悍眼神，是長久生活在暴力與無望生活下的結果。從他蠻橫威逼的態度中就可以看得出來，他的暴力神經隨時可能升高。空氣瞬間消失，似乎一口大氣將氧氣完全偷走。

那名男子和其他兩名男子走進來的時候，是我這輩子所經歷過最致命的恐懼，是我的生命最惡劣的時刻。我面對的不是熟悉、可衡量的風險，不能用野外危險世界的原則和規則處理。這些都是人類，不顧一切的人類。他們不會遵循任何我知道的規矩。我也看不懂他們的身體語言，看不懂任何東西。我的身體在發抖，看到手槍豎起，指著姊姊的臉，我幾乎無法呼吸。

我回到所受的叢林教育。雖然嚇壞了，但是強迫自己保持冷靜。

後來我才知道這批劫匪，已經在家裡兩個小時。當時我在睡覺，媽媽、布藍溫與凱特都在樓下看電影，爸爸不在城內。那些凶手先看到這些女人，用自己的鞋帶將她們捆綁起來，細線深深切入她們的手腕和腳踝，四肢呈現紫色淤青，數週後仍然不退。

他們將媽媽、布藍溫和凱特分開，強迫她們正面朝下趴在地毯上，看不見彼此。布藍溫聽見母親的嗚咽，以為她正被強暴。她的雙腳掙扎想要站起來，但這樣會被槍托打倒，甚至更糟，凱特用身體將她壓住，凱特低聲對她說：「不要動，母親還好。」布藍溫吞下她的尖叫聲。

劫匪後來解開女人們的腳縛，強迫她們上樓以便搜刮抽屜裡的現款和首飾，將這些東西，還有其他任何所能拿的：床單、鍋具、家電、酒，一起拿到外面。他們的英語雖然有限但是非常清楚：「錢，錢，我們會殺了你。」其中一名男子將我們的狗泰迪，關到另一個房間，因為牠瘋狂地吠叫。突然間一片沉默。這些女人嚇壞了，以為牠被殺了，完全失去希望：「如果他們殺了狗，他們也會殺我們。」布藍溫後來告訴我：「我完全接受死亡。有一陣子我想，就是現在了。」

我醒過來後，劫匪將我和布藍溫趕到樓上客廳沙發，母親和凱特雙手被綁坐在那裡。那群人的首領瞪著我說：「槍，槍在哪裡？」我張嘴還來不及答話，媽媽就重踩我的腳說：「我不知道你在說什麼，我們沒有任何槍。」事實上，一支手槍就鎖在槍櫃內明顯的地方，我很怕他們會找到，發現我們撒謊，會就此報復我們。我在樓下房間時就聽見他們在樓上搜索櫃子。我計算每個櫃子的關門聲，一、二、三，手槍是放在第四個櫃子，就在眼睛的水平視線處，但是他們卻一直都沒有發現。

壓力確實會對知覺造成巨大的影響：嗅覺，視覺和聽覺變得非常清晰。我意識到我們四人已能察覺他人的想法。當劫匪和我們同在房間裡時，我們彼此不能大聲說話，但如果他們背對著我們，我們就用身體說話。不知道為什麼，我們都在同一個波段上，能夠互相理解。媽媽決定，當他們洗劫抽屜分心時，她要將襲擊者踢下樓去，她瘋狂的抽動雙腿，用口型發出指令，準備實際行動，但是凱特和布藍溫用割脖子的手勢阻止了她。

一場角力隨即展開，我們試圖尋求人性的蛛絲馬跡，用各式各樣的方式懇求他們。媽媽蜷縮得像位傳統尚迦納女人，嗚咽著說：「請不要傷害我們。」然後她又會非常激動得叫：「這裡沒有錢。滾開！」然後又像是位非洲女族長，對他們下令道：「沒有，停住。你不可以這樣做。」她絕望地倒下：「我跟你們說，我們真的沒有任何東西。」布藍溫試圖誤導他們：「不，不，別帶走那個。拿這個，這個更有價值。」我則稱呼他們：「Mfowethu，兄弟！」

劫匪開始將我們一個個帶出去，指著房間問我們，希望我們將寶藏指給他們看。「錢。我們會殺了你。」其中一個人從我的房間裡拿走我的舊牛皮鞭子，在我們面前搖晃，恐嚇我們：「跟我們說錢在哪，否則我們就殺了你。」我最擔心的是我的姊姊、母親、老師會被強暴。當惡棍走出房間時，我們一致同意，如果事情朝這個方向演變，受害者要大聲呼叫，而其他人要衝過來，不顧一切地和那些槍管搏鬥。

人類數千年的演化，展現在我們的行動中。然後奇妙的事出現，或者該說是出現神蹟。經過幾小時的苦難，布藍溫的雙手被綁起來幾近絕望的邊緣，她走過一個封閉的櫃子，櫃子突然打開，數十張祖母過世的慰問卡突然飄落，布藍溫深愛的祖母戈戈瓦提的照片飄落下來，落在卡片最上面。我敢肯定她正注視著我們。

一位劫匪在我們眼前，卸下並重裝他的格洛克手槍彈夾，刻意計算子彈數量，足夠射殺我們所有人。他們輪流將掠奪品搬到外面。我們後來才知道，他們將我們的一輛車當成竄逃的工具，並將所有東西裝進去。在整個洗劫過程中，他們甚至還休息片刻，拿出冰箱當晚的印度外賣，狼吞虎咽。這種與日常無異的舉動，結合其他充滿威脅性的行為，令我反胃。

但我意識到心中的另一層想法，令我更加噁心。我知道此時此刻如果有機會的話，我會利用各種手段殺了他們。邪惡的意識縈繞在我心頭，控制我的舉動，將我變成一個沒有同情心，毫不手軟的人。我環顧房內，希望能找到可以當成武器的東西重擊對方，或至少造成嚴重流血的傷口。這種思緒正好與我的叢林訓練相反，不是拯救性命，而是不慌不忙，冷酷無情地檢查室內每樣東西，以便能夠殺死或重傷對手。

每當劫匪在房內趕我們到處走時，我就把自己當成目標。我們被塞進樓上一間小臥室內。布藍溫、媽媽和凱特躲在床底下，我坐在上面等待。三個多小時的時間，一場永恆的夢魘。我們瀕臨絕望，擔心他們在離開前會殺掉我們，這是這類搶劫的普遍結果。

其中一名槍手走進房間抓住我的手臂，將我推入走道，用冰冷的金屬槍管緊貼在我額頭上。而在那一刻，穿透心中的邪惡意識，我感受到一股巨大的力量：只關心他人的痛苦。而這股力量保護著我。而後那名凶徒將槍塞入我的嘴裡。我的頭腦和體內迴蕩著一股聲音，一股清醒領悟：「你一直是安全的。」

感覺像是清晰的神聖瞬間。我無暇考慮訊息從哪裡來。就在剎那間，我只知道這種感覺絕對真實，我備受愛與保護。

我從槍筒上抬頭看那名男子。

眼睛一眨。

這是無聲的連結。我才十七歲，他也許只比我大幾歲。但現在我看到的只是一個男孩，一個害怕的小男孩，沒有生存目標，也沒有維生方式。這不是黑人搶白人的政治陰謀，只是一個絕望的人為生存所出的下策。在這表面的舉動下，我看透了他的真正本性，我原諒了他。

在樓下吧台，劫匪要房子和汽車的鑰匙，我給了他們，連同緊急按鈕一起給他們。這個按鈕會發出警報訊號，傳到保全公司：「這是大門遙控器。」我對他們說：「靠近大門時按它，就會自動打開。」他們帶我回到樓上一間空房，布藍溫、媽媽與凱特無聲地坐在那裡。其中一名劫匪仍然揮舞著我的長鞭。我們聽到鎖匙轉動的聲音，腳步聲逐漸消失。

過了一會兒，報警器響徹雲霄，劫匪試圖通過大門。武裝警衛將很快來臨。雖然我們的攻擊者沒被逮捕，但我們的苦難已經結束。泰迪安然無恙的在門後面。媽媽打電話給爸爸，他跳上下一班飛機，從倫敦趕回家。約翰大伯徹夜開車七個小時，第二天早上和我們在一起。

等到我們對警察說明整件事後，已是凌晨四點，我們還是緊張得無法入睡。媽媽點燃數百支蠟燭，這是她相當於用鼠尾草清潔場所的方式，並讓我們每個人用檀香皂洗澡，因為它有鎮靜的作用。我們不斷複述自己發生的事情，依然處在害怕的情緒中。

第二天我們搬出那所房子，再也沒有回去，儘管如此，一連幾個月大家仍然心有餘悸，只是表現的方式不同。如果有人在購物中心關上後車箱門，媽媽全身會一震，甚至馬上趴到地上。她請營區保全經理放好一個標靶，拿出九厘米手槍，將那個東西轟成碎片。她和布藍溫拜訪創傷治療專家，他要她們不斷地複述這件事，然後讓她們試想另一個結局：「你希望怎麼結束？」媽媽想出一副生動畫面，持槍追趕那些劫匪，並將他們一個個殺死。

任何事情都可以觸動布藍溫以時速六十公里的高速逃走：無論是睡在一間大房子裡，或是在夜晚開車，甚至只是一位朋友靠近她的時候。她都無法正常呼吸。花了幾個月的時間，靠著深呼吸與肢體動作，她才能夠慢慢釋放深埋在內心的尖叫。

凱特發現自己內心有種深藏的憤怒，她從來不曾知曉。當媽媽堅持她做「靈氣療法」，治療師輕輕碰觸她的背部，凱特立刻崩潰，埋在陣陣嗚咽聲中。

過了許多個月後，媽媽決定不想繼續活在恐懼中，她說：「非洲是我的地方，是我要在的地方，我要接受這件事，讓它過去，不再讓這件事主宰我。」她、凱特和布藍溫寫信寬恕劫匪，表達整件事給她們的啟發與感激。她們認為自己之所以還能生存下來，是要在這個世界上做更偉大的事。然後她們將信件投入大海。

我不想整理自己，也辦不到。「不，我很好。」每當媽媽提起這件事時，我總是這樣回答，但是我沒有很好。我們全家決定，不再談起整件事情。

爸爸也深受打擊，但是方式完全不同。對他來說，這是第三次打擊，先前兩次打擊才剛發生不久。

四個月前我跟爸媽在一起，我們接到消息，祖母發生車禍。我們驅車直奔醫院，沒有人告訴我們發生了什麼事。我滿腹懷疑。一位護士帶我們到一個邊間說：「在這裡等。」我的心中倏然警覺，果然，幾分鐘後醫生趕到，對父親說：「你是瓦提先生嗎？很遺憾，你的母親今天早上十點二十五鐘過世了。」

爸爸瞬時跌坐在椅子上，雙手埋住臉龐，像座巨大的雕像被推倒，四分五裂地倒在那裡。這是我的父親，曾經在面對危險時，抓著我的襯衫引導我到安全的地方，曾經雙手用力在荊棘樹間扯開洞口，曾經是我的支柱，現在一句話就被打倒。

「你想看看她嗎？」醫生問。祖母躺在手術台上，床單拉到下頷，躺在那裡好像正在安眠。爸爸沉默不語，低頭看著自己的母親。媽媽輕輕除去她手上的大戒指與項鍊，交給我們。

我們都知道祖母是「仁德樂志之母」。當每個人都建議她賣掉農場時，她卻信任兩個十幾歲的兒子，將他們的野外遊覽之夢，打造成一門生意。祖父去世後十五年間，她沒有回過「仁德樂志」，因為回憶太痛苦。但十五年過後，她經常回到這裡。每次回來她都會帶來蘆薈，沿著小徑重新栽種，還有鮮奶塔派，鬆軟的奶餡在盒上不斷晃動。她會與父親一起去野外遊覽，手牽手並肩坐在路虎車上。

在醫院的那一刻，眼前的父親頓時回復成一位小男孩。我明白有一天我也會成為石板上的軀體，令我心神震撼，但我保持冷靜。我需要幫助父親，給他堅強的力量。

祖母去世後兩個星期，帶著沉重的心情，爸爸親自飛到倫敦見ＣＣ非洲的股東。公司正處於虧損狀態，但爸爸相信只要做些調整便能轉虧為盈。畢竟他已經和這些商人在一起工作長達十年，建立了二十三處生態旅遊中心，雇用了三千五百多名非洲鄉親，同時在「芬達」設立了一座全新公園。爸爸迫切希望公司能夠靜待虧損結束，保持他對未來的遠見。

幾個月後。當家人陷入嚴重威脅時，父親卻又在倫敦，為保障ＣＣ非洲的營運作最後努力，家中浩劫嚴重地打擊父親。而且就在那次會議上，股東決議反對他。他愛ＣＣ非洲，就像他愛「仁德樂志」一樣，但是公司無法用愛回報，這不是做生意的本質。現在他被踢了出去。不知道下一步該怎麼走。

父母床頭的小玻璃桌上，有一張黑白照片，是爸爸第一次參加拳擊比賽的照片，當時他只有六歲，正在躲避一位較大男孩的重拳。照片背面是模糊的鉛筆字，上面寫著：「戴夫的第一場拳擊比賽，鼻子流血，但堅持到最後，贏得勝利。」自此之後，儘管鼻子流過無數次血，但他也獲得了許多場勝利，可是我不知道在母親過世、離開ＣＣ非洲、家人遭劫時卻不在家，在連續三拳過後，這次是否能不被擊倒，恐怕連他自己也不知道。

父親不知道對我說過多少次「叢林大戰」的故事。拳王穆罕默德阿里和喬治福爾曼兩個人，在剛果的薩伊舉行世紀拳賽。這場拳賽的錄影帶，爸爸和我至少看了幾十遍：阿里在整場拳賽中，幾乎都處於挨打狀態，但是到了第八回合，阿里重新找到契機，拾回鬥志，創造一個歷史性的時刻，他出拳擊中福爾曼，你可以看到汗水從福爾曼的額頭噴出。就在這一剎那，整個戰局改觀。阿里開始在福爾曼的耳邊唸道：「你真不該來非洲！」幾記右勾拳，幾記左勾拳，外加一記重拳直接打到臉上，將福爾曼打倒在擂台上。父親對這場拳賽深深著迷。然而我懷疑父親是否能夠重新拾回那遠在天邊，只有偉大的拳擊手才能找到的契機，重新振作。

過去我總認為爸爸是阿里，但是現在，他看起來卻像福爾曼，躺在台上倒數計時。

他不跟我說，但是我很清楚，爸爸灰心至極。眼神中有某種我從來沒見過的陰影。

我也在改變，只是我太麻木，所以沒有真心體會。搶劫事件過後，我知道我們再也不會與過去一樣，我們了解到在暴力的威脅下，安全警衛不過是種脆弱的假象。就在那個星期天晚上，無論是睡在床上，或是在家裡看電影，都有人在監視著我們。

你以為荷包滿滿，市場卻崩盤，你以為安坐美麗家園，卻遭無情劫掠。我從叢林世界中學到，就算是最危險的野生動物，行為也多半可以預測，可是現在我了解，即使是最平凡的人類，也無法預測。

被迫接受侵略的感覺，像是被下了毒藥，無論是受害者或是犯罪者，都會喪失人性。我討厭這段過程讓我有這種想法，我討厭犯罪者令我付出代價，讓我在清醒時產生焦慮，睡覺時惡夢連連。我也討厭內心的黑暗面，一直想要如何反擊那些罪犯。一旦你走上想要策劃謀殺而且打算認真執行的險路時，你就不可能重新拾回純真。我的叢林教育令我受益匪淺，讓我在整個過程中保持冷靜，給我一種冷酷的滿意感。但是發現自己在更深層的意識中，潛藏著一位冷血凶手時，我付出的代價難以估計。

我並不知道，看不見的彈片深埋在皮肉與骨頭裡，埋得太久逐漸麻木，形成常態，甚至忘了它的存在。

「你永遠是安全的。」冷酷麻木的感覺，掩蓋了這份溫暖的認知。還要很久很久以後，我才能重新回到那天晚上，看清楚那時的光明與黑暗。

第十八章
尋找答案

「對未來有什麼計劃？」媽媽問我：「你的腦筋很好，我希望裡面有點真才實料。想過上大學嗎？可以讓你有點成就。」

「我沒看過誰在大學裡，學到有用的東西。」我不認同。搶劫事件過後，我在陰霾中勉強唸完高中。

「是有點道理，不過學習總有幫助。」媽媽說。

凱特提出一個解決方案：「博弟，何不放個空檔年呢？」

對大多數的十八歲孩子來說，上大學是項嚴格的考驗，而空檔年（gap year）則是進修前的輕鬆時期。我大可以跟大家一樣，去一個熱帶島嶼找份工作，當一年的酒保，享受喝蘭姆酒和漂亮女孩上床的日子。可是我不覺得這是我要的生活，我要的不是盲目的享樂。搶劫事件在我內心炸出一個大洞，這件事影響我這麼深，讓我感到很難為情。我認為如果我能找到有意義的事情做，我可以在沒有人發現的狀況下，重建自己。

爸爸始終認為布藍溫與我應該具有國際視野。他認為旅行是擴大視野的最佳途徑。我一直在尋找我是誰，我該安身於何處。有的時候在陌生的環境中，反而有助於了解自己。於是我決定去旅行，離開成長的環境，重新發掘自我，我希望旅行世界各地，盡可能了解各地文化，還可能讓我了解自己。

我在尋找答案，但是還不十分清楚問題是什麼？

經歷和凱特的冒險後，我自認是個經驗豐富的世界旅行家，然而結果我和那些乳臭未乾的十八歲少年沒什麼不同：沒有計劃，沒有錢，也沒有方向。

少年時，我曾仔細閱讀朱利安約翰遜（Julian Johnson）的《大師之路》（*The Path of the Masters*），這本書是父親買回家的精神導讀。也是早期試圖將東方靈修學問，介紹給西方世界的一本書。我現在渴望遇見一位大師，或是看到某種異象。我希望答案能夠自行出現，像聖經中的「荊棘火焰」或「天上之聲」。我從書上讀到印度有位大師，他應該可以為我解惑。

兩個星期後，我在新德里，與其他上萬人一起聆聽大師講道。群眾秩序井然，無人推擠，一排排的人群，整齊安靜地坐在那裡。吟唱聲像一波波的能量，傳遍受眾。

大師身著一襲白衣，頭盤莊嚴頭巾，抵達現場。他從不同的聖典，包括可蘭經和聖經中，引用不同的經文。「所有的教義，核心都是一樣的。」他對我們說：「探索之旅也是一樣。人類自行創造出來的教條和儀式，使得這趟單純之旅，更為複雜。」他敦促我們透過打坐，尋求內心的平靜。

或許這就是答案。我留在靜修所內，坐在椅墊上尋找啟示。第二天，我坐在大師面前進行個別會談，準備毛遂自薦，希望成為他的新助手。

他的眼神柔和美麗：「不要加入我們，去感受這個世界。記住，整趟精神之旅是內在的。當你年紀大一點的時候，如果你仍然有這種渴望，再回來找我，我再幫你踏上這段旅程。」他對我說。

整趟精神之旅是內在的。我甚至不知道這句話是什麼意思？

啟蒙之道或許是通往馬丘比丘的聖谷：印加古道。我和一位朋友的朋友安迪結夥作伴，去見一位傳統南美巫師，他同樣拒絕我，要比東方大師無情得多。他知道我們根本沒有準備好與他同修。安迪與我接著深入亞馬遜叢林，環繞在世界的呼吸與免疫系統中，但是換來的卻是一記重槌，還與嚴重的水土不服，搭配得巧妙無間。話說當時我腹痛如絞蹲在地上，這時溝壑邊的一顆樹，卻突如其來的斷裂倒下。我不得不閃到一旁，以免被砸得粉身碎骨。

我告訴安迪所發生的事，他說：「媽的，瓦提，我搞不清在你身邊，是世界上最安全還是最致命的地方。你是一塊他媽的磁鐵！」

安迪說得對，我的確感覺自己突然像是一塊磁鐵，吸引周遭一切禍事。我通常是在既陌生又不安的環境中，感覺活力無比。但在這裡，在這個生命力最旺盛的地方，我卻覺得既陌生又不安。

經過叢林之劫後，安迪和我分道揚鑣。我漫無目地的到處亂走，在徹夜播放西班牙電影的巴士上，度過無數單調無聊的時光。

我從智利聖佩德羅搭乘巴士出發，去參觀當地溫泉。導遊在車上諄諄告誡我們，到達以後要小心走路，不要太靠近那座熱氣騰騰的溫泉，因為溫泉邊緣的礦石非常脆弱，容易鬆脫。我們在那裡自由活動，觀賞溫泉蒸汽滾滾而上，形成團團雲霧，大約十分鐘左右，一陣尖叫劃破晨間寂靜，我看見一個人掉落水中，在沸水中掙扎，十分恐怖。

多年來的野遊急救訓練自動啟動，我連忙跑過去，和其他幾個人一起想將他拉出水面。但是沸水傷害已深，他的大塊皮膚脫落，落在我們手中。

這是我所見過最恐怖的事情之一。可憐的人不斷喊道：「我要死了，我要死了。」我永遠不會忘記他眼中絕望的神情。如果你是一個信徒，你可能會說天使已經在那裡帶他回家。或者你可能會說，他的絕望是因為震驚造成的生理反應。無論如何，我相信他那天早上醒來，絕不可能知道自己再過幾個小時，將會可怕的死去。

救護車離去後不到十分鐘，我走回旅遊巴士，吃了一個三明治，更具體的說，是一個麵包裡面夾有鮮肉的火腿三明治，當時我並不覺得這是多麼詭異的舉動，不明白過去的清純歲月，已徹底從生命中溜走。創傷造成心靈麻木，它的問題就是：你活在其中，卻毫無感覺。

「你是一塊他媽的磁鐵，瓦提。」結束南美之行後，我回到「仁德樂志」，心中的創傷比離開前更嚴重，我默默讓自己重回叢林生活，帶客人出去遊覽，晚餐時分刻意成為體貼主人，按時說故事、講笑話。告訴父母我的旅途，但從來沒有跟他們談過我的感受。

表面上我看起來似乎很正常，但是我開始在半夜驚醒，心臟狂跳，儘管空氣乾燥，汗水卻流遍全身。上午帶團出遊過後，氣候溫暖時，我會離開營區，像我的祖先一樣往下走到蘆葦稀少的小徑，來到溫暖的花崗岩穴，沙河清涼的河水流經這裡。馬圖米樹糾結的樹根往下深入土中，我牢牢抓住樹根，讓激流沖刷過我，讓我感覺那種刺激，自己正被激流帶走。

沙河對我們家來說一直都很特別。在一張陳舊發黃的黑白相片中，家人們在河中游泳，河水晶瑩剔透。父親受到這張照片的啟發，長期守衛這條河流。他以狂人般的精神，捍衛任何破壞水域的活動。他紀錄河水漲落，乘坐直升機載著政府官員，飛越整條河流，展示上游集水區造成的傷害，還差點與跨國林業公司總裁打架，他們要在這些集水區內種植非本土林木，會對集水區造成重大傷害。爸爸知道這條河對整座公園的生存，以及我們對造福世界的意識，至關重要。他也知道如果任憑一條壯麗的河川乾涸枯盡，他的心情將很難平復，我們的心情也是一樣。

二〇〇二年十二月，接近空檔年年底，我的旅遊搭檔安迪和兩位朋友前來「仁德樂志」探望我。我們的歷程都一樣，空檔年即將結束，準備進入大學。但是我和他們不太一樣，毫無輕鬆愜意的心情。

這天炎熱潮濕，我決定帶領小組下去沙河遊玩，他們個個興高采烈，在他們面前我略顯沉默。深及膝蓋的清水正召喚著我。我涉水入河，尋跡員索利則在岸邊守望，時刻保持警惕。我本來不想拖著他和我一起來，但布藍溫堅持要我帶他。

「博伊德，如果你要去河邊，帶索利跟你一起去。」她一副「不理我，你就慘了！」的大姐口吻，堅持的語氣讓我訝異。

我自認沒有危險，河水清淺可見，我慢慢步入水中。河邊一窩沙土下沉，形成一圈水池，我就坐在水池中。高大的馬圖米樹投下一圈幽涼的樹蔭，舒適地籠罩著我。朋友們游入附近的淺水地帶，我往後躺在一圈小渦流中，先前大水過後，暴露出的樹根形成渦流。我伸展整個身軀，讓雙腿掛在水中，蕩來蕩去。

關鍵字：蕩來蕩去。

鱷魚的下頜猛然咬到腿上的感覺，像是一把加壓虎鉗綁在轉動電鋸上。「趕快離開水面！」我痛苦的對他們尖叫，領隊的職責，深植我心。

鱷魚企圖將我拖入更深的水域，慢慢地淹死我，但是我的雙手緊緊地攀住馬圖米樹根，雙腿開始瘋狂踢動。我不知道大腿是否已經深入鱷魚喉嚨，令牠反胃，或者是牠乾脆放棄，我只知道突然之間，腿部壓力解除，我設法從水中爬上樹根，爬上馬圖米樹懸在水池上的樹幹。一場襲擊在幾秒鐘內結束。

我低頭一看，心中暗叫該死，腿上的皮肉已經被扯得面目全非。整個後腿一整塊脫落掛在那裡，露出一層銀青色的肉層，直達腳踝足腱。富有彈性的白色筋腱上印著幾個大洞，活生生被扯裂。大量的鮮血從撕裂的傷口中湧出。

我從來沒見過索利步入河水，但是現在他正在水中，站在我身前，手上的步槍已經上膛。他跳入水裡穿過鱷魚，游到我身邊的舉動，真是非常英勇，儘管我已經從樹幹上跳到岸邊，還是充滿危險。鱷魚隨時可能回頭，發動第二次攻擊。

「索利，回來！我們要離開岸邊！」

索利一隻胳膊拿著步槍指著水面，另一隻胳膊抬起我。腎上腺素的刺激，使我爬上岸邊最陡峭的區域，再爬回岸邊平地。我無力地倒在地上，無法呼吸，被我自己的血腥味嗆得幾乎喘不過氣來。

千萬不能驚慌。千萬不能驚慌。大伯的警告閃過腦海。我開始讓自己冷靜下來，也要求圍在身邊，睜大眼睛的傢伙們冷靜下來。索利脫下他的襯衫，我用襯衫緊緊包住腿部，當作臨時止血帶。等他扶我走到路虎邊的時候，血液已經濕透襯衫，在車身上留下一抹厚厚的血跡。我從路虎內拿出一床狗毯包在襯衫上，試圖減緩出血速度，包緊腿上肉塊。

危機時刻，行動放緩。現在是父親的聲音，這項古老的叢林守則，像是老式卡帶一樣迴盪在耳際。安迪忙亂地抓著路虎方向盤，高速地開在高低起伏、顛簸不平的路面上，希望讓我快點回到營區。「沒關係，安迪，慢點，慢點！」我咬著牙對他說。

花了一點時間，我才透過路虎無線電，和營區通上話：「我是博伊德，我被鱷魚咬了，需要一隊醫護小組。」鮮血滲透索利的襯衫和毛毯，不斷地湧現到手排檔邊。我懷疑自己可能死於失血過多。一時的震驚封鎖住所有的痛覺，雖然頭腦有點飄然，卻很怪異地感覺一切都在掌控中。

知道自己終將死亡，而且可能就在今天，不過不是死於劫匪槍口，而是死於愚蠢，這兩者間的差異，真是不可同日而語。

園區設法聯繫一架飛機來接我們，一組嚮導和我先在叢林會合，他們攜帶正常急救設備，重新包紮傷口。當他們解開那些血腥布片時，一位護林員看見傷口不禁窒息欲嘔，血液氣味在非洲熱氣蒸發下，確實強勁。

驚嚇逐漸退去，我的腿部開始劇烈悸動，疼痛不斷升級，好像有人將音響的音量不斷轉高。

這時有句話突然像道雷射一樣，在我腦海中突然乍現，這是幾年前從凱倫斯萊特那兒學來的一句吟誦：「Amaram madhuram。我是永恆，我很幸福。」

吟誦聲充斥腦海：**我是永恆，我很幸福**。

回到營區，他們把我放在好友亞歷克斯的辦公室。我可以聽到他打電話給母親。

「嗨，姍恩，我是亞歷克斯……是的，我很好，謝謝你……是的，昨晚下了一點雨……姍恩，是的，一切正常。只是博伊德被鱷魚抓到，不！不！我的意思是被咬到！被咬傷，不是被抓走。他現在躺在這邊的地板上。對，他看起來似乎還好，但是我們會用飛機將他送到內斯普路醫院……」亞歷克斯採取尚迦納人一向擅長的低調風格報告，但是媽媽很了解，在野外遊覽生意中，最糟糕的事就是聽到別人說：「一切正常。」

他們開車送我直抵機場跑道，還要飛一百二十公里，才能到達內斯普路。一路上每顛簸一次，我的腿就震動一次，全身就陣痛一次。布藍溫的男友西門握著我的手，我感覺到他的溫暖，我非常肯定，發生意外有機會讓我們看見人的真情。

不知道為什麼，醫院工作人員不停稱呼我為查理斯，那是曾祖父的名字。當他們告訴我，他們希望照射腿部X光「看看是否有任何牙齒留在體內」時，我的心頭竟然掠過這種想法：如果有的話，將會非常的酷。

透過外科醫生潘沙格拉博士出色的巧手，我的腿重新被縫合，外部二百六十針，內部八十針。

接下來幾天，我盯著腿部不停轉變成各種不同的顏色，期望它慢慢復原，同時祈禱一瓶瓶的抗生素點滴，能夠助我抵抗感染。媽媽陪在我身邊，秉持一貫瓦提家的風格，知道我會慢慢復原後，她的同情心開始減弱。到了第一天下午，全家人已經度過緊張時刻，爸爸和約翰大伯來醫院時，毫無任何安慰的話。畢竟，我的粗心招致「仁德樂志」首度出現鱷魚攻擊的報導。（一位非常有經驗的克魯格國家公園護林員後來說道：「說到鱷魚啊！我學到的是，晚上就連洗澡水也要檢查了。」）

我真的不希望有任何訪客。人們喜歡誇耀受到鱷魚攻擊還能倖存的英雄故事，如果說我不想誇耀那是假的，有幾次在酒吧裡，我把攻擊的鱷魚誇張成一隻長達三公尺的野獸，我只用一根牙籤就把牠給殺了。不過說真的，這次事件讓我十分羞愧，因為有可能是小組中的其他人員遭受攻擊，事前我已說過那個地方很安全，然而卻大錯特錯。一年前我才取得護林員的資格，現在卻堂而皇之地徹底搞砸。

報紙很快抓住這次事件的勢頭，斗大的標題：「鱷魚攻擊環保主義者之子」。一間報社寫道：「南非最有影響力的保育家族的唯一兒子……本週在鱷魚攻擊下死裡逃生。」爸爸利用這個機會推廣他的河流保育運動，他對記者說：「這次襲擊實際上是個好兆頭，證明從六〇年代就瀕臨滅絕的鱷魚數量，已經開始恢復。由於當地水土保育方法成效卓著，水質有所改善。我們不認為這種鱷魚有問題，所以不會射殺牠們。」約翰大伯認為我之所以能夠逃脫鱷魚的大嘴，只是因為我意外地一腳踹到牠的喉袋瓣門，這是鱷魚在水中控制大嘴張合的閥門。因此他把我的苦難遭遇，寫成流行歌曲「踢牠的喉袋」，在營火邊傳唱，這樣他能折磨我一輩子。這是純正瓦提家的態度：沒什麼大不了，拯救動物要緊。

我拄著拐杖走出醫院，右膝下有一塊鈣化骨，腿後有一道長疤，而且因為我的右腳現在詭異地往前伸出一點，於是我們家奉送我一個綽號，叫我「球棍腿」。只是我的內心還有更深的傷痕。

充滿冒險的生活，過去看來像是上天的恩賜，現在看來不但毫無意義而且令人害怕。河裡的鱷魚、口中的槍筒，小聲的警告：「我會殺了你。」

到了空檔年的年底，我的確體會到一些年初未曾體會到的事。不過我沒有對任何人說，因為雖然我和其他朝聖者一樣，也經過一番辛苦追尋，可是我依然毫無頭緒。

但是從我的外表上，你看不出這點，我就像是一位普通的十九歲少年，一頭亂髮，鬍鬚叢生，戴著皮革手鐲，站在岌岌可危的橋上，莎士比亞的話語迎風而來。

第十九章

死一般的寂靜

獅子笨拙地咬住疣豬。牠的下顎沒能夾住疣豬的氣管，疣豬發出淒厲的叫聲，那種接近原始的哀嚎，就連我也感到不安。

周圍的獅子開始朝那可怕的聲音奔去。遊客、索利和我，才剛坐在路虎上，看著那群獅子懶洋洋地躺在火炬木樹的樹蔭下，這時一頭母獅緩緩步出我們的視線，我們以為牠在找更陰涼的地方，然後就聽到一陣嚎叫。聲音改變了野外遊覽的氣氛，喚醒了我們原有的本能，那種了解狩獵、殺戮與危險的本能。

索利尖叫著。「走！走！走！」他要我開車朝聲音方向前去，讓客人可以捕捉發生的事。坐在身後的一位客人非常激動，拍著我的後腦勺，尖叫道：「帶我們走！快點，哥們，快點！」幾秒鐘內，我們將親眼目睹大屠殺。

疣豬撕心裂肺的尖叫聲，已經被獅子深沉凶猛的咆哮聲所扼殺，牠們正猛烈地攻擊對方，以保護自己的戰利品，牠們的耳朵放平，臉上帶血，巨大的獅爪不斷揮舞。殺戮時刻，每頭獅子只顧自己。

這是一場恐怖的景象。雖然疣豬還在死命哀嚎，獅群們已經剖開牠的腸胃，開始進食。客人們瘋狂拍照，快門持續開關的聲音籠罩現場。

我密切注視這群遊客，深知這份場景對他們來說很具挑戰性。大學畢業後，我取得護林員資格，回到「仁德樂志」工作三年。護林員訓練的一部分，就包含如何協助遊客面對大自然的殘酷現實，面對殺戮。而我再次訝異地發現，我們每個人面對死亡與伴隨而來的恐怖景象，明顯不同。果然，一位女遊客的表情從全神貫注轉成不忍觀看，眼淚開始滑落，靠在丈夫身上。丈夫看了我一眼，表示他們看夠了，但其他客人卻尚未過癮，他們的相機還在按個不停。

我決定不要增加那位哭泣女客的痛苦，無視於其他遊客的抱怨，開車離開現場。

現在我才了解，我們必須有足夠的空間，真正感受悲傷。我們需要讓痛苦深印內心，深到讓我們了解生存的意義，深到能夠塑造我們，這是純真無知永遠無法做到的。誠如性靈大師拉姆達斯(Ram Dass)所說：「只有在靈魂的暗夜中，才能看到上帝所看的，才會愛上帝所愛的。」我發現自己欣賞那位客人，她沒有隱藏自己對那頭疣豬的同情，佩服她拒絕鼓起虛假的勇氣，剝奪我們應該感到悲傷的時刻。

感受悲傷應該是件神聖的事。祖母去世時，我竭盡所能安慰爸爸，希望能讓他感覺好些。後來我才明白，我永遠不會減輕他的痛苦，應該單純地讓他感受。

我清楚地見到死亡與新生，手牽著手共同降臨這個世界。那年十二月，黑斑羚羊產下幾百頭小羚羊的同時，我也見到「仁德樂志」的每頭花豹，都會叼著一頭小黑斑羚兒上樹，我再度哀悼結束的童真。「在你了解善良存在內心深處之前，你必須先了解悲哀也是另一件存在內心深處之事。」詩人謝哈布奈（Naomi Shihab Nye）說。

接著我的外祖母哥爾絲被診斷出患有癌症，接受初期的輻射療程後，她拒絕進一步治療。幾個月後她搬到「仁德樂志」，配合這裡的生活步調度日。不過有時我認為我們的生活是配合她的節奏進行，一種全部放緩的節奏。

我們全家計劃十二月去占吉巴島度假。計劃先搭飛機，然後再坐路虎，顛簸行駛一段小路後再上船，乘風破浪到一座偏遠的島嶼，去住那裡的草屋。這段旅途對老當益壯的人來說都嫌困難，何況是一位剛被輻射治療折磨過的女人，簡直就是一項不可能的任務，我們該怎麼照顧哥爾絲呢？

爸爸召開家庭會議：「聽好，我知道她很虛弱，我知道占吉巴路途困難，但我認為我們應該帶她一起去。」他一向很敬愛他的岳母。

「我不知道，她很虛弱。」我擔心地說。

「她要怎麼去飯店吃飯？她那麼虛弱。」布藍溫同意。

爸爸有一個解決辦法：「那麼，就讓我或是博伊德抱著她去。」

「醫生說這樣不好。」媽媽說。

「醫生都是這麼說，我說我們帶她走。」這就是父親迷人的魄力，他知道她快不行了，我們也都知道，但他不顧一切說法，願意自己帶她走，同時也言出必行。我們一起抱著哥爾絲上下船，抱著她去吃飯，抱她進小屋，抱她穿越新家門檻，好像抱新娘一樣。她也高興地讓自己受人照顧，從頭到尾照著我們的劇本一起玩，堂而皇之地揮著手臂說：「帶我去吃飯，博伊德！」三十年來，她第一次在海中游泳，這是一個難忘的假期。

哥爾絲一直都是位膽小的女人，現在才開始新的生活。回到「仁德樂志」後，有一天我與媽媽看見哥爾絲在窗外，慢慢走近隔離大象的電欄，她一輩子都很怕大象，現在卻彎下腰，蹲在圍籬邊，悄悄靠近漆樹下方的一小群象。這時我才終於認識外婆的本色，不再害怕，但我就快要失去她了。

我們的管家菲利普，對待哥爾絲溫柔謙和，從他身上，我們看到耐心和步調放緩的模範。他將一位垂死的女人安放到一個陽光明媚的地方，然後沉默地坐在附近，直到她想要移動為止。「哥爾絲，我可以幫你做所有的事。」他會這樣對她說，尊敬長輩莫過於此。他教導我如何真正握著心愛的人的手，拋開自己的心事，直到她離開這幅無用的軀體。菲利普為外祖母架構了一個充滿關懷和愛心的世界，讓她安然遠走。

從這位親愛長輩日暮西山，老邁斑駁的臉龐中，我看見某種深埋內心的情緒，像是閃電一樣照亮心頭，你現在所過的生活，是自己的選擇造成的，不是別的因素。難道我們一定要這麼晚才了解嗎？到老了，還怕穿泳衣嗎？

哥爾絲會在祖母親手種植的蘆薈花園各地漫步，安然接受她將去世的現實。我看著她最後一次在太陽鳥與蘆薈中散步，嚥下最後幾口食物，最後只靠冬日的溫暖陽光維生。

她要求回家一個星期，坐在自家的小廚房內，一邊喝茶，一邊俯瞰內斯普路山谷，然後帶著她一貫的尊嚴，離開她的身軀。

我們當然知道哥爾絲的大限即將來臨，心理早已有所準備。但是最終的離別依然若有所失。對她的母親不再遭受病痛折磨，媽媽雖然釋懷但是依舊傷心，她的母親一直是她的試金石。媽媽在心力俱乏之下，同意讓我們照顧她，同意讓我帶伯爵茶給她，同意讓爸爸幫她放洗澡水，而布藍溫則是抱著她。

厄運還沒結束，我們心愛的狗狗泰迪也開始衰老。我以為我們是個務實的叢林家族，所以當時候到了，我們應該像農夫比爾一樣，帶牠出去，就地解決。但是，完全不是這樣，泰迪身體衰弱時，我看到母親拿著湯匙，一口口地餵牠，還不斷安慰說：「你是我的小心肝。」泰迪一直陪伴我們，捱過幾次大風大浪。牠無條件的愛和快樂提醒我們，世上美好的事物依然存在。從心靈角度來看，狗符合所有需求（除了惱人的小狗之外）。所以這頭黃金獵犬的去世，代表我們失去一位心愛的家庭成員。

菲利普和我們一樣，對泰迪的死亡深感悲哀。他不想讓腐食動物聞到屍體氣味將牠挖掘出來，這在叢林中頗有可能。於是他挖了一個深如墓穴的坑洞，再深兩呎可能就掘出熔岩了，以此表達出他的悲傷和決心。可是要將泰迪的屍身放入這麼深的墳墓，有點困難，於是我跳下去站在裡面，爸爸再將屍身傳下來給我，小心翼翼地不要失手。

「莊嚴地對待牠的身體，」媽媽在一邊說。

「我會的，但是他媽的很重。」我咕嚕地回了一句。

「不要讓沙子落在牠的臉上。」媽媽警告。

「別告訴我該怎麼做！」我幼稚地回嘴。

我們的心情都很難過。媽媽顯然將她母親去世的憤怒和悲傷，一股腦發洩在哀悼泰迪身上。爸爸開始哭泣。我們一起祈禱，並感謝宇宙(有的時候我覺得我們很像嬉皮，應該就搞一個嬉皮村，可是我們太忙了又不像嬉皮)。

我們種了一棵樹以紀念我們這頭無價之寶，牠能在叢林中活過這些年很不容易。可是第二天早上媽媽醒來，發現一頭羚羊正在大嚼樹葉。她認為這樣很不尊重泰迪，這些年來她所種過的其他大樹，無論是被猴子、大象、狒狒踐踏摧毀，甚至還有水牛用頭頂尖角撞擊樹幹，這些都沒關係，只有泰迪的樹不可侵犯，悲傷之下，媽媽在樹的周圍用鐵絲網架起一圈護欄，牢不可攻的程度直可凌駕萬里長城。

我們都接受死亡的輕聲召喚，然而在所有聲音之外，一種毫無意義的噪音正在嘶鳴。

這一切大約發生在八個月內，最終形成一場大亂。

爸爸和大伯投身一項建立亞洲老虎保育區的計劃，計劃是當老虎在亞洲滅絕後，這個保育區可以為牠們延續後代。這項計劃具有典型瓦提兄弟的特性：目標空前，規模龐大，執行艱難，因此難以抗拒。如果他們能夠實現這項計劃，將能避免當時全世界僅剩約三千多隻的野生老虎全面絕種。

這項計劃也可完全發揮瓦提兄弟的技能：約翰大伯能夠貢獻撫育獅子辛加與花豹賈姆的經驗，將養在動物園裡的獅子重新野放，並且幫助牠們在野外撫育下一代，而父親則將過度放牧的土地，重新回復生命，約翰的紀錄片還可引起全世界對獅子的關注。「芬達」和「仁德樂志」當時已經成為保育項目的成功指標，所以爸爸和約翰大伯很興奮能夠投入新的挑戰。在連遭祖母過世與CC非洲打擊後，母親也很高興父親能夠充滿希望，重新振作。

父親與約翰大伯全心投入這項新計劃，但他們的行動過於急切，投身太快。於是這項計劃基礎還未穩固時，一位投資者開始不滿，興師問罪，對我們發動一場漫無止境，混亂不明，又拖上許多年的官司訴訟。這場官司勞師動眾，耗盡我們所有的情緒和金錢，特別是發生在那些打擊之後。

布藍溫與我第一次見到父親真正被打倒。他和約翰大伯對他們所做的事一直深具信心，相信我們冥冥中深受庇祐，現在這份信念已完全瓦解。過去我們的經營理念一直是：同心協力，解決問題。但是現在沒有我們能夠解決的事，整個過程的複雜超出我們的理解。我看到父親接獲律師電話後心神盡失的情景。我也在回家後，看見他縮成一團睡在沙發上的情景，像是挨了一頓狠揍，精力全失，這些景象令我心碎。有時靠近他身邊，還可以從他的皮膚中聞到縷縷腎上腺素氣味，那是只有經常瀕臨重大危險才會真正了解的氣味。

我再度想起那場「叢林大戰」。或許父親早就知道他的人生，將面臨類似的戰鬥。就算他不說，我也是他的場邊助理，就算不出拳，也要和他一起戰鬥。

可是要如何出拳揮擊烏雲呢？我很希望這是一場明確的戰鬥，至少我有事可做，而不是像現在這樣，沒有可以智取的劫匪，沒有能夠逃脫的鱷魚，沒有任何肢體動作。對手是身軀不明的易形者，無法緝捕。

隨著事情愈來愈瘋狂，威脅愈來愈沉重，全家都感受到那股壓力。官司拖延到第二年，然後第三年，第四年。我們企圖維持表面穩定：經營園區，招待客人，支付全村員工薪水，但是悲傷和恐慌的心情無法隱藏。布藍溫非常專心的經營園區每項業務，通常早上六點就開始工作，直到半夜才結束。她擔心錯過最小的細節，可能會造成無法收拾的災難。

我認為只要把事情做好，當個好兒子，就能減輕父親的壓力，我要全力支持他。所以每天早晨醒來之後，就帶著戰馬出去耕地，機械式地為客人端茶倒水，領隊出遊，修理打水幫浦，我的人在那裡，但是心中最狂放的部分早已遠去。

在威脅中討生活，我們沿尋舊習：開始喝酒。我們成了一群醉貓，一個晚上可以幹掉三瓶葡萄酒。

姊姊努力從烤箱內拿出烤雞。弗利伍麥克樂團的音樂響徹雲霄，她用帶著手套的手，為自己倒上第二或第三杯酒。

「可以把音樂關小聲點嗎？」媽媽說，已經用手調降音量，她正在喝第二杯酒。

這可激怒了布藍溫，她認為廚房內廚師最大，她把音量調回原點。現在，弗利伍麥克的音樂，成為廚房的溫度計，測量緊張氣氛。

我處理這個問題的方法，是進攻另一瓶啤酒並說：「媽媽，放輕鬆，我們在這裡做飯。去客廳坐吧！」

「放輕鬆」適得其反。「我很放鬆。只是聲音太大。」媽媽喊道。

「我在這裡做飯，讓我一個人做飯！」布藍溫說。現在，我們不是為音樂而吵，我們是為煮飯而吵。

「大家冷靜下來。」我說。

媽媽與布藍溫像憤怒的母獅，一起轉向我：「閉嘴。我們很冷靜！」布藍溫砰然蓋下鍋蓋，表達她的觀點。

「別針對我！我只是說要冷靜而已！」我說。

爸爸適時走了進來：「天哪，不要叫了！」他睡了半個多小時。每天晚上六點到八點間，他的頭腦不清醒，而從凌晨三點到早上八點，他卻又無法入睡，這種情形已經持續了好幾個月。下一首歌曲呼嘯而起，布藍溫砰然蓋上另一個鍋蓋。

「這是怎麼回事？」爸爸想知道。沒有人想回答。

「就是在切雞。」媽媽厲聲道。

爸爸開始跟隨音樂叫囂。「爸爸，小聲一點。」我努力保持和平。

「如果這太大聲，就表示你太老了！」爸爸說出他在收音機中聽到的標語，不知不覺中也得罪了媽媽。

「你幫營區訂了窗簾嗎？」爸問媽。晚上八點，爸爸開起旅館經營會議來。
「我已經從約翰尼斯堡訂了，但訂單搞砸了。」媽媽對他說。
「所以，窗簾會來嗎？」
「會，但要晚一個星期。」
「那我們該怎麼辦，客人沒有窗簾，要等到那個時候？他媽的，他們現在就得要送來！」
爸爸抓起酒，慷慨地給自己倒了一杯。砰的一聲將瓶子放在旁邊空檯上。
「你不必對我說！我當然知道！」媽媽咆哮著。
「我們不要談了。」爸爸打退堂鼓。
「那你為什麼要先提？」
「我要去睡覺了。」布藍溫發出憤怒的嗤聲。
「各位，讓我們保持理性好嗎？」我懇求道：「一切都沒事。我們只是在談話，又不是進攻俄羅斯。」
「一切都他媽的不好，你自己也知道！」姊姊哭了，我沉默不語，期望保持冷靜和理智。「啊，我也要去睡覺了。」我說，大步走出廚房，離開爸媽和紋風未動的烤雞。
我走出家門，朝我的小屋走去。心中在尖叫。
夜晚如此寂靜，好像屏住了呼吸，像我們所有人一樣。

「Indhawu yi nwanyani」意思是「遠去他方」。尚迦納人用這句話描述一個動彈不得的物體，或是一個人，徹底毀滅的狀態。依照尚迦納人擅長輕描淡寫的風格，如果說拖拉機「已經遠去他方」，那麼實際的狀況可能是：「拖拉機行經河岸陡峭的地段，失去控制，墜毀在一個非常深的河馬池中，現在躺在那裡，像是一戰時期的盧西尼亞號殘骸，深入水中三十多公尺。」如果一樣東西去了另一個地方，那它是真的完了。

我也已遠去他方。

如果你的生活以外人的眼光看起來很辛苦的話，你感到沮喪，尚可理解，但是如果你什麼都有，每天早上還沮喪得難以起床的話，可就大不一樣了。外人不能理解你不快樂的理由，就很難同情你。

害怕失去「仁德樂志」，害怕失去一切的恐懼，使我心神渙散。我盡可能一個人獨處，想到自己擁有這麼多卻仍然徬徨失措，令我感到十分慚愧。對於自己老是滿心疲憊，天哪！我感到厭煩透頂，我總覺得自己沒有權利如此。我想把頭髮扭成一團粗糙的雷鬼絡，讓它看起來符合我憔悴的身心。每天晚上，當其他人圍著營火開始唱歌時，我就會悄悄溜走，一個人在滿天星斗下。過去我認為星星的存在，是構成這個廣大和諧世界的一部分，現在我卻覺得它們毫無意義。有人說抑鬱是診斷不出的鄉愁，但是我的家在哪裡？

一天晚上，我開車去參加員工派對，地點是那條小型飛機跑道，從約翰尼斯堡乘載客人到「仁德樂志」的小型跳坑客機，就降落在這裡。機坪派對向來主張盡情瘋狂，我們會在機坪前升起一團火，一場又像土著頓足，又像部落儀式，又像求偶舞蹈的狂歡隨即在星空下展開。我向來是最熱情的參與者，手上永遠揮舞著一瓶傑克丹尼威士忌，帶頭起鬨。

這一次，我關上車燈，開著路虎，朝聚會駛去。水石鴴鳥一排排地站在機坪上，牠們高亢的呼聲劃破夜空。在牠們身後，我可以看見人群朦朧的身影，圍著火堆歡笑跳舞，唱歌作樂。

月光下，我將路虎掉轉回頭，一時之間，不知道自己為什麼不想去那裡，卻又同樣害怕孤獨一個人，於是我再次開車回頭，朝向派對駛去。然而面對營火的那一瞬間，我又停下車輪，再度掉頭。遠處狂歡的人完全不知道我起伏不定的瘋狂心情。部分的我希望有人能夠離開人群找到我。我很害怕自己瘋了，沒有人會明白。

最後，我關上引擎。突然間一片沉靜，水石鴴鳥再度掀起一陣怪異微弱的叫聲。我的生活變成一場永無止境的惡性循環。

有一天，我強迫自己和其他嚮導一起玩橄欖球。其中一位嚮導不慎用腳踝拐到我，我重摔在泥地上的那幾秒鐘，那些年重擊心頭的官司也隨之罩下，光明盡失，我撲上前去，出拳狠揍那位嚮導，準備要殺他。「不要這樣！不要這樣！」另一位嚮導一邊大叫一邊抓住我，大家將我們分開，我一句話都說不出來。我大步離開現場，回到我的小屋，走入房間進入浴室，站在蓮蓬頭下，關上身後滑門。如果身後還有另一扇門，我也會將它關緊，我想要與世隔絕，為我自己，也是為其他人。我覺得我只會為這個伊甸園帶來混亂，最高尚的做法，就是自我放逐，但是當父親還需要我的時候，我又如何能離開？我不希望在需要擔心那麼多問題之外，他還要擔心我的瘋狂行為。

多年的官司，也對布藍溫造成不小的影響。有一天我和她去登山。原本只打算漫步走上一座地勢不高的山丘，結果卻變成一場長達五個小時，攀上陡峭山路的長途行軍。最後，眼看距離高山頂峰不到三百公尺，布藍溫卻突然停下來宣布：「夠了！」她的皮膚白得幾乎像失血一樣。但是她的下顎強硬，心意已決，緊皺眉頭，稜角分明。

「別開玩笑！峰頂就在那裡。」我說。山坡上冷風颼颼，我大汗淋漓地站在那裡，吹過的山風突然讓我感覺一陣寒意。

布藍溫瞪著我：「聽著，博伊德，我走夠了！結束了。我就要坐在這裡。你想去哪裡就去哪裡。這裡就是我的頂峰。」

所有的挫折在我內心翻騰。在我最沒有防備的時刻，所有的潛在焦慮竟然傾巢而出：「你他媽的在幹什麼？巔峰就在那裡！」我的手指向它。「我們大老遠跑來這裡，你為什麼不走最後一段？」我迫切地要她為自己踏上真實的高峰：「不要做了這麼多苦工後，到頭來卻前功盡棄！」這些話我已經是用喊的了。

「我不要！我不在乎是不是登上他媽的聖母峰，我不要再走更遠了。」現在輪到布藍溫喊叫道：「我的人生不需要更多的狗屎了！……不需要更多的掙扎了。我不要走更遠。我受夠了這種天空要塌下來的感覺。我受夠了被壓迫，我受夠了那些法院，那些謊話，那種害怕失去一切的感覺。我受夠了。」眼淚從她的臉上滑落。

她和我一樣，也已遠去他方。

經歷先前那些劫難後，官司不過是最後的暴力行為，粉碎了我想要有所作為的念頭。然而在這場重創我們平靜生活的風暴中，我必須重新找回生命的動力。

要尋回失去的珍貴心靈，我們往往會回到自己最熟悉的所在。對我來說，那個地方就是大自然。大自然是一個實質空間，能夠重新塑造、重新反映自己的內在心靈。沒有任何其他力量，能夠像大自然一樣，由外而內，帶領我們走入內心世界。

大自然正是療傷者。

第二十章
希瓦凡的到來

希瓦凡（Chevavane）來到「仁德樂志」大門前，一個破舊背袋隨意掛在肩上，身上的T恤和牛仔褲也都破舊不堪，但是頭上戴著一頂陳舊卻時髦的斯泰森運動帽，手腕上戴著一隻大型勞力士錶，顯然是假的。他是一位瘦長結實的尚迦納男人，臂膀上傷痕累累，在白人面前頗不自在。不過不搭調的服飾，也暗藏這個人的矛盾色彩：看似不羈的外表下，有顆深刻的謙沖之心。

希瓦凡是這個地方最出名的盜獵者，打從我聽到他的名聲開始，我就知道必須見見這個人。我想尋找仰賴這塊土地過活，知道運用各種古老方式，在叢林中採集與狩獵的人。數百年來，人們靠著這片土地過活，然而這塊地區被宣布為國家公園後，獵人們卻在一夕之間，變成了盜獵者。

我希望在這裡說清楚：希瓦凡的確是位盜獵者，他犯了法。但是他的罪行和那些為了黑市利潤而屠殺動物的盜獵者，不可同日而語。那些盜獵者會為了攫取犀牛角而殺害犀牛，加深牠們瀕臨絕種的危險，希瓦凡只為自己和家人獵取食物，為填飽肚子而獵。這種靠自然維生的技能難以再現，我想要的正是這方面的知識。

我拜託附近村落的首要家族，隆格家族，請他們說服希瓦凡，我之所以想和他見面，並不是打算逮捕他，而是想聘請他，教我一切他所知道的知識。我的訊息透過叢林管道散播，像是微風中的低吟，於是在威逼利誘下，他答應前來。

兩個星期後，希瓦凡出現在我家門口。

希瓦凡畢竟是一名通緝犯，所以我們給了警衛一個假名。在開車通往營區的路上，我對他說：「謝謝你終於同意和我見面。」他只是點點頭，給我一個疲憊、客氣的微笑。

接下來的三個月中，我和希瓦凡獨自生活在叢林裡。我們都不愛說話，也都愛玩彈弓。我們從河中飲水，追捕鳥類，跟蹤獅子以磨練我的尋跡能力。他的追蹤風格是依據既有線索，大致確定動物所在位置，然後敏捷地蜿蜒向前，從四散各處的線索一路瑣定獵物。希瓦凡有一把自製長矛，是一根老舊欄桿，一端削得極為尖銳，可以折疊起來放在旅行袋內。他像位外科醫生，優雅精準地使用這把長矛，像是自己手臂的延伸。他聲稱曾用這把長矛殺死黑水牛。對於野生動物的危險性，希瓦凡似乎沒有什麼概念，我們第一次遇到咆哮的雄獅時，他的反應是拿起一塊一毛錢大小的鵝卵石，用彈弓對準獅子臀部射去，然後開懷大笑。我們每到一處，他都會發現一些可以吃的零食：河中的椰棗，河岸的奶莓，熱天的地上酸梅。

希瓦凡是位尋跡大師。他能辨識出肉食動物捕殺獵物時，獵物們發出的警報聲。他教我如何追蹤這些聲音。於是飛鳥顫抖的啼聲，像是歌曲鼓舞著我，也像是塵土中浮現的語言，讓我了解，為我打開一扇通往新世界的大門。就像外國語言一樣，一開始因為語言的隔閡你會完全孤立，學會之後突然又會讓你感覺像家一樣自在。就是這樣，叢林的聲音從一開始希瓦凡的全盤解讀，到後來的隻字片語，到最後終於順暢和諧。透過蹤跡與聲音，叢林終於開始直接對我說話。

也許這就是為什麼所有神祕的事都發生在大自然中。也許佛陀、耶穌、穆罕默德就是傾聽造物者透過祂的創作說話。

我們在叢林內，只用手勢和微弱的聲音交談。追蹤一頭動物時，如果希瓦凡的手放平，掌心向下，就表示足跡過久無用。如果手心向上，手指準備發聲，表示即將接近動物。如果我們失去動物足跡，但是其中一人重新發現，他會彈動手指，指向發現的蹤跡。彈兩下，意思是「別動」，可能有危險。彈耳朵，意思是「注意聽」，用手切喉這種國際通用手勢，則代表「沒有進展，放棄這條足跡」的意思。為了引起對方注意，我們用嘴發出敲門聲，像啄木鳥啄空心樹一樣。這麼多彈和敲的舉動，到頭來我們就像是一群走在路上，患有抽動症的馬戲班。

在叢林尋跡的沉默中，我感受到生活的目標與動力慢慢重回內心。每天都是一種安慰，與他共享沉默的自在，加深了我們的友情。

日正當中時，我偶爾會來一段體能訓練，先是在叢林內跑步，隨後是伏地挺身、仰臥起坐和蹲跳。希瓦凡很訝異有人會刻意燃燒如此多的能量：「你是個瘋子，這樣跑來跑去！」他說。儘管如此，他也會熱切參與這項正午訓練，當然是以他的風格呈現。不想弄濕他的衣服，他會脫到只剩內褲，一條襤褸的白色三角褲，穿上鞋子，像羚羊一樣在叢林中奔跑。於是我們下午的野外之旅，就形成一副奇特的景觀，希瓦凡的內褲和短靴，我的上身赤裸，一臉鬍鬚，像個野人。

一個寒冬早晨，我們發現一頭羚羊被困在盜獵者的陷阱內，舌頭腫脹發紫。我用雙向無線電通報狀況，反盜獵隊伍連忙趕來。出乎意料，希瓦凡竟然要我們與反盜獵隊員埋伏在那裡等盜獵者回來。槍戰之中，我抱頭鼠竄，希瓦凡則上前將盜獵者拿下。看來，他和反盜獵隊伍的合作，就和他逃離反盜獵員們一樣，兩者無間。他是需要什麼幫助，就扮演什麼角色的人。護林員對他印象深刻，他們當然不知道幫助他們的人，竟是惡名昭彰的希瓦凡。

過一陣子，我的行動開始和希瓦凡一樣，思考也和他一樣，從他的眼睛觀察世界。我在學習尋跡中成長，但是希瓦凡帶我進入更深一層的境界。尋跡的過程和狩獵一樣，只不過最後不需要獵殺。它同樣需要高度專心與警覺，將一連串線索拼在一起，循線追蹤，快感十足。

希瓦凡和我圍坐在小火堆旁，黎明破曉，天際展露金色光芒，晨間的初次清響，像是對祈禱者的原野召喚。山丘另一邊，傳來雄獅怒吼。我的情緒錯綜複雜，希瓦凡是位奇妙單純的人，和他在一起固然很好，但我的心在荒野中依然孤獨。

和希瓦凡在一起的時間結束後，我正式搬回家中。持續進行的官司依然令我們痛苦萬分。媽媽提出一份新的家訓：「關愛多數，相信少數，明辨是非，自己划自己的獨木舟。」她對我們說：從現在開始，我們要稱呼自己為「獨木舟家族」。

我們的女僕珍妮特有一天羞澀地靠近我，喃喃說道：「我可以幫助你。」原來，她也是村內的巫醫。她敦促我召集全家人到前庭去，包括約翰大伯在內。這位安靜內向的女人，平時穿著一件灰藍長裙，外罩一條鑲著荷葉邊的白色圍裙，頭上纏著一條傳統的白布德克頭巾，突然以全副巫醫服飾出現在我們眼前：一頂鮮紅色的假髮，脖子上纏繞幾十串塑料珠圈，下半身圍在傳統圖案長裙中。她拿起綁上珠串的牛羚尾巴不斷揮打，口中念念有詞地趕走惡靈。珍妮特還要我們塞點錢在草席下，奉獻給祖靈。她開始顫抖、抽搐，讓靈魂附身，快速咆哮出一連串尚迦納話，就連翻譯都來不及。

「給我一把刀片！」她突然叫道。我跳起來跑回房間，翻出一把安全剃刀，砸碎塑膠刀身拿出刀片。珍妮特從我手上一把奪走，開始瘋狂地四處揮舞。媽媽嚇得臉色發白。我們的女僕身體不斷抽搐，在甲板上不斷跳動，不但對我們吐口水，還用牛羚尾巴揮打我們。然後又輪流跳到每個人面前，用刀片在我們的眉宇、手腕、手肘、膝蓋、腳踝，甚至脖子後面劃過，身上每個地方都需要釋放妖魔鬼怪。同時又在每個劃過的刀口中，抹上黑色粉末，稱為muti，要求靈界祖先治療我們。布藍溫俯身對我說：「我們完全控制不了，我們已經毫無保留。」

另一位巫醫，這次是位白種女人，要我們將長頸鹿的骨骼，以某種方式擺在家門口：「長頸鹿會帶來視野，有助於看穿困難。」我們完全了解這種事的虛幻，但是又沒有理由不做。我們已經如此絕望。於是我們遍巡大地，尋找需要的骨頭放在前院中，堆得像金字塔一樣高。長頸鹿骨頭看不出有明顯的效果，但誰能說這沒有幫助呢？

一位占星家對媽媽說：「雖然有點詭異，但我希望你去看一位特別的人物。我知道有一個人，能夠處理被黑魔法詛咒的人。」這似乎很荒謬，但是到了這種時候，我們的態度是：「為什麼不呢？」任何事，我們都願意試一試。

幾天後，哈羅德帶他的妻子來訪。他是一位肌肉動力學家，受過「沉睡先知」愛德加凱西（Edgar Cayce）的訓練，哈羅德非常激進，相形之下，長頸鹿骨頭算是正常。他閉上眼睛陷入深思，鄭重地宣布道：「你的能量出現一道裂痕，中國巫術附身。我可以清除。」他對我們每個人進行能量治療。然後召集我們進入一個圓圈，他稱之為「清除之圈」，宣稱自己是在這個「能量圈中運作」。

兩天後，哈羅德去世。

「他到另一邊去，為我們從事性靈工作，以求取平衡。」他的遺孀對我們這麼說。別無他法，我們接受這種自我安慰的想法。但是私下裡，我們會有不同的想法：「要命，我們的問題竟然這麼糟，竟然會造成哈羅德心臟病發。那接下來又會發生什麼事呢？」

官司的事慢慢傳開，一連串不請自來的東西，開始不斷出現在家門口。印度教的象神雕像：摧毀邪惡，排除困難的成功之神。著名的上師賽巴巴（Sai Baba）還寄來一包包神聖的香灰（vibhuti），有人認為他是地球上「最具靈動性」的人物。

就算我們深鎖在恐懼中無法看清，但是源源不斷的支持從世界各地湧入。

約翰大伯搬到一個更小的牧場，就算官司纏身，老虎計劃也未曾停止。但是我愈來愈少看到他。他不像以往一樣經常來「仁德樂志」，而就算他來了，也總是落落寡歡。他只喜歡和他的孩子們在一起。薩凡納五歲時，約翰大伯和吉蓮又生下一對雙胞胎男孩：尚恩和陶歐。他們和他們的父親一樣，充滿活力與好奇。約翰大伯對待他們像對我和布藍溫以及薩凡納一樣，付出同樣的愛與關心。身為家長，他不但傑出盡責，也擁有無上的快樂，或許是這一陣子，唯一能讓他忘卻煩惱的事。

多年的官司纏身，像塊巨石一樣壓在心頭。歷經五年，似乎永無盡頭。就算身在「仁德樂志」這樣一個避風港中，壓力也打擊我們每個人。對約翰大伯來說更是特別深刻，可是他無從發洩。於是他像大多數人一樣：選擇離開。

他只會以一副典型約翰大伯的樣子，出現在法庭上，對於他的點四四麥格農手槍必須留在車上，很不開心。還常會在訴訟過程中生氣地叫道：「胡說八道！」我們的律師會請他離開法庭。

夢想盡失，打擊不斷，加上法院無止盡的傳喚與謊言，使他與父親心力交瘁。他們彼此間開始用簡短、片段的語句交談，似乎說得太多，會想得太多。在他們之間開始出現距離。

這讓我害怕。

爸爸一直顯得非常憔悴。

「我該怎麼幫你呢？」我問。

「保持經營。」意思是，保持「仁德樂志」繼續運轉，我們需要錢。我們害怕官司持續下去，所花費的金額將使我們破產，我們將失去一切。

但是我不知道，我是否有能力繼續下去。

第二十一章
火焰中的薩滿巫師

祖魯人說：「Utshani obulele buvuswa wumlilo umame」意思是火焰母親可以喚醒死去的小草。

火舌在叢林中嘶嘶作響，像是死神的警告，為黑暗的天際，塗上道道橙黃與豔紅的夕陽色彩。火勢映照下，團團黑煙躥入夜空，一顆顆橙黃色的火星子像棉花糖一樣，靠著火勢綻放空中，一幅結合憤怒與藝術的傑作。

叢林火災可能突如其來，特別是在冬季即將結束，第一場降雨即將來臨之前。通常是風暴先行，大量閃電外加打雷，但是雨滴落不下來，然後一道閃電就會引爆一場大火。這一次落在「仁德樂志」度假小屋以南，一片濃密的叢林中。一團混亂但有序的景象圍繞在我身邊：拖拉機拖動消防水和消防設備，男人拿著棍棒，試圖遏制大火蔓延。無線電不停呼叫。數十隻鶺鴒受到火勢突然上升的影響，剎那間激發牠們的飛鷹潛力，像大砲發射一樣，從火焰前邊的高草急飛出去，一飛沖天，要等到牠們越過熱氣，短翼開始無力後，才會回復牠們真正的陸地本性。

祖父總說：「男人應該團結一致，面對打擊。」我們生來就應該攜手共進，一起面對困難。但是現在的南非已經沒有戰役，於是我們轉而一起尋找酒精、女人、在酒吧內打群架與極限運動，尋求惺惺相惜的交往與意義。然而這場大火的來臨，喚起我們深埋內心的共同意識。

我盡可能協調援助，沿著大火邊緣另起火場，以斷絕防火線，不讓火勢蔓延。因此我必須進入消防人員還沒有到達的偏遠區域。我估計自己大約多走了至少二十多公里，現在才凌晨一點。我獨自站在火焰的下風處，大火產生的煙霧朝我吹來，我感到大地一陣晃動，連忙跳到一旁，一頭犀牛匆匆跑過。然後，在熾熱的火焰中，我看見一頭花豹。

一件奇怪的事情出現，多年來頭一次，我感到分外平靜。

花豹步出火場，一身橙色的霧氣，毛皮閃耀生輝，豹紋光彩四射，像無數個舞動的精靈圍繞在牠身邊，散發出一股神祕氣息。在許多古老文化中，孤獨的大貓經常被視為在靈界間行走的動物。這是一位薩滿巫師，一個裝扮成大地之獸的靈魂之主。

火焰中的花豹，反應通常瘋狂而且驚慌。但是這頭花豹卻非常平靜，莊嚴地沐浴在晨光中，像位國王，眼睛直視我的靈魂深處：**跟我來。我帶你去另一個地方。**

然後，像是回應我，牠從我身邊走過。距離很近。

你永遠安全。

Amaram madhuram。我是永恆，我很幸福。

Utshani obulele buvuswa wumlilo umame，火焰母親可以喚醒死去的小草。

我呆呆地站在濃煙和這場混亂中，看著花豹留下的煙霧蹤跡。想起許久以前，祖母描述她在祖父去世的前一天，曾經看見曾祖父母出現在火焰中，像道幻影一般。她知道他們是來接他上路，火焰曾為家族中的第一位博伊德瓦提，畫下塵世的界限，現在則是為我而來。

花豹出現在火焰中的那幾秒內，我感到一絲安詳。那種感覺像是花豹喚醒內心深處的神祕：那種了解深沉平靜的內在意識。或許是因為我的潛意識一直辛苦地在尋找意義，所以在花豹身上發覺。無論如何，我真的認為這是大自然給我的訊息：「**你的心中有一個地方是純潔的，和誕生那天一樣純潔。**」

於是我聽到自己說：「這是我要的。」

第二十二章

尋找最新的足跡

一個冬日早晨，我來到河邊，清澈的河水甚淺，可見河底砂礫，霧氣緩緩上升，似乎是經過深不可測的地心加溫。獅群已經來過這裡，蘆葦上的露水浸濕了牠們的足印，清楚可見。水滴滑落前肢，濕潤每隻腳掌，每走一步就留下一灘水漬。足跡走向河邊然後轉向。步伐間的距離告訴我，牠們移動快速，方向改變是出於無奈。獅群想穿越河流，但和一般大貓一樣，害怕進入水中。

然後足跡朝河水盡頭直去。這裡的足印更深，沙土濕軟，領頭母獅停在這裡。牠的重量在沙中清晰可見。我可以想見牠在水面上高舉獅爪，躡手躡腳，笨拙地跨過河流，耳朵微微朝後豎直，一臉小心謹慎的表情。

我可以看見河水灑在離岸很遠的細沙上，獅群就是從那裡離開河邊。我在這條路徑上多次追隨這群獅子。前面那條蜿蜒的小徑，直通位於那片空地邊緣的螺穗木樹叢，除非牠們能僅憑意志抵擋炎熱，繼續往前走到曼耶雷蒂河岸邊更濃密的樹蔭下，否則這時牠們可能已經懶散地躺在這片樹蔭下了。踩在牠們的足印上，此刻一切景象出現在我腦海中。追尋蹤跡時，我和每頭動物心神相會，灑落在我身上的溫暖太陽，也同樣溫暖地灑落在獅群身上。

根據我的經驗，當你追尋動物的實際蹤跡時，神祕直覺會油然而生。你會從足跡、鳥鳴與動物的驚叫聲中，看到並聽到實際訊號，而後開始出現神祕直覺。就像瑜伽一樣，你坐在墊子上，擺好姿勢，呼吸平穩，於是某種感覺開始降臨。生活也是一樣，你必須身體力行，必須練習追尋自我的感覺，練習追尋生活的節奏，然後，一切就會像魔術一樣。

在火焰中看到那頭花豹後，我了解到我的心靈渴望癒合所有的悲哀與創傷，也像動物一樣，本能地知道如何在荒野中尋找明路。過去的美好時光，開始浮現心中，一步步尋找微風中的清香，點點滴滴像是通往癒合之路的足跡。其中有一絲刻意：我想找到回家的路。於是當下，我和我的動物弟兄一樣，開始內在與外在的探索。

當我還小，剛開始學習尋跡時，我毫無頭緒。艾爾蒙會指著蹤跡對我說：「看，一隻豹子睡在這裡。」但我卻什麼也看不見。不過經過一番折騰，最終還是學會檢視這些微弱線索。另一件危險的事是看錯蹤跡。十歲時，有一次我們在高草中追蹤犀牛，追尋牠水桶般大小，三瓣葉式的龐大足印。但是一頭河馬尾隨犀牛，足印交錯，突然之間，我追蹤的是河馬餡餅盤式的足印，與犀牛類似，足以帶我偏離方向。

「回到你開始的地方，回到足跡最新的地方。」艾爾蒙對我說。

那麼，哪裡是我的足跡最新的地方呢？我最後一次感覺到與出生時一樣純潔，是什麼時候呢？那夜火災過後，我每天花好幾個小時，在前院草地上作白日夢，我的靈魂正在探索。然後我想起來：那是幾年前，和珍恩與獅群在一起。

珍恩是一位家中朋友的女兒，她坐在我身邊，我正撥弄著前晚的營火餘燼。雖然她已經很累，但是雙眼在曙光下閃閃發亮，她的頭髮直順，像位六十年代的民謠歌手，非常美麗。我們整個晚上都在「踢木頭」，意思是我們兩個人在聊天，但是至少其中有一個人認為可能有戲。你不太確定，有點渴望，但是又懷疑，她也有感覺嗎？還是她只是覺得跟你談話有趣而已？每當你不知道要做什麼，或是說什麼的時候，你就站起來把木頭踢入火堆。

我知道我很有感覺，因為前天晚上，我一直刻意將她男友的名字叫錯。這種頑皮的挑逗，感覺很好，特別是煩人的官司還在持續進行時。

獅子咆哮的聲音，越過河水傳來，一開始幾乎很慵懶，然後中氣開始浮現，最後一股深沉的低吼劃破寒冬。我的腦海中幾乎可以看見牠的巨型肚皮，花紋開始鼓脹然後收縮，呼出的濃重氣息，團聚在晨空中，宛如巨龍吐出的煙霧。

珍恩星光似的藍眼閃閃發亮，夾雜著興奮與擔憂。我們現在可有事情做了。我對她半帶微笑說：「這就是追蹤獅子的開始。」盡量保持平常的語氣。

我們開車走了幾公里，來到我們估計的吼聲來源處。等我們到那裡的時候，天色已漸明亮，小徑上的足跡依稀可見。我發現一個茶碟大小的雄獅足印。

「從這裡開始，徒步去找好嗎？」我問。從路虎上跳出來，解開綁在架上的步槍。「珍恩，你的任務是看四周有沒有獅子。我來看足跡。」珍恩點頭。

我們開始跟著足跡走，我蹲下身來走在前面，珍恩在我身後，巡視四周。我看起來像是位越戰老兵，腳踩靴子，手拿步槍，身穿大三號的迷彩冬季夾克。我們兩個像是鮑勃迪倫帶著瓊妮米契爾，一起追蹤獅群。

我注意到巨大的足印上，還有一個較小的足印，模糊地疊在上面。一頭夜間白尾獴也走在這條足印上。剛開始我還以為足印很新，現在我才知道獅子早在幾小時前，應該是在半夜，就已經走過這條路了。獅子在捕獵的時候，一個晚上可以行走大約三十幾公里，現在無法預測牠可能已經走了多遠。正當我感到有點沮喪時，獅子吼聲再度響起，不到一公里。然後傳來第二陣怒吼。

兩頭獅子！運氣真好！

我抓住珍恩的手腕，朝怒吼的方向跑去。三分鐘過後，獅子再次怒吼。我可以判斷出牠們移動迅速。我們前方有一條動物小徑，這是一條由來來往往的動物們，踐踏出來的小路，可以穿越叢林，直達我們現在所在的空地。我確信獅子們會沿著這條小路走來。幾分鐘之內，牠們就會到達這裡。

「牠們會朝我們走來。你準備好了嗎？」我問珍恩。

珍恩臉上的表情，表示她現在才了解狀況，但是她的眼中蹦出一絲興奮的火花。

「牠們會做什麼？」

「不知道，注意聽我的話。」我說，捏捏她的手。

我只能在瞬間依據牠們的肢體語言，評估牠們的心情。當獅子朝你作勢攻擊時，牠的身體緊繃捲曲，動作異常迅速，大尾甩動兩側。嘴唇上捲，露出強而有力的巨齒，發出的咆哮聲，會讓你覺得牠的肚子裡一定有輛越野車。

獅子通常會停在你面前幾公尺。在這種狀態下，你無論如何都必須堅守陣地，直接面對獅子。「牠會害怕你的勇氣。」這是大伯常說的話。獅子不習慣其他動物盯著牠看。這也是很好的逃生戰術，即使你內心害怕，也要直接盯著牠的眼睛。

珍恩和我從那條進入空地的小路往回跑，跑了大約三十公尺，來到一塊安全地方，一頭鑽進滿是露水的草地，珍恩依然握著我的手，我們不斷大口喘氣，又害怕又興奮。

突然間，牠們出現在那裡，兩頭巨大成年雄獅，黑鬃蓋頂，大爪流暢地滑入空地，肌肉結實地緊縮隆起。牠們互相進入對方視線後，開始再度放聲怒吼，大地為之震動。

獅子現在距離我們不到二十公尺。珍恩和我依然兩手緊握。我可以從牠們移動的速度判斷，獅子對我們毫無興趣。牠們從我們身邊走過，多半是在尋找獅群同伴。隨著牠們的腳步一步步遠離，空氣中的緊張氣氛，也一步步消失。我的心臟還在怦怦直跳，而我的臉上則是不由自主的微笑，這正是追踪獅子最迷人的地方。

突然之間，我們開始歇斯底里的狂笑，我們誰也不知道是為什麼。

「啊，老天爺，真不敢相信！」躺在潮濕的草地上，只能吐出這些話。

這才是我的生活正軌。儘管生命存在的感覺，並不常像獅子帶來的這般強烈，但是這才是我該前往的方向。尋跡就像拼一張不明畫面的拼圖一樣：對一個不可知的未來，充滿信心。

你不知道誰將會改變你的生活。你無法預見會在什麼樣的狀況下，和你的幫助者結識。我現在明白我要什麼，如何追蹤，即使不很清楚要如何得到。不過我知道一件事：就算是在荒涼的非洲內陸，只要你願意敞開心胸，讓自己尋求幫助，合適的人就會出現。

有一天，在安靜的護林員房內，我站在寫有客人名字的分配板前。每位客人名字旁邊，都有帶他參加野遊的嚮導名字縮寫。分配板上一位同事的姓名被擦去，放上我的名字，將小小的bv字母，放在一位嚮導告訴我的客人名字旁邊，而這嚴重違反嚮導手冊規則。他對我說：「這個女人問的問題很有趣，她很酷。她還會回來這裡。你應該見見她。」我的行為似乎自行運作，不受大腦控制。這就是我如何遇到尋跡大師的經過，她引導我，踏入下一步的人生旅程。

在我最需要的時候，瑪莎貝克(Martha Beck)來到我的野生動物保育區。生命比我更具有豐富的想像力：如果你在我最黑暗沉默的時候對我說，一位二十來歲，愛喝啤酒，愛吃鮮肉，愛玩橄欖球，來自南非的鄉下小孩，會找到一位嬌小的前摩門教徒兼哈佛大學博士，作為他的導師，我會說你是個白痴。

瑪莎的脖子細長，看起來像是很努力地撐起她的頭部，部分原因可能是因為她腦中具有龐大的智慧。儘管她的身軀看來嬌小玲瓏，但是你很快就會發現她的強壯所在。她所到之處散發的氣息，令人難以想像。她是那種神采奕奕的人物，和她在一起的時間愈久，就愈會發現她的美麗。她曾經寫過一本回憶錄，有關照顧她患有唐氏症的兒子，還有一些生涯輔導的書，都曾在南非熱銷，但是那個時候我還不知道她的歷史。我只知道她的感觸敏銳不可思議，深深吸引著我。

那天下午，我帶領瑪莎出遊。在逐漸消逝的陽光中，我們遇見一小群大象出外覓食，在這群隊伍的最後面，我看見艾維斯。

我是在五年前第一次見到艾維斯。一群大象正從一個積滿雨水的地下深洞中喝水，在這群大象中間，站著一頭小母象，後腿膝蓋變形收縮，以致後腿呈現弓形，身軀歪斜不平。由於她走路時骨盆會晃動，一位嚮導就用過去戲謔貓王艾維斯扭動骨盆的形象，稱呼這頭小淑女為艾維斯。我原以為這頭體型太小的可憐小象，很可能一兩天內就會死亡，這群大象會離牠而去，牠很快會在自身重量不堪負荷下，不支倒地。

突然間，這群大象的女族長轉身，帶領象群走上一條陡峭斜坡，朝向一塊空地前去。艾維斯也轉身跟隨牠們。一開始牠似乎鼓足力氣，試圖往上走，但是後腿彎曲無力，滑下斜坡。牠再試一次，依然徒勞無功。到了第三次，一個神奇的現象發生，一頭年輕的大象走到牠身後，用象鼻和前額頂住艾維斯的軀幹側邊，輕輕幫牠走上最陡峭的部分。我看得目瞪口呆，我從來沒見過大象之間有這種行為。

幾天後，我看見女族長從一棵高樹上捲下樹枝，將所有樹枝放在地上，這樣艾維斯能自行拿取，餵養自己。整個象群都在照顧這頭身帶缺憾的小象。

更神奇的是，每到冬季，艾維斯都會隨著象群一起回到「仁德樂志」。每次在叢林發現牠的獨特足跡：無力的後腿在沙上拖出一個相反弧形，而這總是令我非常興奮。我會尾隨著牠，有時長達幾個小時，不斷觀看這頭雖然畸形，但充滿勇氣的特別女士。

那次出遊，我對瑪莎分享艾維斯的故事。

「我兒子也有殘疾。」她對我說：「艾維斯與亞當的體態類似。牠正式成為我最喜歡的大象了。」我立刻喜歡上她，別人可能只看到畸形身軀，而瑪莎卻見到關聯。

大自然能對應出我們的生活，是件奇妙的事。我也感到自己與艾維斯的關聯，出於不同的原因。我覺得自己的脆弱可比艾維斯的外形。

瑪莎是位遊客，所以我儘量保持專業的態度，但是只要你認識她，你就會發現很難在她面前保持矜持。我不相信有人會無條件地善待一位相對陌生的人。野外游覽過後，我們坐在「樹林營區」的前庭上，黑臉猴圍繞我們。過了不久，我不由自主地對她坦承心事：「我知道這有點怪，但是我可以請問你一些事嗎？」

瑪莎用她平靜明亮的藍色眼睛看著我：「我一直在等你發問。」

「我真的很擔心我的家人。他們一直生活在這麼大的壓力之下。」我簡單地告訴她官司過程。每個人身陷恐懼，情緒起伏過大，以致於突然會對沙發靠墊的顏色這種小事，互相喊叫對罵。

「那你呢？你過得怎麼樣？」瑪莎問。

「我沒事。我只覺得發生的事非常不公平。」

「聽起來很可怕。」她似乎想將我的注意力放在我不想說的事情上，等我自己說。

「每個人都有自己的挑戰，如果我們保持樂觀，事情會好轉。」我對她說。

「嗯，」她說。然後話鋒一轉：「你是否試過，承認並接受可怕的事就發生在你身上？」

「我們不會這樣做。我們不會談論問題。我們只是努力尋求解決方案，繼續過日子。我們就是這種人。我們是叢林人。」

瑪莎輕輕一笑：「那叢林人過得怎麼樣？」

「不是很好。」

「你必須先接受你們所經歷過的事，然後才可能變得更好。」她說。

「你們共同擁有的唯一根本就是所發生的事。但是你們的舉止好像什麼事也沒有發生，你們都在一齣大戲中扮演一個角色，扮演這個角色使你們精力消耗、疲憊不堪，而且憤怒。你告訴自己，你所能做的就是儘量為父母付出，竭盡所能做到最好。但是在表達支持的名義下想付出更多，只會犧牲自己，不會幫助到任何人。如果你希望他們痊癒，你要知道如何療傷。如果你想讓他們快樂，你要知道如何尋找快樂。你要幫助你的父親，最好的事就是讓自己快樂。意思是你要去心中之路要你去的地方。你需要學習你將會成為一個什麼樣的人，然後回來讓你的父母知道，你已經成為一個什麼樣的人。」

這位遠從千里而來的女人，與我之間的互動溝通，幾乎就發生在轉眼間。你可能認識一個人許多年，但是他們對你不造成任何影響。你也可能認識一個人只有短短的五分鐘，而他們卻能改變你的一生。我覺得這麼久以來，瑪莎對我所說的話，最具意義。在這短暫的交談中，生命之燈已被開啟。我赫然體會到，生存和奮鬥不是同一件事，我可以幫助別人的唯一方法，就是先幫助自己。

就在這個時候，大象走入空地，在我們面前停下，站在那裡伸長象鼻，探索我們的氣味，或許牠們是在對我們致敬。誰說不是呢？象群分頭走開，突然間，艾維斯出現在那裡。

「你無法真正了解什麼是關心，除非你開始關心自己。」瑪莎的話才剛說完。這一刻，瑪莎就像是那位女族長，輕輕地將樹枝放在地上。

瑪莎繼續說話，我感到內心一陣拉扯，我已學會尊重心中這股力量，它像是在對我說，我應該再出去走走。這項舉動雖然看起來好像要放棄當個好兒子的決心，以及我原本決定留下來支持家人的義務，瘋狂又自私。但是我還是決定繼續循著這條路走，無論未來如何。該是再度離開「仁德樂志」的時候了。

但是去哪裡呢？我開始探索腦海中出現的各式念頭。有段時間，我對於莫三比克北部最偏遠的盧根達河非常著迷，決定划船去那裡，因為那裡一個人也沒有，也沒有任何人能夠幫我，我有些期待不再回來的可能。我的心在說：或許這項冒險將使一切改觀。又或許，我可以加入法國外籍軍團，對了，就是這個！我會成為一名軍人。

或許，我可以駕駛一艘船，從開普敦到巴西，將自己放之於天地中。儘管我的內心非常喜歡這個想法，但是身體其他部分卻毫無投入的跡象。

我不停思索，每天告訴布藍溫一個偉大的不同理想，直到她說：「好吧，如果你認為你需要做這些事，儘管去做。但在去做之前，幫我一個忙，閉上你的嘴。」

於是我閉上嘴大約十天左右。我不再去想日後要做什麼，不再花時間去想該做什麼。我只是閉上嘴。於是這才真正聽見內心的呼聲。

它說：回印度去。

第二十三章
心靈之藥

「看到這傢伙後，我該怎麼辦？」爸爸問。

「我不知道，」我對他說：「我想你就把一切都說出來。」

爸爸不習慣與心靈工作者見面。但是當我說希望他能和我一起去印度晉見大師時，他毫不猶豫。看來他也想要尋求解脫。

七年前，大師曾要我去體驗世界，等到準備尋求內心答案時，再回來找他。現在，內心的渴望重新點燃，希望尋求精神慰藉，我相信他會幫我找到答案。希望他也能幫助父親。雖然父親是個務實的人，但是他一直對探索心路歷程的各種方法，保持相當開放的態度。每年他都會鄭重其事地在工作日誌的最前面，寫下經典著作《大師之路》的核心原則。他曾對我說：「這些傢伙有點想法。我也希望能有耐心打坐。」其實他要比自己想得更貼近。

兩趟飛行，外加搭乘多班火車與計程車，我們花了三天的時間，才從「仁德樂志」來到修行地點，朝大師的家直奔而去。穿梭在新德里繁忙的交通中，數不清的摩托車在汽車周圍蛇行，像一大群小鯽魚，圍繞在鯊魚身旁。

我們來到莊園客廳晉見大師。他身著一襲白衣，頭戴完美頭巾，全身散發強大的氣場，令人肅然起敬。爸爸對他說我們的故事。他說完後，大師只是看著我們說：「了解真心，堅持過程，無論結果。」

我等待他繼續往下說，但是他說完了。我能感受到大師眼中慈愛的光芒，但是我不要關愛，我要解決的方法，我的心中默默吶喊：「給我一個該死的奇蹟！」

三天的旅程換來二十分鐘的會面？我失望地離去，一灘死水又重回心中，沒有任何紓解的方式。

「了解真心，堅持過程，無論結果。」這麼簡單、這麼容易的語句，「從一片幸運餅乾裡面也可以看到！」我暗自發怒。此時此刻，「仁德樂志」的瑜伽老師，大概也正在對客人說同樣的話，那我為什麼還要他媽的拖著父親一路走到印度，就為了聽這個？

我們驅車返回機場，我可以看見父親對這次會面也很失望：「嗯，為了一句話，走了一段很長的路途！」他說。這樣說已經算是很客氣的了。我大費周章安排細節，而且還要他花三天的時間長途跋涉，現在卻只獲得這麼一點點。

「是的，真的很抱歉。發生那麼多糟糕的事，我想我期待一個當頭棒喝。事情總該有所改變，我們總該有些好事吧！」我說。

爸爸看著窗外，新德里的機車呼嘯而過。

爸爸回到「仁德樂志」，我繼續留下來，一個人晃到印度南部。我的情緒已經到達頂點，我需要空間，遠離親人，才能專心重生。自私是癒合的必要手段之一，如果方式正確，最終你將能付出更多。

幾個月來我不斷思索，在毫無頭緒之中，試圖尋找下一步。我不知道該做什麼，不過目前一切還好，直到瑪莎打電話給我說：「來亞利桑那州，我想讓你見一個人。」

八月的亞利桑那，像是放在烤箱裡的牛仔電影場景。日正當中，太陽將大地烤成一片赤白，建築物在一片海市蜃樓中漂浮抖動。仙人掌迸出地面，像是根莖上下顛倒，矗立在這片景象中，既荒謬又真實。叢林和沙漠一樣，正午時分共享「魔幻時刻」，在那片赤灼熱氣中，沒有任何事物在動。

到了傍晚，沙漠開始綻放隱藏的魅力，日光從赤白漸褪為金黃，普照參差不平的高塔，與湧出地表的圓滑巖石。熱氣呼叫雲霧的滋潤，然而沒有憤怒的雷電先行，雨水無從落下。看著遠方的雲層逐漸變厚，你可能會在空氣中捕捉到一絲淡淡的雨氣，這絲雨氣是休養生息的氣味。沙漠希望你能坐下，甚至躺下，從頭到尾為你進行一場洗禮。沙漠是苦澀的美感主義，沉默的修行之所，寂靜的守望之人，一位具有挑戰性的好朋友。

瑪莎介紹我認識經營納瓦荷汗屋（Navajo sweat lodge）的朋友，他們將要在沙漠小鎮瓜達魯佩（Guadalupe）舉行一項儀式。我的心驅使我前去加入。

儀式籠罩在節慶的氣氛中。爆竹引燃靜止的沙漠熱氣。雜亂的前庭草坪上烤好一頭全豬，流浪狗在旁不斷打轉。瓜達魯佩的失業率高，酗酒普遍，是個相當貧窮與邊緣化的地方。對我來說，不像是個進行神聖儀式的舞台。我很緊張，不知道會發生什麼事，熱氣、歌曲、烈酒，還有特殊的仙人掌聖藥，但我感覺這一切將會改變我。

由於主持儀式的長老，從建築工地下班太晚，所以儀式只能以奇怪的方式先行開始。當他終於抵達後，每個人都跳起來生火。納瓦荷巫醫達里爾擁有一頭烏黑長髮，高大溫柔，將我拉到一旁，在他的指導下，我將雪松松針灑入火中，向火焰致敬。我在心中設想前來的目的，然後蹲下來，達里爾用鷹羽毛扇將煙霧煽在我身上。面對著一堆足球大小的石塊，不斷頌唸讚美與祝福語句，然後將石塊放入火堆，不斷焚燒，直到火紅熾熱。

「我要你集中精神，思考要留下來的東西。」達里爾對我說。

「留下來？」

「你可以把心裡的東西還給大地。」

「嗯……好吧。」

「沒問題，兄弟。無論是什麼事情，都可以。」

我們將石頭加熱，為汗水小屋加溫，我的恐懼也逐漸升高。一開始當瑪莎告訴我有關汗屋儀式時，我是滿腔希望，現在則有些徬徨。我聽說熱度會非常強烈，我害怕被鎖在一個炎熱的黑洞內，我不知道在這樣一個設計用來撕裂我的烤箱內，我會出現什麼反應。過去七年來，我每天幾乎都在克制壓抑自己的情緒。

我儘量深呼吸，努力克服恐懼。古老的文化了解崩潰的意義，他們經常刻意進行這類儀式。澳洲土著要成年男性在酷熱難耐的沙漠中徒步走四方，美洲原住民則有這種汗屋儀式。我知道我需要揮去虛偽與恐懼。我知道我不能一邊護衛情緒，一邊忍受儀式造成的體能極限。這是個令人吃驚但不甚愉快的領悟，我真希望我能像爸爸或是約翰大伯一樣，這一切可都唬不倒他們。

我們獻上祝福，然後喝下又苦又油又純的仙人掌汁。我害怕我會像吃迷幻藥般神遊太虛。只好假裝很輕鬆的問：「它會產生什麼效果，達里爾？」

「這種藥只會發生你需要的作用，」他溫柔地對我說：「沒什麼好擔心的。」

汗水小屋是一個淺淺的洞穴，上面覆蓋沉重的毯子。我們不得不四肢朝下的蹓伏在裡面。裡面一片漆黑，一座大地搖籃，大小剛好讓我和我心中的惡魔並存。我們十個人緊密地排在一起，期待第一批「祖父」石塊到來。這裡無處可逃，只有自己的身體和無盡的熱氣。

長老們描述在這座大地的子宮中，四周支撐毯子的枝架像是偉大母親的肋骨。「用我們的方式對母親致敬！」領頭長老說：「在汗水中，我們回到她身邊，我們讓她再度擁抱我們。當你再度從這塊空心大地抬起頭來時，你將獲得重生。」他請每個人表達感恩之意，和所有的納瓦荷儀式一樣，汗水小屋的儀式，從頭到尾都是表達感恩的儀式。

「我要感謝這場火，這次聚會，為大地，為我的妻子帕姆與她美妙的方式。」達里爾輕輕地說。黑暗中，他的話語產生光亮的影像。

汗屋內，大家都坐在同樣的土地上。我們都對孕育火焰的木頭表達感謝之意，對各項事物獻上敬意。我靜心聆聽巫醫描述他們內心對每項事物、每件東西，甚至空間的感謝之意。我們都是大地之子，我們的所思所想，可以是祝福，也可以是詛咒。我帶著敬意領悟到，這些人明瞭身為花園守護者的意義何在。

黑暗之中石塊來臨，在火中燒得通紅。水舀到石頭上時，發出嘶嘶的蒸氣聲，汗屋內氣溫攀升。長老將汗水儀式分成四個步驟，在每個步驟之間，他們掀起大地之母的裙擺：覆蓋小屋兩側的毯子，讓大家暫時呼吸清冷的空氣。每個步驟沒有一定的時間，領頭長老依循祖先的指示而動。

整體的經驗只能用一句話來形容：無法忍受。我不停地改變姿勢，時而坐著，時而跪著，將臉貼在地上，拼命地想尋找一個比較清涼的地方。不久後我就不記得到底經歷過多少次步驟，只知道現在正在進行的這個步驟，似乎無止無境。在這團悶熱的空氣中，長老們竟然還能呼吸，繼續不斷誦唸吟唱。每次舀水澆在石頭上時，新一輪的熱氣揮灑空中，汗屋愈來愈悶熱。一場絕望之戰在我心頭洶湧，我想逃到門口，又想用意志力對抗，壓抑熱氣，讓自己感覺好些。我想逃離這個地獄，又想尋找心中最強悍的叢林勇氣，思索曾經關上的每一道傷口，這是至今我能活過每場官司的方式。「我很堅強，絕不放棄。」我固執地想。但是我在燃燒，在無止無盡的熱氣下，逐漸失去對抗的決心。

儀式持續進行，沒完沒了，我感覺熱氣瓦解了我的最後一道防線。每一種自知之明都隨火點燃，焚燒殆盡。我意識到「堅強」不是一個值得保留的念頭。沒有任何一種自我、沒有任何一種轉瞬即逝的自傲，是值得保留的。

熱氣逐漸上升，一陣吟唱、抽泣、尖叫的聲響也逐漸提高。惡魔透過坐在四周的人，找到它的聲音，熱氣吸收尖銳的呼喊。當長老們抬起布簾，讓新鮮的空氣和光線透入時，看見我們這些普通人圍坐在一起，知道是我們自己發出這些原始的聲響，是種奇特的感覺。

我感覺自己失去大量體液，體內每樣東西都已流失。熱氣一路燃燒，燒去我的自我認知，現在則燒去記憶護欄，將鋼鐵燒成液體，我不夠強壯，不足以抵擋它的強度，我終將全面投降。

於是在仙人掌液的帶動下，像放恐怖幻燈片一樣，心中的影像開始一張張緩緩釋出。我看見父親被官司一次次打擊後臉上的表情，我看見親愛的母親在經歷過這些災難後，試圖重振家人的精神。我看見大伯被惡人傷害，隨著大地一吋吋被掠奪原始本色，也一點點地失去自己。我看見我們努力希望做到最好，可是卻又被自己的力量隔開。

然後突然之間，我遠遠離開汗屋吵雜的聲音，四下靜悄無聲。我看見自己獨坐在非洲一塊空地，現在是傍晚時分，天空一片蒼白粉紅，寧靜詳和。一頭花豹朝我走來，白色蝴蝶在豹爪四周飛舞，日光逐漸消失，牠沉默無語，那圓潤柔和之美，令我愉快。牠走近我的身邊，將頭靠在我的肩上摩挲，然後俯身躺在夏日青草間，就在我身邊。

然後我又感覺自己被拉出體外，飄浮在「仁德樂志」上空。花豹看著我的靈魂上升。我看見斑馬、牛羚和一群羚羊。我朝河流漂去，河馬正在河中，大口吐出漏斗型的霧氣，我悄然漂過，看見灑有祖父骨灰的花崗岩圓頂，像是貼在那裡的一片天堂。而那顆偉大的烏木樹，其實是上帝的天幕與大地接合在一起的支柱。而在我旁邊，和我一起滑翔的，是我一貫的嚮導短尾雕，我在一片全然的詳和之中。

然後視覺消失，我又重回汗屋，臉貼在泥土中。

我向熱氣投降，我向自身的弱點投降，我向一切事物投降。所有的傷口屈服、融化、揮發淨盡。幻燈片又開始放映，現在則是快速閃過：曼巴蛇爬上我的腿；父親的嘴角流血，恐懼使他咬破臉頰內側；鱷魚襲擊後，我被扯裂的身軀；直升機墜毀後，約翰大伯馬賽手鐲上的鮮血；塞進嘴裡的手槍；被燙死的男子；泰迪被埋入地底；外祖母被癌症侵襲的瘦小身軀；父親被官司重擊後，虛脫地倒在沙發上；對於窗簾布的爭執……無盡的惡夢，清晨夢醒後的恐懼與汗水……我開始嘔吐。

然後，一切歸於沉寂。我所有的一切已經焚燒殆盡，剩下的是淨空的空間。我了解到這乾淨開放的空間，才是唯一真正的力量所在，是唯一無法被摧毀的存在。

我醒來時，趴在小屋外的一堆棍棒和樹葉之間。一位綁著長辮的納瓦荷兄弟，正往我身上噴水，泥土和樹枝蓋滿我全身。我能感受大地振動的嗡嗡聲響，我能聞到雪松淡淡的燃燒香味。我感覺與大地融為一體。我還在嘔吐。

納瓦荷兄弟在我身邊吟唱納瓦荷咒語：「兄弟，好好躺著，你已經去了那個地方，拿到了藥。」他對我說。

「跟我來，」那隻花豹經過我身邊，籠罩在另一團火光中，對我下令：「我帶你去另一個地方。」牠實現了自己的諾言。

「我覺得我要死了。」我低聲說。

「不，兄弟，這就是誕生的感覺。你會了解的。」

要重建自己，我們必須交出一切不屬於自己的。

我帶著嶄新的溫柔自我，去探望我的朋友愛胥麗和她的丈夫勞勃，他們住在康乃狄克州的一個湖邊。

我曾經多次獨自泛舟，細細觀察心中思緒，感覺現在多數的時候，平靜水流取代了洶湧波濤。不過有些時候，我還是會從焦慮的夢中醒來，大汗淋漓。

這一切像個奇蹟，過去我覺得自己有某個部分無法信任，有某些情緒可能永遠不會回來。但是現在，我感覺自己的真實性情逐漸回來，或許它一直都在那裡，只是長久以來被承受的壓力劃斷。現在我置身在一個類似電影的老套場景中：在一個陽光明媚的夏日，坐在一塵不染的灰色庭廊上，眼前一片綠海。愛胥麗的兒子蓋茨與他的表姐梅根，走到我身後。蓋茨是位身材瘦小、一雙棕色大眼、滿頭棕色捲髮的十歲小男孩，一臉調皮的樣子，看來腦袋裝滿許多古靈精怪的念頭。梅根大約長他一歲，晒得極黑，雀斑橫跨鼻樑兩側，一雙嫵媚的綠眼。

孩子們活力四射，臉上擦的防曬油在陽光下閃閃發亮，像好萊塢的電影明星一樣，他們手牽著手，沿著庭廊木板一路衝到盡頭，跳下海去。海面波光粼粼，像是一團照相機圍在紅地毯邊，而紅地毯的另一端，繫了個捕蟹籠。

這是他們的生活電影，而他們正是這部片中的明星。只有我能看得見，因為我就坐在這個戲院中，眼見這幕情景：在這風和日麗的夏季，和你最好的朋友一起跳進清涼海水中，那種純然無邪的快樂。

那天晚上，愛胥麗來客廳找我，一隻手指按在唇上，比出「安靜」手勢。我們躡手躡腳地沿著通道下去，在蓋茨和梅根的臥室外偷聽他們唱歌。當我聽見那些既柔軟，又充滿自信的聲音時，我心中所有的毛躁不安都消失不見。是的，就在走廊上，我再次體會到了。我知道我已經從荒原回來了。

很長的一段時間，我不認為我能恢復對生活的信心。我感到滿心疲憊，所有事物皆已褪盡光華，像是一幅照片，被掛在廚房內看不見的角落看板上，長久以來接受午後陽光的摧殘。但是現在，所有顏色又回來了。

我相信我們每個人都會經歷心神疲憊、墜入谷底、自我崩潰的時候。純真其實就是最單純的存在，正是我在蓋茨與梅根身上看到的：單純的遊戲與歡笑。我不知道這種感覺還能回到我身上，直到心中之路引導著我前去。

第二天早上醒來後，想家的程度，令我既驚訝又高興。我想念鷓鴣們的起床號，日出時的香草味，還有樹羚和條紋羚羊在窗外吃草的時光。我想要吃冰淇淋，我想要在叢林內走上好幾個小時，我想要和我所愛的人，整晚躺在地上遙望夜空。我想要好好地活著。

最重要的是，我想回家，回到「仁德樂志」。

第二十四章
水坑旁的花豹

夏日來臨，成群蝴蝶在營地周邊空地與花園中飛舞，閃耀出橙、白與黃色的光芒，大地復甦，一片生機。乾枯的草原也轉成一片青綠。

每天早上醒來，回家的感覺逐漸穩定。我已經出走了十個月，很想鼓動全身的細胞，趕走旅行的煩燥不安，重新隨著大自然溫柔輕快的樂章起舞。

所有客人下午出去進行野外遊覽時，我會邁開雙腿，步入叢林。我會坐在水坑邊，雙腳浸泡在陽光普照的溫暖水池中。青蛙在岸邊巡邏，蜻蜓在四周轉圈，像是一隊靈活的戰鬥機，圍繞著一艘笨重的飛艇打轉。我對蜻蜓的著迷程度和對獅子一樣。經過雨水的洗刷，荊棘樹的樹衣與樹皮上的複雜條紋，清晰可見。

離家數千里的長途跋涉，終於得以讓我看清來時全貌。現在我感覺與家園的連接自然穩固，再度意識到曠野之美，像是看見內心依然存有的純真本性。我體會到叢林在冬季乾枯萎靡，而生命則在地下蟄伏，等待雨水釋放。我體會到一位曾經坐在車上遊覽的女人的感受，當我們被象群包圍時，她看著我說：「我從來不知道我是多麼愛牠們，直到現在！」我們對生命中的某些事物，潛存的愛心有如海洋，尚待發覺而已。我同時體會到重生是萬物的源頭：死亡而後重生，自內往外的生命之美。

媽媽、爸爸與布藍溫並沒有催促我做任何事情。他們了解我身心俱乏的程度後，發現自己也是如此。當我出外尋求療癒之際，他們也同樣在家中尋找復原之路。

爸爸每天下午在花園的大烏木樹下，試圖打坐。「該死，真難！」他對我說。他花了一輩子的時間籌劃保育工作，廣建旅舍，身體力行，不是能靜得下來的人，不過他決心嘗試。

我告訴母親所有體會到的事。

「我也在相同的路上，博弟，」她對我說：「我也開始自我療癒。我開始建一個小菜園。我每天翻掘土壤，這是我打坐的方式。」

生命真正的安慰，就存在於這些簡單事物中。一段療癒之旅，可以為另一段療癒之旅打開大門。

父母讓我在大自然裡做最後的療癒，未加干擾。母親每次見到我只會說：「如果你需要我，我就在這裡。」

一天，我徒步遠離營區，深入樹林。我光著腳，感受大地的濕潤和溫暖。走在靠近河邊的疏洪道上，岸邊濃密的青草已被前去附近水壩的河馬踏平，我可以看見牠們的四趾足跡蹣跚地在濕泥中滑動，走回白天棲息的水池。在我身旁，一群條紋羚羊靜靜地站在青草岸邊對我張望，耳朵好奇的往前伸，唇邊柔軟的肌膚，讓我意識到牠們溫柔的身軀與舉止。我像是花園裡的亞當，獨自一個人與動物同在溫暖的靜默中。

我走出樹叢，走入一塊帶有水坑的空地。距離水坑很遠的地方，在矮矮的金合歡樹蔭下，我看到兩頭年輕的花豹，大約十個月大。同一時間，牠們也看到我。

小花豹的體型已經相當成熟，無疑是在等待牠們的母親捕獵歸來。一般說來，花豹懼怕徒步行走的人，我以為牠們會衝入濃密叢林以求安全。最起碼牠們會緊盯著我，保持身體捲曲，神情緊張，以便隨時採取行動。

然而正好相反，一頭花豹躺下來打瞌睡，另一頭則把注意力轉向頭頂上的黃嘴犀鳥，牠們正在多刺的相思樹幹間，笨笨地跳來跳去。

接下來的一個小時內，我慢慢靠近幼豹，近到足以看見一頭幼豹有個粉紅鼻頭，牠的兄弟則是黑色。黑鼻豹不斷揮去圍在臉邊嗡嗡作響的蒼蠅，粉紅鼻豹則沉沉睡去。我最後坐在水坑的另一頭，距離牠們不到三公尺，既新奇又滿意。這一天非常安靜，只有一群木戴勝鳥咯咯飛過。一隻八哥鳥停在我身邊，好奇地跳來跳去，彷彿對這奇怪的景象感到困惑，一位半裸的男人和兩頭野生花豹，一起閒散地躺在池塘邊。

最後，我起身慢慢倒退走開。走到樹叢後面，遠離花豹視線後，我開始小跑。內心的情緒開始堆積，一股驚人的能量像浪潮般湧入雙腿，促使我開始衝刺。被壓抑的喜悅終於爆發。

我跑了幾公里，汗水夾雜興奮的淚水，無法抑制：一位獵豹者的曾孫，與花豹為友，跑過這塊曾經由於過度放牧而破產的土地，在這片充滿生機的荒野中療癒創傷。一頭短尾雕飛越頭頂。我能感覺到祖父和曾祖父在我身邊齊跑。我想他們了解為什麼我們不再打獵或宰殺動物。他們了解一項偉大的改變已然降臨。於是他們和我們這一代在一起，共同為我們後代的後代，重建大地。

我覺得我可以一直跑下去，直到永遠。我跑過成群的羚羊和斑馬，體會到牠們具有的輕快能量，體會到長頸鹿的高聳溫柔，與象群身上散發的智慧光芒。這些都是我的家人，我的親屬。我不再無知或天真，我清楚地知道，這是一個危險與殘破的世界，但是在大自然中，在這曠野的天堂內，我再次找到內心的安全感。

突然間，我們家族數代以來備受鼓舞的影像，重現心頭，和我在汗屋中所見到的影像一樣清晰。簡單地說：就是我也想將人類與我們在自然界中的親屬，重新連結在一起。

我想起那頭在橙色煙霧中出現的雄豹，那是連接人類與大自然的薩滿巫師，來這裡教導我穿越火海。我也想起牠的伴侶，那頭在地球子宮中向我走來的雌豹，為我打開溫柔、玩耍與撫慰的世界。這些陽剛與陰柔的神奇動力，是大自然派來的使者，是療癒師。我知道牠們也能療癒他人。我們行走大地時，腳邊應該也有蝴蝶飛舞，我們一定能夠做到。就在那一刻，我了解到我的工作是與我的家人在非洲，和大自然與動物在一起。

我開車去看大伯，他住在南非中部的荒野地區卡魯。這位童年時期對我非常重要的人，我的終身偶像，如今已然陌生。官司纏身的憤怒，造成他愈來愈孤立。他的小孩就讀寄宿學校，他與吉蓮和平地分居兩地。他專心經營他的老虎計劃，總是對我說：「兄弟，大自然不會說謊。」

開了一整天的車後，我終於抵達老虎峽谷。映入眼簾的是一座穀倉，和一座L形的房子，後窗蒙上一層厚厚的紅土。房子前面停著幾輛車蓋與車頂破舊不堪的老路虎。房子旁邊的一塊區域，用電欄圍了起來，至少三公尺高。

穀倉的門猛然打開，約翰大伯大步邁出，身穿一件備受叢林風吹雨打的襤褸外套，臀部的塵土要比《緊急追捕令》中的警探還多。年復一年的官司使他的身形飽受摧殘，看來又蒼老又風霜，不過他的眼神仍然具有同樣的火光，同樣的熱情，不單是為保育大地，更重要的是為保育那些大虎。

當官司開始進行，一切事情亂成一團的時候，很多人可能會收拾行李，放棄一切。但是約翰大伯只是縮小育虎計劃的規模，繼續進行。

他帶我參觀保育所。開啟這項計劃最早接收的母虎朱莉，走近圍籬邊高興地對他噴氣，他也噴氣回敬。約翰大伯在卡車後面加放幾座籠子，這樣他可以在保育區內開車載牠們，參觀者也可以安全地坐在籠子內觀賞老虎。由於卡魯的地勢非常平坦，老虎有時會躍到卡車上，占據有利的高位，偶爾還會在高位上標示領土範圍，結果是約翰大伯安靜地坐在卡車駕駛室內，而坐在後面的乘客則被噴得一身都是。

「你覺得我可以對被尿到的人，收取額外的費用嗎？」他問我。

那天晚上，我們坐在點燃燭光的房舍，吃他獵到的珍珠雞。

「老弟，成功和失敗是親兄弟，」他對我說：「如果這場愚蠢的官司沒有發生，這會是世界上最具新意的老虎培育計劃。但是現在，只是我一個人的十字軍聖戰。」

除了燭光外，房內一片黑暗，約翰大伯似乎徘徊在陰影與光影之間：「和老虎生活在一起，教牠們捕獵，和牠們一起走路，是除了孩子外，生活中最美好的經驗，」他說。「只要能夠幫助這些大貓，再多十件這種官司我都願意。」這些年來，他仍然是我的模範榜樣。我羨慕他的堅持。

我要離去時，他突然沒頭沒腦地對我說：「老弟，記住，如果我發生什麼事，我希望你和布藍溫幫忙照顧我的孩子。」難道這位有九條命的人，終於知道自己並非不朽嗎？日復一日，月復一月，約翰大伯過著孤單的日子，過去幾年尤其辛苦。或許我來探望的時機，是他認為安排後事的時機。他用他的方式在對我說，他已視我為成人，他愛我，信任我。

幾個星期後，我收到他寄來的一封電子郵件：

老弟：

如果我死了，請將我埋在「牌岩」下。在我的葬禮上，請保證要盡情歌唱跳舞。人們必須自由地表達自己，用歌曲與詩句，還有故事。

照顧你的父親。

在地球上小心行事。

JV

約翰大伯一生都在求生與求勝：身染瘧疾，直升機失事後與癱瘓擦肩而過，承受官司與折磨。

或許大伯現在才意識到他的冒險生涯總會付出代價。我的成長過程就是看見這位我所敬愛，曾經意氣風發、不可一世的人，如今已如風中殘燭，剩下的日子遠不如過去精采。長大成人的理念就是逐漸了解自己並非不朽。在我雙十年歲將盡之時，我早已知道我沒有無止盡的時間。而約翰大伯似乎直到六十多歲，才了解這點。

「照顧你的父親。」這是在表達他的兄弟之愛。在思考自己的歸去之途時，我的大伯也表達出真實的自己。

從最初的一對老虎身上，約翰大伯照顧培育出幾窩幼虎。這些老虎都學會捕獵，也都生活在沒有圍欄的大塊區域內。看見一隻老虎漫步穿越草原的景象，一切可以為之改觀。世界各地的人，像朝聖一樣來這裡參觀約翰大伯的老虎計劃，看到這些迷人的大貓，個個佩服得五體投地。然而到了暮色昏黃，他們驅車回去時，他們沒有看到的是一個在數百公里內，完全孤獨的一個人，拿著吉他彈奏鮑勃迪倫的歌曲。伴隨他的，只有對理想的承諾，與寂寥的卡魯夜晚。

第二十五章
伊甸園前庭

媽媽正用她的祕密哨音召喚爸爸。

我的小屋可以聽到高分貝的哨音，壓過那些叢林伯勞鳥的叫聲，這些鳥的前胸帶著一抹橙黃，忙著在枝葉下垂的波爾豆樹上巡視花朵。這麼多年來，爸媽之間的這種祕密哨音，已經發展成一套非常複雜的密碼，哨音嘶扯或叫囂的複雜程度，只有他們自己能夠理解。從簡單的「你在哪裡？」到複雜的「我們在樓下見，小象剛出生，母象正企圖剝掉胎膜囊……」等等。

在這些串串音符中，我能破解的哨音只有：「下午茶」。荒野的日常生活中，這是最單純的快樂時光。

「在哪裡？」我站在門邊，朝聲音的方向大喊。媽媽又用串串哨音回答，只有《星際大戰》的R2-D2機器人和爸爸，才能了解。

「在前面花園的荊棘樹下，花正盛開，」爸爸從前面階梯高處大喊。謝天謝地！因為我聽到的哨音只是一片「呼——呼——」。

我走到通往前面花園的樓梯邊，正好看見母親拿著托盤穿越草坪，上面是泡好的茶。管家菲利普跟在身後，手上拿著附帶腳架的餐盤，盤上是鬆軟的百香果蛋糕，他捧著餐盤心滿意足的神情，好像捧著亞瑟王寶劍。

荊棘樹盛開的時候美麗萬分，樹枝的手指像被包在白黃色的棉布中。一對鶲鳥在樹幹間跳躍，刺耳的大聲呼叫，好像是在唱〈三隻瞎老鼠〉給對方聽。這兩隻鶲鳥是一對夫妻——雄鳥有頗具男性氣息的黑色胸甲，而牠的新娘則擁有一條溫暖的栗色條紋——我懷疑，我的父母前世也是一對鳥。

天氣很熱，但是熱氣從來不會阻擋熱茶供應，母親的看法是：「其實很有幫助，茶會讓你的身體發熱，所以回復正常時，就會感覺很清涼。」她一邊從發燙的茶杯中啜飲熱茶，一邊若無其事地說這些話。一抹厚厚的汗珠光澤，映照唇邊。一群條紋羚羊在藍雪花圈中探頭探腦，淡淡的微風捲起一旁烏木樹落下的乾葉，飄然旋落在我們身旁，像是一陣絮絮耳語。

奇怪的是，在我出走過後，我的父母看上去卻更加年輕。似乎是從他們盡心盡力培育出的盆栽、樹木與動物上獲得生命力。

我還可以從母親學會享受生命的方式上，看出她不想再掌控一切，想要放手。父親近來已經不太出門旅行，而她卻總想遠渡重洋。她和我一樣，過去一年內，不再坐等機會出門，而是主動周遊各地，她遠赴南極與印度，也參加我們在納米比亞舉辦的單車募款活動。看見自己的母親穿著緊身單車服的這份震撼，恐怕很難有人能完全恢復，不過我們確實為白犀牛募集到五十萬蘭特（南非幣，約一百多萬台幣）。

「該死的艾爾發斯圖利！」布藍溫氣憤地說，像變魔術一樣，她神奇地從路虎停車場出現，一股腦將雷朋太陽眼鏡和巴拿馬草帽扔到桌上。有了她的優雅開場，我們稱之為「下午茶」的儀式，正式開始。

「你們要什麼？」媽媽欠身在托盤上問。

「我要長頸鹿小便。」布藍溫輕快的說。自從爸爸那天把茶甩到門口說「這茶比長頸鹿小便還淡」之後，「長頸鹿小便」便成為淡奶茶之名。

「跟你說，艾爾發斯昨天晚上被包上繃帶是因為被一頭『水牛』給刺傷了。」布藍溫用手指誇張地為「水牛」加註引號。「可是今天我從尋跡員那兒聽到完全不同的說法。」

「這是你的茶！」媽媽說，遞給布藍溫一杯泡得最淡的茶。

「謝謝你。放了糖嗎？」

「還沒有。」

「哦，好。我已經決定放棄糖了。」

「我想我也放棄糖。」爸爸說。

我們每一週都放棄白糖。

「博弟？」媽媽看著我問。

「好的，先來個長頸鹿小便，」我說。

布藍溫和我一樣喜歡淡奶茶，所以媽媽先幫我們倒茶。爸爸喜歡的茶色，像是夏季氣溫最高的時候，殘留在水洞內的色彩，暗暗的深咖啡色。我們每天都必須提醒對方我們的喜好，但是偶爾我們還是會弄錯，而這也屬於這項儀式的一部分。

黑臉猴本來還假裝對這項午茶儀式不感興趣，但是在看到百香果蛋糕後，逐漸慢慢靠攏，這是用最甜的百香果做成的甜點。每次我的眼光瞟向這支野猴大隊時，牠們立刻扭過頭去，假裝玩弄附近的樹枝或樹葉，玩起這套「我不在乎蛋糕，我只是來這裡檢查水管」的把戲。

「尋跡員走到他被『刺傷』的地方，」布藍溫說（再次用手指加註引號）：「他們在波馬區的軟沙上發現一個空威士忌瓶，艾爾發斯圖利的體型印在沙上，外加頭上流出的一灘血印，還有一塊烤肉架的利角。」布藍溫的語調上揚：「所以啦，你不必是CSI警探，也知道發生了什麼事！水牛的事完全是鬼扯，是他自己喝醉，發現頭上流血後，編出來的鬼話。」

「水牛刺傷我」這種話，在這裡可以和以前的高中爛藉口看齊：「我的家庭作業被狗吃了。」當地的保育團隊曾經對我說，一台拖拉機撞上護欄的原因是：「因為一位鬼魂企圖將它開出車棚。」

布藍溫球鞋上所濺的血跡已經凝固，她一邊微笑，一邊假裝生氣的說：「我知道艾爾發斯愛喝酒，我曾經幫他，也會繼續努力，但是如果他的血流在我的voetsek球鞋上，而且對我撒謊的話，他就死定了！」布藍溫低頭狠狠地看著她的球鞋。

voetsek，發音為「富薩克」，這個字基本的意思是「滾開」。（Voetsek也是約翰大伯最喜歡罵人的話，他用這種南非荷蘭話，嚇跑了各類野生動物。他曾經對著一頭攻擊狀態的大象尖叫：Voetsek! Voetsek!）布藍溫的穿著總是一絲不苟，時尚非凡。球鞋受到玷汙等於冒犯了她純白的整體服飾。

「放心吧，布藍溫，只要把玉米粥倒在球鞋上，我敢保證，它們一定會變白。」我說。漂白只是玉米食材無數的用處之一，可以做早餐粥、玉米餅，還有其他千百種菜色。

「別生氣，告訴我，營區還發生了什麼有趣的事。」

「一切都很好。昨晚天色暗了之後，邁克和他的客人出去跟蹤獅子獵食，凌晨三點才回來，他們看到獅群殺了一頭大水牛，雖然大家都已經筋疲力盡，但是你應該看看他們，完全目瞪口呆，簡直高興到不行！」

她笑著繼續說：「鄧肯為那對度蜜月的新婚夫婦擺了一個香檳小站。他說看起來很漂亮：日落時分在空地上擺好小吃與香檳，到處是燈籠，還有一張貝都因床，一群長頸鹿在附近吃草。當客人到達時，一隻鬣狗在桌邊盤旋。他們喜歡透了。」

「別忘了，我們得要再看一遍新的網站影片。」我對布藍溫說。

「好！」布藍溫說。她的臉上發紅了嗎？「仁德樂志」來了一位新的攝影師，非常瀟灑。他來了之後，布藍溫對拍攝野生動物電影的興趣，似乎也死灰復燃。我注意到她經常在下午下班過後出去走走，以確保我們下一步營銷活動，能夠捕捉到最佳影像。她新興的仔細心思，非常值得嘉獎。

布藍溫在午茶聚會上走來走去，爸爸看著她，眼神帶著獨特的光芒，他的小女兒已經長大成人，布藍溫在母親旁邊坐下，她們倆看起來像是同一個人拍照，中間相隔二十年。

自從一頭捉摸不定的花豹在我家附近徘徊後，我們的朋友亞歷克斯就用「Tugwana」來稱呼布藍溫，我心愛的Tugwana面對任何事，都像她當年用路虎車對付大象一樣，而把過去這些年發生在她身上的事，當成前進的動力。布藍溫和我一樣，過去對世界太有責任感，總認為自己必須要挑起重擔，但是現在她認為，世界對她也有一份責任。她比較放鬆，也比較能夠享受快樂。她是哪種在派對上調配誇張飲料，用搞笑面具打扮工作人員，或是將快照機台帶進叢林新年派對的人。對布藍溫來說，心中的平靜就是不但在事業上是位強人，同時也保持一顆赤子之心，她仍然是那個穿著粉紅色的芭蕾舞裙，在庭園中不斷轉圈的小女孩。

「波基回來了。」爸爸說，鳥群飛越頭頂，羽翼發出沙沙的拍打聲。我們小的時候，爸爸會唸書給我們聽，其中一本叫做《波基和燕子》。他會躺在床上唸，而我們則看著燕子在前面陽台的屋簷下築巢。這些燕子是夏季貴客，必須慎重款待。

現在燕子又回來了。我很高興看到牠們回到夏季的繁殖地。牠們會像小型野火一樣，成群結隊地一夜之間，熱熱鬧鬧地突然出現在天際。牠們飛越大地，沿途撿食不幸闖入途中的各類昆蟲。當牠們找到伴侶後，便開始築巢。團團泥塊黏結在一起，倒掛在前廊屋簷下，牠們來去匆匆，像石匠一樣，仔細地為巢穴抹上更多灰泥。

「花崗岩營區」的公共區域屋頂呈現A字形，早有其他燕子在這裡建立巢穴。我們非常歡迎牠們將這裡當成避暑山莊，不過有個問題，就是牠們在築巢時，點點泥塊常會掉落在美麗的奶油色沙發上，客人經常喜歡懶洋洋地躺在這裡，觀看狒狒在前面庭院厚重的花崗岩板上戲耍進食，這個營區就是以此命名。

於是媽媽想出一個聰明的辦法。她請維修人員割了一塊膠合板，漆成黑色，把它釘在燕子巢穴下的樑柱上，底座還用優美的斜體字刻上「燕樓」字樣。於是客人們仍然可以觀賞這對忙著孵育的父母，像噴射戰鬥機一樣迅速飛入，消失在鳥巢中，而夾板能夠保護他們的頭，不至於被掉落巢外的泥塊或昆蟲擊中。

我們在隱密的「花崗岩套房」內加蓋了一間特殊小房的消息，經由叢林小道傳播，消息迅速傳開，不久後，也有其他客戶上門詢問是否可以預訂「燕樓套房」。

「歡迎，歡迎，我的胖朋友。」媽媽唱著，她發現了一個鷓鴣家庭，在草坪外茂密的叢林邊緣咯咯地叫著。

真的電話鈴聲也在家中響起。近來我聽見爸爸在電話中對律師說：「我知道真相，這不過是同樣的廢話，不同的時間而已，我已經不在乎了。」然後就掛上電話。

於是我起身問：「要不要我接電話？」

「不，博弟，」爸爸說：「讓他們等。等我想接再說。」他往後靠著烏木樹，閉上眼睛打瞌睡。

午茶過後，媽媽朝向她的菜園慢慢走去，布藍溫回她的房間，我則往爸爸先前的位置走去，準備坐在前庭階梯的清涼泥地上。突然間，刺耳的聲響從下面菜圃附近傳來，劃破長空，已經將手伸進糖碗的猴子一陣慌張，打翻糖碗，條紋羚羊也驚慌而逃。

媽媽的哨音引爆過後，爸爸立刻清醒，趕走桌上的猴子，朝菜園走去。菜園是項有機奇蹟，代表媽媽的成功，戰勝了準備大肆掠劫的狒狒和鬣狗，也是眾多「仁德樂志」廚房的新鮮農產品來源。當爸爸經過我身邊時，他瞟了我一眼嘀咕道：「我發誓，她一定是等到我睡著了後，再給我一個差事。她不過是想要個耙子。」

我繞到房子後面，站在門廊，俯瞰沙河。看著大型棕櫚樹葉不斷煽動搖曳，大象在下方捲食蘆葦與棕櫚樹葉，但是我看不到牠們。大象有種明明就在附近，但不被看見的本事。往往在進行野外之旅時，我們會停下路虎查看景觀，突然之間，黑影移動，我們才發現一頭六噸重的大象就在幾公尺之外。令人難以置信的是，牠一直在那裡，身軀龐大，但是卻不被看見。

我現在可以聽見大象肚子鼓動的聲音，那種深沉的震動是他們彼此交談的語言。我知道這些聲響事實上只是牠們使用低頻溝通的其中一段，我的耳朵無法捕捉到這種聲音。不過就算如此，我也能感覺到大象投灑四周的頻率像張無形的大網，不斷刺動我的身軀。一種看不見的浩瀚意識，和平大使的泉源。**你永遠安全**。

這種感覺與那天晚上槍隻抵著我的額頭，是同樣的感覺。經歷可怕的事情讓我們有機會去感受與認知到生活中更大的力量。現在我知道「**了解真心，堅持過程，無論結果**」的意義，這是我們想過真實生活的唯一準則。我今年滿二十九歲，這是我打下的地基，我感覺內心清澈而平靜。

有的時候大象會從樹葉下出來進入空地，像是額外的獎勵，我會再次確認對牠們的感覺是真實的。看著幼象在母親腳邊走動，無力的小鼻還起不了作用，我知道我對上帝的感覺也是如此真實的。

第二十六章
行動的宗旨

我一個人開車穿過園區，一路上漫無邊際的大唱特唱，每首歌完美地互相融合，我一邊笑一邊覺得自己很滑稽，說真的，在路虎上大搖大擺地唱歌，只有黑斑羚羊能看得見，有種天真的樂趣。這些歌不只是歌而已，而是一個健康靈魂發出的聲音，對一個久已失去歌唱樂趣的人來說，每首歌都是一段聖讚。

對於我們這些一路走來，歷經非洲叢林的驚恐、未知與神奇的人來說，回饋的時刻，也是上帝為了補償我們這些年來的擔驚受怕，特別為我們塑造的時刻，就是在漫長的旅程結束時，走回那條塵土飛揚的小徑，那是你初學開車時的小路，你可以看見大漆果仁樹矗立在花園盡頭，心中暗嘆它的歷久不衰，依然是花園盡頭的指標。家是永恆的，深植在心裡，其中有愛，還有一條河，那裡是動物出沒的所在。

「仁德樂志」的「許願圈」(Intention Circle)坐落在靠近營區的一塊高地上，從那裡可以清楚看見地面下降朝西，沿著一條早已毀棄的古老大象路徑連綿數公里，進入遠山中。兩座高達六公尺的鐵絲象牙形拱門，是用過去隔離「仁德樂志」與克魯格國家公園的鐵絲藩籬絞製而成，這是一座入口，通往一圈直徑約四點六公尺的河沙圈，圓圈四周是來自南非各地的礦石：褪色的大塊粉紅玫瑰石英，代表無條件的愛；紫水晶代表護祐，蛇紋石代表趕走負能量。數以千計的小型石塊，散落在這些大礦石邊，使這塊圓形的平坦地面，像片閃爍明亮的天空。這塊圓形區域位於營區外圍，是個安靜的所在，象牙拱門代表通往一個神聖的空間，遊客可以在這裡為自己的生活，設下新的目標。

「許願圈」是由「仁德樂志」的駐園藝術家：西蒙馬克斯班尼斯特（Simon Max Bannister）設計，我們從強褓時期開始就是好友，在約翰大伯的叢林學校系列一起擔綱演出。早從那時開始，他就是位有遠見的藝術家。就在他安裝建好「許願圈」後，西蒙要求爸爸和我用再生紙寫下自己的願望，將紙片封在一個罐子裡，並用一小段鐵絲固定在兩座象牙塔中較大的一座，如此一來，所許的願望將可以傳達天際。

曾經有段時間，一切的「許願設置」，對我來說像堆垃圾，許多「新世紀」的廢話與實際辛苦的生活相比，一點關係也沒有，不過那是我太天真。海明威曾說，我們在破碎的環境下癒合力更強，但我發現，只要心有所屬，我們會癒合得更柔和，更能打開心胸，接受奇妙的事。我們家所遭受的苦難為我們帶來解藥，使我們無法否認奇蹟是可能存在的。

一天傍晚，太陽逐漸落在「許願圈」的象牙之間，我與爸爸、媽媽、布藍溫、凱特、凱特的母親莫歐，以及其他幾位工作人員，一起坐在裡面。

凱特輕輕拍著熟睡中的女兒瑪雅。瑪雅是位異常可愛的小女孩，一雙溫暖的棕色大眼。粉紅色的新衣在黝黑的皮膚上閃閃發亮，就連睫毛在睡覺時也分外捲翹。她緊緊地攥著毛絨熊，熊的身體是一條百孔千瘡的粉紅色毛絨布，凱特聲稱絨布上滿是食物留下的痕跡，所以萬一發生緊急情況，我們可以煮布，煮出來的湯可以餵養上千人。

凱特原本忍受了有關當局曠日費時的評估，準備好要收養一位懷孕少女的嬰兒。然而就在最後關頭，少女從醫院產房消失，凱特頓時失望透頂。就在這時，醫院社工說：「還有一位嬰兒，已經在這裡住了四個月。」嬰兒的母親還是位學生，把她放在這裡等待收養。於是凱特走進房間，看見瘦小的瑪雅，等待的時刻就此結束，她們從此成為一家人。只要打開心胸，合適的人就會出現，這是不變的定律。

奇蹟會出現在任何地方、任何時間、任何人的生活中，凱特會收養瑪雅，就是諸多證明之一。如果不是奇蹟，瑪雅很可能會成為一位貧窮孤兒，而不會擁有一位世上最好的母親。我認為冥冥中指引她與凱特認識對方，不只是為了她們自己的幸福，也是用這種簡單的方式，協助削弱仍然存在南非鄉間的種族意識。每當凱特對新朋友介紹她的女兒時，村民臉上震驚的神色，是我最高興看到的事。

瑪雅將魔法帶入我們家中，從她總是吸引螳螂（凱特收養她的當天，一隻螳螂甚至爬出她的小衣）就可以看得出來。在某些非洲文化中，螳螂力量強大，是神的化身。而瑪雅到底要如何分享她的魔法呢？她兩歲的時候，我們接到啟示，她對凱特宣布道：「媽媽，有一天當我長大後，我要教育非洲所有的小孩。」

這天晚上，我們來到「許願圈」裡，西蒙打破密封罐，拿出爸爸與我一年前寫下的願望紙。我們都注意到紙上文字已經褪色，像是消散在天地大氣間。而在罐子裡面，奇蹟式的長出一顆小植物。我們曾在紙上寫下重回大自然的願望，現在我們的話換成這株嬌小美麗的生命，排除萬難，在密閉容器內生長。還有什麼象徵，能比這個活生生的體現更好？

山坡下水壩邊，我能聽到河馬呼呼的聲音，好像一匹河馬剛說了一則好笑的笑話。我想他們知道一些我們不知道的事情，我無法不這麼想。

太陽落入鋸齒山脈背後，「博伊德、戴夫，該是重新許願的時候。」西蒙對我們說。二話不說，我和爸爸開始在紙上塗塗抹抹，媽媽與布藍溫則在溫暖的沙上打瞌睡。凱特試圖逮住瑪雅，但沒有成功，瑪雅覺得自己探索「許願圈」更有趣，一邊對她的母親丟沙，一邊自顧自大笑。凱特的母親莫歐只在一旁微笑，她總是認為不管她的孫女多麼調皮，都很奇妙。最後瑪雅終於累了，懶洋洋的黏在凱特腿上。這是一個輕鬆好玩，美妙休閒的儀式。

爸爸和我寫好願望後，我站起來宣讀我寫的東西：「我們打算支持博伊德追求當今世上每位超級模特兒。」馬上傳來一陣鼓譟：「好吧，好吧，我說真的，我們的願望是為動物建立荒野行經路線，倡導並爭取更多土地回歸自然狀態。我們希望建立一個保育模式，讓世界各地得以仿效。我們用愛立下承諾。」

當我讀完寫下的文字後，發現老爸疑惑地看著我：「我們寫下同樣的事情。」他微笑著說。我看了他所寫的文字，措辭幾乎一字不差。縱然有許多事會驅使父親與兒子漸行漸遠，但是就算我離開了這麼久的時間，我們卻仍然能夠回到完全相同的心態。那些早就認識我父親的人，或許會訝異於他現在所寫下的文字：「我們用愛立下承諾。」但是我對這種現象已不再感到驚訝。我不相信這只是一個巧合，父親與我並沒有共創這份心願，它只是自然而然地浮現我們心頭。

第二天早上，老爸在陽台上練習打坐。「嗯，爸，我有一個想法。」當他打坐完後我開口對他說，心裡有點緊張。爸爸不是那種能聽豪語的人，我也不希望這件事聽起來像這樣。「我想要重建原來的大象走廊，我需要你的幫助。我希望能看到大象從克魯格公園走到山區。我希望凱特能夠沿途建立學習中心，已經有兩座在運行了。」我說，口齒不清地說出全盤計劃：「無論走到哪裡，大家都在談要如何拯救地球，我們是真正知道該怎麼做的人。我們已經重建土地，我們已經重建我們與動物的聯繫，而且某種程度上，我們似乎也在學習如何重建自己。」

我希望我們能夠建立一塊受保護的荒地，連接「仁德樂志」與西邊山脈，這片山脈被框在「許願圈」的兩座象牙塔內。這片土地將允許大象安全地行走九十六公里，從保育區走到山脈中的高降雨量區。沿途村落的學習中心，將會是未來的希望之光。大象會為村落帶來財源，也帶來驕傲。

我是曾與菲尼斯一起在河床邊的那個男孩，一座山（大象）曾來拜訪過我。現在，我希望大象們能夠自由地拜訪牠們的山脈。

爸爸笑了：「每個人都會告訴你，那是不可能的。」剎那間我有點洩氣。「但是我們最初開發仁德樂志、芬達和ＣＣ非洲時，他們也是這樣對我說的。好吧！我承認老虎計劃是個小失敗，但是一次失敗不會阻止我們，是嗎？」他笑了，花白的頭髮下明亮的藍眼，閃爍年輕的光芒：「聽你老爸的話，孩子，一切都是恩賜。接受考驗，你會進入一個新的境界。」

我已經學到，如果不能心平氣和的行事，任何事都不值得做。如果我們要重建這個星球，就必須先重建自我。我相信找到合適自己的生活方式，找到自己的任務，就和找到一頭動物一樣。首先必須靜下心來，尋找清新的軌跡，然後循線追尋。你不需要看到全貌，只需要看到下一步該怎麼走。生活不是在軌跡上停留，而是需要不斷重新發現軌跡。

寫這本書的時候，我的重建方案包括打造大象走廊的諸多細節，巡迴演講，與布藍溫一起建立網站，將重建的故事流傳世界各地等等。爸爸這位物流先生，正盡全力爭取政府高層的支持。凱特則利用她的天賦與熱情，設立學習中心。她的理想是讓每位非洲兒童，都能有機會獲得世界一流的教育。這就是她和媽媽創造「好事基金會」(Good Work Foundation)的目的。

凱特已經在「仁德樂志」以及一個叫做非力波利(Philippolis)的小鎮設立學習中心，並在那裡工作。最近還在一個村莊黑茲維(Hazyview)，靠近計劃中的走廊附近，設立完成一個學習中心。我們的計劃雖然還在憑空劃餅，可能不會開展，也可能以失敗告終。但是……難說，這份瘋狂的計劃，說不定真的會成功。遠大的理想才是最重要的。

在毫無困難的情況下，首批近五千公頃的土地，已暫定規劃為大象走廊的一部分。我們愈是以和平的心態處理事情，事情愈是流暢。法院案件雖然還在困擾我們，但是結果已經無關緊要，我們堅持過程，將精力與重心放在值得做的事情身上。

重建外在的土地，將永遠會是我與家人的工作。但是我們內在的療癒更為重要。我們從內心框架去看世界。療癒自我與重建大地——以大象為和平大使，重建步行到山區的路徑，這兩者同等重要。

你也許像我一樣，也需要療癒，但是你沒有辦法今天下午就走到曠野去，不過你可以仰望天空，或是看見穿透水泥長出的枝葉，知道外面有成千上萬的人，也和你一樣，覺得自己的內心與外在世界無法相連。無論你在哪裡，即便你的內心狂喊這是不可能的事，你都可以當場決定，從內往外，重建自我。縱使有任何無法痊癒的感覺，你內心的動物本能，已在尋覓你所需要的療癒路線。循著這條道路，療癒的感覺像是重獲自由。在那一刻，你就成為重建伊甸園的一分子。

昨天晚上，我躺在「仁德樂志」的大地上，赤土散發的溫度令人舒適，浸心入骨。躺在地上眼見星星浮現，心中無限感慨，它們一直都在那裡，白天就算看不到，它們也在那裡指引著我。而當夜幕降臨，有時增添它的神祕色彩，有時則是一項禮物，讓我們能找到回家的路。

後記

我要非常感謝許多特別的人幫助我寫這本書。

我要感謝媽媽、爸爸，以及布藍溫對我的無盡支持。他們並不只是支持這本書的寫作而已，而是所有的事。這是一場神奇緊密的生命旅程，我很感激所發生的一切，使我們之間的愛更強大，更深刻。

我還要對我的導師與朋友瑪莎貝克博士說聲：「萬分感謝！」她不僅鼓勵我寫作，同時也打開我的眼界。沒有她，我永遠不會有勇氣完成這項工作。

還有Betsy Rapoport，她的大力支持難以言喻。沒有她，這本書就不會出現了。感謝她在編輯上與情感上提供的意見與指引。而後她還讓我住進她家，與她的家人相處，我感覺像在自己家中一樣自在。對她的愛與這項工作的信心，我深感受寵若驚。非常感謝Betsy、Ken、Sam與Kate Weiner。

我還要感謝我的經紀人Tina Bennett，打從書的雛型開始，她就非常支持我，她的編輯眼光對這本書的誕生至關重要。也要感謝她的能幹團隊：Svetlana Katz、Dorothy Vincent，感謝他們的幫助。

我還要感謝蘭登書屋的出版人Susan Kamil，她將一本龐大又雜亂無章的手稿，塑造成這本書，並從一開始就相信其中想傳達的訊息。我也要感謝蘇珊的精采編輯團隊：Kendra Harpster、Sam Nicholson的協助。

Ashley、Rob Jansen為我打開他們的心扉與家門，讓我在他們的沙發上停留許多小時。謝謝你們，給予我的愛和支持。

我還要感謝我的大伯，約翰瓦提，我的成長歲月受他的影響極深，兒童時期和他一起在叢林的時間對我來說具有非常特別的意義。

我們的合作夥伴：Taylor一家人，對於創造「仁德樂志」非常有貢獻。我們互相建立起的專業關係與友誼，在今日世界也很罕見。我很感謝Alan Taylor的真知灼見，與他對我的父親與大伯堅定的支持。

我還要感謝凱特葛拉群的支持與熱情。她是許多人的良師，特別是我。凱特後來成為「好事基金會」的CEO，為被遺忘的南非偏遠地區帶來希望，改變許多人的生活。她是一位真正的教育家，確實塑造了每個人的生活，沒有人比凱特工作更努力。她和她的母親，Gogo Mo Groch，透過一個又一個人的教導，正在改變我們的國家。

我的姑姑Beejay與我們在一起經歷許多風雨，永遠充滿愛心和快樂。我很感激有她在我的生活中，她是歡樂的來源。

最後，我要感謝所有「仁德樂志」大家族的每一個人，他們對我都具有強烈的影響力。這是一個非常特別的地方，我們很幸運能在那裡生活。

■ 如果您想更了解我們的「仁德樂志」，請造訪：www.londolozi.com

■ 如果您想更了解我的大伯約翰瓦提與他的電影，以及老虎峽谷，請造訪www.jvbigcats.co.za。

■ 如果您想更了解瑪莎貝克與她領導的「仁德樂志」課程，請造訪：marthabeck.com

■ 如果您想更了解我的母親姍恩瓦提，與我的老師凱特共同創辦的「好事基金會」與學習中心，請造訪：www.goodworkfoundation.org

Earth 18

曠野中的天堂

Cathedral of the Wild: An African Journey Home

作者—博伊德瓦提（Boyd Varty）
選書人—傅葉
譯者
主編—李筱婷
責任企畫—曾睦涵
美術設計—Rooney Lee
發行人—趙政岷
出版者—時報文化出版企業股份有限公司
10803台北市和平西路三段二四〇號三樓
發行專線—（〇二）二三〇六六八四二
讀者服務專線—〇八〇〇二三一七〇五
（〇二）二三〇四七一〇三
讀者服務傳真—（〇二）二三〇四六八五八
郵撥—一九三四四七二四時報文化出版公司
信箱—臺北郵政七九~九九信箱
時報悅讀網—http://www.readingtimes.com.tw
時報出版愛讀者—http://www.facebook.com/readingtimes.fans
法律顧問—理律法律事務所 陳長文律師、李念祖律師
印刷—盈昌印刷有限公司
初版一刷—二〇一八年八月二十四日
定價—新台幣三八〇元
（缺頁或破損的書，請寄回更換）

時報文化出版公司成立於一九七五年，
並於一九九九年股票上櫃公開發行，於二〇〇八年脫離中時集團非屬旺中，
以「尊重智慧與創意的文化事業」為信念。

曠野中的天堂 / 博伊德瓦提(Boyd Varty)著 ; 傅葉譯. --
初版. -- 臺北市 : 時報文化, 2018.08
320面 ; 14.8×21公分. -- (earth ; 18)
譯自 : Cathedral of the wild : an African journey home
ISBN 978-957-13-7490-1(平裝)

1.野生動物保育 2.南非共和國

548.38 107011555

ISBN 978-957-13-7490-1
Printed in Taiwan